THE
ROAD
TO
JUSTICE

通往正义之路

法官思维与律师思维十日谈

李志刚　朱兰春／著

法律出版社 | LAW PRESS
北京

图书在版编目(CIP)数据

通往正义之路：法官思维与律师思维十日谈／李志刚，朱兰春著. -- 北京：法律出版社，2024
ISBN 978-7-5197-8711-0

Ⅰ.①通… Ⅱ.①李… ②朱… Ⅲ.①法律-文集 Ⅳ.①D9-53

中国国家版本馆CIP数据核字（2024）第017587号

通往正义之路：法官思维与律师思维十日谈 TONGWANG ZHENGYI ZHILU:FAGUAN SIWEI YU LÜSHI SIWEI SHIRI TAN	李志刚 朱兰春 著	策划编辑 张 珺 责任编辑 张 珺 装帧设计 汪奇峰

出版发行 法律出版社　　　　　　　开本 A5
编辑统筹 法商出版分社　　　　　　印张 10.875　　字数 216千
责任校对 王 丰　　　　　　　　　版本 2024年5月第1版
责任印制 胡晓雅　　　　　　　　　印次 2024年5月第1次印刷
经　　销 新华书店　　　　　　　　印刷 永清县金鑫印刷有限公司

地址：北京市丰台区莲花池西里7号（100073）
网址：www.lawpress.com.cn　　　　销售电话：010-83938349
投稿邮箱：info@lawpress.com.cn　　客服电话：010-83938350
举报盗版邮箱：jbwq@lawpress.com.cn　咨询电话：010-63939796
版权所有·侵权必究

书号：ISBN 978-7-5197-8711-0　　　　定价：88.00元
凡购买本社图书，如有印装错误，我社负责退换。电话：010-83938349

民商法律人的"理想国"

法官和律师是民商事诉讼中最重要的两大职业群体,也是法庭上最重要的参与者。他们有共同的知识背景和工作场景,但在法庭之外,却鲜有公开、深入、坦诚的对话。

我个人曾有法官、公司律师的职业经历,在不同的职业场景中,对法官及律师的思维模式、行为模式有不同的观察,因此,内心一直有个愿望:为增进两个职业群体之间的理解、信任和沟通效率,做一些有意义的事。

朱兰春律师以《法官如何裁判》为博士论文选题,对民商事裁判思维,特别是最高人民法院民商事法官的裁判思维进行了深入的研究。作为微信好友,朱律师经常会把他的一些演讲的微信文章分享给我。2023年5月12日,朱律师给我发来他的最新演讲《律师视野下的法官裁判思维——以最高法院为例》。我拜读后,觉得是非常有意义的观察和思考。但可能主要是单向的观察,如何能有一个双向的互动、观察及对谈,可能有利于深化不同职业群体对法律思维的共性和差异的认识。于是我便提出,以微信文字对话的方式,围绕民商事诉讼中的法官思维和律师思维,做一个系列对谈。

 通往正义之路：法官思维与律师思维十日谈

　　我的提议得到了朱律师的积极回应，并共同商定，系列对谈主要定位于以下四个方面内容：(1) 法官与律师思维的差异；(2) 各自对对方的期待；(3) 如何精准对话，高效庭审和办案；(4) 共同体构建与法治提升。在此基础上，我们分别列一个系列对谈的提纲，综合商定后，确定 10 个对谈的主题和提纲。每个主题的谈话容量大概在 1 万字，10 期专题对谈，正好是一本书的体量。

　　朱律师和我都是行动派。商定完大纲后，从 5 月 14 日起，对谈即拉开序幕，并且有序推进。由于我们各自有其他工作任务，故大部分的微信对谈交流，实际上都是在深夜，甚至是在凌晨进行的。但无论多忙，我们都是抱着非常认真负责的态度，深入思考、严谨呈现，并严格按照对谈时间表推进。

　　2023 年 5 月 19 日，第一个主题的对谈出炉。对谈内容在我个人的微信公众号"法与思"上刊载后，引发了业界诸多的关注和反响。单篇阅读量近万，并被近 20 个微信公众号转载。四级法院的多位法官发来微信或者打来电话，表达对对谈议题及内容的关注和思考，并有多家出版社来电沟通出版意向。

　　随着第二期、第三期的推出，对谈引发了更多的关注和讨论。这背后的原因，我想，并非靠标题"吸粉"，而是让更多的法律人，看到、听到了我们对民商事诉讼中法律思维、法律职业思维的深度思考、坦诚对话，以及为增进这种理解、实现高质量对话所做的努力。

　　在系列对谈的过程中，我们还有幸邀请到了对要件诉讼、案例检索有深入研究的国际关系学院副校长许可教授、《诉讼精细

民商法律人的"理想国"

化——要件诉讼思维与方法》一书的作者段清泉先生、湖南师范大学的黄文旭老师,共同就相关问题进行更为深度的探讨,为读者提供更有意义的镜鉴和参考。

至 2023 年 7 月 25 日,10 期对谈圆满画上句号。仅就"法与思"的公众号统计数据而言,单篇平均阅读量 4000 余次,单篇平均转载量近 10 次。一位中级人民法院院长在朋友圈留言:"连续拜读,收获满满"。曾经听过我课的一位律师,在他的朋友圈转发了第十期的对谈内容时,写下了这样的文字:"一路追看,十期,寓意着十全十美,唯一遗憾的是对谈终结。这样高质量的对谈,细细品味,意蕴悠长,让人无限沉思。期待对话早日结集面市!"可以说,系列对谈在法律人群体中产生了很好反响。

需要特别指出的是,本书的书名,也集中了诸多热心读者的智慧。共有 40 多名"法与思"微信公众号读者、朱律师的好友、我的好友,通过微信公众号留言、微信私信等方式,帮助我们设计本书的书名。在此,我们谨向所有热心参与,为本书设计书名的读者、好友致以诚挚的谢意!本书最终定名为《通往正义之路——法官思维和律师思维十日谈》,主要构思来源于读者赵宏所拟的《通往正义和真理之路》以及朱律师好友所拟的《十日谈:法官思维与律师思维面面观》,意在强调:无论法官还是律师,都是法律人,都是追寻公平正义道路上的"同道中人"!

感谢法律出版社及张珺编辑,在第一时间相邀,能让我们的这个系列对谈,集结成书,尽早与读者见面!如果这种对谈的模式能够为广大读者所认可,我们将考虑陆续推出新的对谈系列。

感谢朱律师对法官思维的持续、深入思考,给我带来的启发。说来大家可能不相信,我和朱律师因为同在一个专业微信群,而成为"微信好友",但素未谋面。直至本书的10个专题谈完,我们也还处在"微信好友"阶段,尚未见过面。但这丝毫不影响我们公开、深入和坦诚地交流。我想,这也许就是法律人之间的"君子之交"吧。

由终及始。系列对谈结束,我们希望通过不同职业群体思维对谈的方式,引发对法律思维和法律职业思维这一问题的更多关注的目的已经实现。但对这一问题的研究、思考和实践推进,仍将持续。相信这样的对谈,能够增进法官和律师职业群体之间的理解、信任和沟通交流,乃至于共同推进"民商法律人的理想国""法治国"的构建!

2023年8月25日

商谈推进法治共同体

在中国,几乎每个诉讼律师,在其职业生涯中,都会反复遭遇当事人的灵魂之问:你认识某法官吗?置身于中国的语境里,相信每个人都明白,此处的"认识",当然有特殊的含义,既不是一面之缘的点头之交,也不是乏善可陈的泛泛之交,因为在当事人看来,那都不叫"认识"。

如此屈原式"天问",确实非常棘手。律师如何回应,实在值得玩味。不回答或者支支吾吾,显然是不行的,但不管怎么回答,似乎都是有问题的。若作干脆型回答:"不认识!"当下的疑问是:"要你何用?"若作神秘型回答:"铁哥们!"此后的危险是:"你想干嘛?"

长期以来,无数律师陷入此"囚徒困境",在明晃晃的商业机会和白森森的执业纪律之间,左支右绌难以突围。

作为长期从事民商事诉讼的律师,我又是如何回答的呢?

芝诺悖论提醒我,沿着当事人预设的思维轨迹,古希腊的赛跑英雄阿基里斯永远也追不上乌龟。只有转换思维,才能真正破壁。

首先,我会反问:什么叫"认识"?抛出这个问题本身,意味着

对"认识"的重新界定,这是走出惯常思维的开始。放大一点说,重新下定义,是律师掌握主动权的标志,也是律师思维成熟的体现。

其次,我会告知:现实生活不认识,法律世界很熟悉。具体而言,和某法官既不相识,更无深交,但了解他/她的经历、学识、性格、观点、著述、庭审风格和裁判特点,乃至他/她的成绩与挫折,进步与失落。当这一切娓娓道来、如数家珍时,请当事人自己判断,透过这种研究视角,究竟算是认识,还是不认识呢?

绝大多数的当事人都是有人生智慧的,一切尽在无言中。

我与李志刚的相识,就是这种意义上的认识。

他还在最高人民法院民二庭任职时,刊发于《商事审判指导》(总第37辑)的专文《商事审判理念三论:本源、本体与实践》,我研读再三,也记住了作者的名字。此后,又陆续读到更多他的著述,印象愈益加深。

2019年11月,最高人民法院九民会议纪要①发布后,我于第一时间在律所作了宣讲,因不同于大多数就事论事型的业内解读,文字整理稿流传颇广。不久,读到他领衔主编的专著《〈全国法院民商事审判工作会议纪要〉专题解读与实务指引》,以及他撰写的导论《商事裁判的理念与方法——〈纪要〉的释法路径与实务

---

① 2019年最高人民法院《关于印发〈全国法院民商事审判工作会议纪要〉的通知》(法〔2019〕254号)。

商谈推进法治共同体

运用》,其中诸多观点,与我不谋而合。

2021年5月,我的博士论文再版时,他主编的《民商审判前沿:争议、法理与实务——"民商法沙龙"微信群讨论实录》(第一辑),已作为重要参考文献列入其中。

或许,这就是我们思维交集的开始,此后的一切顺理成章,进而又延伸至许可、段清泉、黄文旭诸君。彼此素未谋面,却不妨碍深入讨论,这种新型的学术交往,很有点像本尼迪克特·安德森笔下的"想象的共同体",是一种"特殊的文化的人造物",也印证了巴尔扎克的名言,"人们若是一心一意地做一件事,总是会碰到偶然的机会的"。

律师与法官两大群体的思维方式,殊值研究,但又缺乏研究。本书立足于司法实践,同时又不限于实务层面,从专业对话和思维接轨的角度,力图触及和探讨更为深层的内容,已经引起法律人的普遍关注,希望本书的出版,能引发更多类似的交流。

需要指出的是,我们不仅需要自发性的十日谈、百日谈,更需要机制化的十日谈、百日谈,因为就其本质而言,中国法治文明的进程,无非是理性商谈的进程。正如民主是个好东西,理性商谈也是个好东西,它是法治文明的精髓和底蕴,也是文明社会的正当性证成,但我们对此还很陌生。考虑到中国的现代法律体系总体而言是移植性的,但思维方式却是本土性的,移植对象与运作主体之间的激荡,还将持续相当长的时期。置身于百年未有之大变局,法律人如何自处,又如何相处,非深长思之,而不能泰然处之。

是为序。

朱兰春

2023 年 9 月 3 日

目　录

对 谈 一 TOPIC I	**法律思维与法律职业思维**	001
	1.1　法律思维的特点与价值	002
	1.2　民商事法官思维	011
	1.3　民商事法官思维与要件审判九步法	022
	1.4　民商事律师思维	026
	1.5　仲裁庭对律师发言长短的宽容	030
	1.6　律师思维可能存在的缺陷	035
	1.7　另一种视角下的律师思维特点	037
	1.8　律师思维与法官思维的差异与互补	038

对 谈 二 TOPIC II	**裁判中的法律与常理**	047
	2.1　评判裁判的四种视角	047
	2.2　法律、常理和法理的关系	051
	2.3　常规案件与疑难案件中的法律和常理	055
	2.4　律师视角与行为选择	059
	2.5　律师对法官的换位思考	062
	2.6　公正与善的艺术	066

通往正义之路:法官思维与律师思维十日谈

对谈三 TOPIC III	庭审中法官思维与律师思维的对话与契合	072
	3.1 庭审程序的好与快	072
	3.2 庭审中的"高质量对话"	075
	3.3 法官的"容"和"引"	077
	3.4 "沙"与"金"	080
	3.5 庭审程序中的控制	083
	3.6 理想的导演和演员	085
	3.7 应有状态与实有状态	090

对谈四 TOPIC IV	要件事实在庭审程序中的运用	093
	4.1 要件事实在庭审程序中的价值和功能	093
	4.2 要件事实在庭审程序运用中存在的问题:律师视角	101
	4.3 类案检索与要件事实	115
	4.4 要件诉讼思维:个案剖析	119
	4.5 一审裁判思路与请求权检索	121
	4.6 规范检索的主体:原告抑或法官	127
	4.7 二审裁判思路与要件事实思维	138
	4.8 总结与愿景	142

对谈五 TOPIC V	诉讼文书中的法官思维与律师思维	145
	5.1 法律文书与庭审言辞表达的差异性:法官视角和律师视角	145
	5.2 诉状中的法官思维与律师思维	156

| 目 录

    5.3 代理词中的思维差异与对话   **164**
    5.4 判决书中的思维呈现   **170**

对谈六 | 仲裁中的法官思维与律师思维   **182**
TOPIC Ⅵ

    6.1 仲裁员来源与仲裁员思维   **182**
    6.2 市场化的商事仲裁与国家化的商事审判   **186**
    6.3 差异的根源与表现   **189**
    6.4 一裁终局与两审终审   **192**
    6.5 仲裁的自治与自主   **200**
    6.6 仲裁裁决的观点是否应当和法院保持一致   **203**

对谈七 | 仲裁裁决能否适用司法解释   **213**
TOPIC Ⅶ

    7.1 观察与观点   **213**
    7.2 仲裁界的主流观点   **217**
    7.3 形式上用与实质上用   **219**
    7.4 仲裁的独立性   **220**
    7.5 民事思维与商事思维、法官思维与仲裁思维   **224**
    7.6 多数派、少数派与独立派   **228**

对谈八 | 案例检索中的法官思维与律师思维   **230**
TOPIC Ⅷ

    8.1 法理与逻辑   **231**
    8.2 功能与立场   **246**
    8.3 正例与反例   **251**
    8.4 背景与初心   **253**

8.5 技术与价值　　　　　　　　　　　　264
8.6 理想与共识　　　　　　　　　　　　270

对谈九 TOPIC IX　学术交流中的法官思维与律师思维　275

9.1 学术写作中的法官思维和律师思维　　275
9.2 为什么写？　　　　　　　　　　　　276
9.3 法官与律师写作中的共性、差异与趋势　278
9.4 写给谁看　　　　　　　　　　　　　283
9.5 速朽与不朽　　　　　　　　　　　　285
9.6 发表在哪　　　　　　　　　　　　　289
9.7 精品与噪声　　　　　　　　　　　　293
9.8 学术研讨会中的法官思维与律师思维　295

对谈十 TOPIC X　民商事诉讼中的法律职业共同体构建　304

10.1 现状与问题　　　　　　　　　　　　304
10.2 路径和方法　　　　　　　　　　　　309
10.3 什么样的共同体　　　　　　　　　　313
10.4 互看与互换　　　　　　　　　　　　316
10.5 谁向谁学习？　　　　　　　　　　　324
10.6 结语　　　　　　　　　　　　　　　333

TOPIC |
对谈一

法律思维与法律职业思维

李志刚：

朱律师好！你分享的在 2022 年 6 月 26 日所作的主题演讲《律师视野下的法官裁判思维——以最高法院为例》已拜读。演讲里面至少提出了三个很有意义的命题：法官思维、最高人民法院法官的裁判思维以及律师思维。

我本人有过多年的法官职业经历，在担任公司法务、公司律师的过程中，也有一些从当事人及代理人角度的观察，因此，我个人也在思考，法官思维、律师思维以及法律思维，这三者之间的实然与应然关系。以你的演讲文章为起点，我们或许可以做一个深入的对谈，题目可以叫《法官思维与律师思维：民商事诉讼技术的深度契合与精准对话》。

2000 年，张军、姜伟、田文昌曾有"控辩审三人谈"，在刑事法领域影响深远。我们东施效颦，可能不够格，但我想，这种努力是值得的。**其目的不是要制造"尖峰对话"的噱头，而是希望在打通职业差异，增进职业理解，为精准高效推进民商事诉讼、民商事审判进程方面，做一些基础的、力所能及的探索。**

这种对话,我们是否可以大致分为这几个部分:

一是,法律思维与法律职业思维的关系;

二是,法官思维的特点和价值;

三是,律师思维的特点和价值;

四是,庭审程序中法官思维与律师思维的对话与契合;

五是,诉讼文书中法官思维与律师思维的对话与契合;

六是,仲裁中的法官思维与律师思维;

七是,学术交流中的法官思维与律师思维;

八是,职业共同体的对话与构建。

其中,前三个问题侧重理念和方法;第四、第五个问题侧重民商事诉讼的技术实现路径;最后三个问题侧重职业共同体的构建。

朱兰春:

可以。

李志刚:

好,那我们从第一专题"法律思维和法律职业思维"开始。

1.1　法律思维的特点与价值

李志刚:

说到法官思维,潜台词是和律师思维做对比,不妨先从律师的视角去看法官的裁判过程、路径、方法。

就民商事诉讼领域而言,法官思维的上位概念应该是法律思维,法官思维的平行概念应该是律师思维,法律思维的下位概念,可以分为基层、中院、高院、最高人民法院法官的思维,或者一审、二审、再审法官的思维。前者侧重法院层级,后者侧重审判程序。

所以,在讨论法官思维和律师思维之前,我觉得有必要首先讨论法官思维的上位概念,即法律思维。在这一个语境下,看法官与律师的思维共性。

就法律思维而言,其主要体现法律专业和法律职业的特性,法学方法、法律方法总体同构,体现为按照逻辑三段论的模式,将个案事实涵摄到抽象规范,从而得出裁判结论的过程。

就此话题,在民商法领域,我记得时任湖北高院副院长的吕忠梅、北京大学教授尹田、社科院法学所的梁慧星研究员分别做过"法律思维""民法思维方法""怎样进行法律思维"等专题讲座,做了一些非常有价值的思考和阐释。

在法理学领域,苏力、孙笑侠、桑本谦、郑成良教授也分别著文《法律人思维?》《法律人思维的二元论兼与苏力商榷》《"法律人思维"是怎样形成的——一个生态竞争的视角》《论法律思维的基本规则》,就此问题进行探讨。其中,苏力教授强调主张"超越法律"和"考量后果",而孙笑侠教授更强调"法教义学"思维的重要价值。

此外,法学资深编辑赵宏在《法律人思维与写作》一书中,将法律思维分为两类:专业性思维(概念思维、规则思维、逻辑思维、程序思维);职业性思维(全局思维、批判性思维、成长思维、管理思维、产品思维)。

从我个人有限的法律职业生涯体验来说,我理解的法律思维,包括以下几个方面:

一是言之有据。事实讲证据,权利义务讲法律依据。**二是重视程序**。试图通过程序,实现公正,甚至不惜牺牲效率。**三是注重逻辑推理和说理**。通过逻辑推理保障结果的确定性。**四是追求公平正义**。虽然基于立场和价值,对个案中的公平正义有不同认知,但公平正义本身,是法律人公认的最高价值目标。

事事讲依据,是规则之治,是起点。公平正义是最终目标,是终点。思维过程和标准,也是共同的——以事实为依据,以法律为准绳。适用法律的方法,就是法教义学的方法。

就法律思维而言,你怎么看?

朱兰春:

基于我们两人的职业经历和各自思考,非常适合做这个话题的对谈。而且我认为,这个话题极富理论与实务探讨意义,同时现有研究无论从广度上、深度上都还远远不够。国内的相关著述,除了你上述提及的之外,陈瑞华老师也专门写了一本《法律人的思维方式》,影响也很大,后来还出了第二版。此外,王泽鉴先生也有关于民法思维的专著,这些都值得我们关注。

谈到法律思维与法官思维、律师思维的关系,二者之间确实有一个位序关系,前者是后者的上位概念。不过,既然从理念角度谈法律思维,我觉得还应该将视角再拓宽一些,有必要将法律思维的上位概念或位序关系进一步搞清楚,借助这样一个更宽阔的视野,有助于我们更好地认识法律思维。因此,至少在我来看,**在谈法律思维之前,对于其背景和性质应当有清醒的把握**。

怎么来理解法律思维的背景呢?亚里士多德有个著名的命题,人天生是政治动物。所谓政治,无非是理念及其行动。推而广之，我认为，也可以说人是观念动物。换言之，人的头脑中，一刻也离不了观念的运动，人的所有行动，无不是某种观念支配下的外在体现。法律看上去好像就是白纸黑字，但说到底还是一套观念，用马克思的语言描述，是立足于经济基础的上层建筑，是整个上层建筑的集中体现，属于意识形态范畴。

从历史上看，只要有国家，就必然有法律，以及随之而来的一整套国家机器。不管哪个民族，只要生活在国家中，民众就必然有法律意识，也不能没有法律意识，这里的法律意识，其实就是法律思维。所以，法律思维并不神秘，它是每一个社会人当然具有、必须具有的最基本的思维，甚至可以说，舍此最基本思维，根本无法生存。譬如，不管古今中外、哪朝哪代，杀人偿命、欠债还钱，在老百姓看来，都是天经地义、毋庸置疑的。所以，我们今天谈法律思维，必须以此为大背景。有了这个大背景意识，我们就明白，法律思维并不是阳春白雪，也不应该是阳春白雪。法律思维当然可以精致、高级，但必须接地气，讲人话，这个"地气"和"人话"，就是普通人代代相传的朴素法律观。

南京彭宇案、广东许霆案、山东于欢案，为什么引发那么大的社会舆情？无非是脱离了裁判者之法律思维所赖以生存和维系的这个大背景。这说明，不能孤立、片面、静止地看待和讨论法律思维问题，尤其不能与普罗大众所共有的朴素法律观这一背景与现实割裂开来，否则就法律思维谈法律思维，没有土壤，不接地气，不可能有好的法律效果和社会效果。这就是我为什么建议拓宽视角，需要再对法律思维的上位概念进行追溯的原因，它有助于时时提醒我们搞清法律思维的现实定位，避免出现纸上谈兵的状况。

怎么来理解法律思维的性质呢？我觉得有必要首先明确一点，我们所谈的法律思维，是指法治状态下的法律思维，而不是法制状态下的法律思维，这是两种不同性质的法律思维。至于法治状态，不管是既成的，还是待定的，至少在性质上是完全不同于法制状态的。我们是在法治的语境和框架下讨论法律思维，而法治语境和框架下的法律思维，又是有一系列条件或原则作为约束边界。在我看来，法律面前人人平等，就是一个最基本的条件或原则，它直接决定了法律思维运行的制度性质，也间接决定了法律思维自身的性质。这里的"人人"，既包括自然人，也包括法人；既包括经济组织，也包括社会组织，更包括政治组织。无论法律上的"人"以什么面目和形式出现，哪怕他是"王"，也必须是"王在法下"。换言之，所有人在法律面前是平等的，由此决定了他们之间在权利义务关系上是对等的。确定了这个性质问题后，我们再来讨论法律思维，就有了基本前提和最低共识。

李志刚：

你上面所提及的法律思维，可能侧重两个方面：一是社会的法治意识，本身是强调规则意识，并且是"水治"，而不是"刀制"；二是作为价值信仰与治理工具的法律观念，强调"一断于法"，包括"法律面前人人平等"这些基本的法治原则。

朱兰春：

是的，之所以先强调这两个方面，是为了避免一种印象，似乎法律思维说来说去，不过是规则思维，再极而言之就是技术思维，那样就有很大的偏差了。现在无论是律师群体里，还是法官群体里，都存在"书生办案"的现象，这不是没有原因的。

李志刚：

你的上述观点，让我想到了苏力和孙笑侠的争论。孙笑侠强调法律职业共同体的共同思维模式，也就是法教义学的思维模式，也可以表述为你所提到的"技术思维"；苏力则强调"超越法律""考量后果"，推崇文化背景上的"本土资源"、表达模式上的费孝通"乡土中国"文风，本身也可以理解为"接地气"，这种模式使得法律人区别于其他职业群体及社会大众。这点在法院系统的话语模式中，更多地体现为"法律效果和社会效果的统一"。

我理解，这两种倾向并非决然对立，二者在价值基础、实现路径上有共通和可对话之处。法理和常理，法律人和普通人，虽然有一定的概念、话语、知识背景、思维模式的差异，但并非水火不相容。如果裁判或者法律推理违背了常理，那肯定是纯粹的技术推理本身出现了错误，或者刻意排斥了价值观的导入。从司法产品看，一个好的判决，必然是既符合法律和法理的，也符合常理和朴素正义观的，能为社会公众所认可的，即所谓天理国法人情的统一。

当法律人在谈法律思维的时候，可能更重要的是避免两种倾向：一种是抛离法律规范、法律依据，空谈公平正义，凭抽象原则来做裁判。这种倾向架空了法律专业的知识积累和技术规范，带来的是裁判结果的高度主观性和不确定性。**另一种是掉进专业词汇和逻辑推理的"形式技巧"里，忘记了规范本身的来源、价值追求和技术推理过程中的价值判断。**

从这个意义上来说，机械的"书生办案"和虚无的"脱法办

案"都不可取。法官和律师都需要在法律思维和常情常理中找到融合之处,而不是顾此失彼,截然对立。

从学科意义上看,如果说,经济学思维侧重在有限资源约束下,思考如何通过成本收益分析,实现效用的最大化;政治学思维侧重研究谁通过什么方式为谁而统治,或者如何实现善治。那么,法律思维似可概括为:基于什么样的法律,而能为何种行为,以及产生何种权利、义务与责任。

我们讨论法律思维的出发点,就是要寻求法官思维和律师思维的共性,并通过法律思维和其他非法律思维之间的比较来映衬和勾勒出法律思维的多重面向。

朱兰春:

你说的这种现象,之前不只是在法理学界有争论,其他法学领域中也存在这种争论,比如,在宪法学界,韩大元教授提倡的宪法解释学,以及林来梵教授力推的规范宪法学,就是对既往宏大叙事理论建构的不满和突破,强烈要求回到宪法教义学的学科轨道上来。其实这就是哈特在《法律的概念》中区分的两种不同认识模式:内在观点和外在观点。从理论上讲,这两种法律思维确实不是对立的,而应当互补的。问题是,为什么一到实务中,往往就容易出现偏颇的倾向,总是难以做到"既要……还要……",问题究竟出在哪里?这值得我们观察和思考。我个人的体会是,究其根本,可能不仅仅是从"知道"到"做到"的实际距离,背后还有更深层、更复杂的原因。

我同意将法律思维概括为基于什么样的法律而运作的一套认知模式,但我认为还要更上一个高度,概括为基于什么样的法

对谈一 | 法律思维与法律职业思维

律意识、法律理念。张军院长在 2015 年第 4 期《法律科学》曾发表过一篇论文《法官的自由裁量权与司法正义》，其中就点破了这个问题。他一针见血地指出："**我们需要清楚地认识到，就目前我国的司法实践来看，我们的司法执法主体对规则的认识判断，对事实证据的认识判断，仍然具有极大的不确定性，而这主要是基于他们法律意识的不一致。**"现在八年过去了，他指出的这种现象，并没有得到显而易见的扭转，足见问题的顽固和普遍，这也是我们有必要从法理念的源头上，自觉梳理和把握法律思维的意义所在。论及法官思维和律师思维的共性，应当向上追溯至法理念，这才是他们之间最大的共性。但目前来看，这方面的意识，包括这方面的讨论，恰恰又是最薄弱的。有一个现象，值得我们沉思。为什么我们的法官、律师，哪怕是非常资深的大法官、大律师，不管他们工作或执业多少年，业绩多么突出，都很少有自己相对成熟的法哲学思想呢？对比于欧美发达国家的法律人群体，我想这是很值得玩味的。

差在哪里？其实就在于有无法理念的观照。往深里说，**法律思维不只是一种思维工具，对它的认识不能停留在工具理性层面，还应当上升到价值理性层面。它不仅仅是个职业饭碗，还应该有信仰的成分，始终有种敬畏心**。如果能体会到，对公平正义的需要，不是哪个人或哪个群体的需要，而是人性的普遍和内在需要，它只是特别汇聚到了法律争议领域，在法律争议领域表现得最为突出，我觉得，这就是作为法官思维和律师思维共性基础的最重要的法理念和价值观。这一点如果能得以接受和确立，具体法律思维的展开才有方向和意义。在这个基础上，我们再来谈

009

通往正义之路：法官思维与律师思维十日谈

法律思维，以及其内蕴的规则思维、平等思维、对等思维，就有了可以附丽和展开的灵魂，并且始终指向这个灵魂，不会迷路或偏航。至于律师和法官，各自从哪个角度切入法律思维的不同层面，则完全是基于职业分工和专业特点，表现出的侧重点有所不同而已，本身并没有实质性的差异，可以说是一枚硬币的两面。

李志刚：

如果用一句话概括的话，你所提到的法理念和法律思维分别指什么，具体包括什么？

朱兰春：

法信仰和法规则。

法信仰就是公平正义乃人性之刚需，不以人的意志为转移；法规则就两条——法律面前人人平等、权利义务相互对等，其他规则都是这两条的衍生品。我们平时讲的所谓规则思维，包括实体规则思维、程序规则思维，不过是具体化了的法律面前人人平等。至于对等思维，就是谁也不能凌驾于谁，谁也不能占谁的便宜。

这样的归纳，老百姓听得懂，也听得明白，符合他们的法感情。律师和法官听得进，也符合他们的法学认知和职业要求，可以说具有普适性。我们今天讲要构筑自主的法学知识体系，就必须是能让中国的民众、律师、法官所共同接受和认可的一套规范，包括作为抽象表达方式的思维模式。当然，究竟如何构筑，学界可以继续研究和探索。

综上所述，之所以需要从法理念角度讨论法律思维，是针对法律思维的工具、功利色彩突出，价值、精神特征薄弱这一现实有感而发。明确这一基点后，我们就可以沿着这一方向，深入展开话题了。

1.2 民商事法官思维

朱兰春：

关于民商事法官思维，梁慧星老师说过一句很精辟的话，我国法官的主要任务就是两个字：找法。依我的观察和体会，的确如此，找法就是用法，如何找法就是如何用法，这可以说是绝大部分民商事法官条件反射式的思维习惯。

李志刚：

如你所言，找法，无疑是法官审理民商事案件的一项核心工作。不过，刑事法官、民商事律师，可能也有找法的问题。所以，我想，提出法官思维这个概念和命题的目的，可能主要考虑的是民商事法官的工作及职业，以及与民商事律师的工作及职业的差异性。也就是第一层意思，通过与民商事律师的比较，来考察民商事法官思维。

这一层意思也涉及有没有一个整体意义上的"法官思维"，如果有，一定是民商事法官整体与民商事律师整体的工作分工差异所折射出来的思维模式差异。

第二层，当我们将眼光向内，来看法官群体内部的"法官思维"的时候，是否有必要细分，不同层级法院、不同审级法院的民商事法官思维的差异性。"二加一"的审级与四级法院的分工，使

得不同审级、层级的法官,在工作模式、价值导向上体现出一定的差异性,这种差异性,是我们观察和分析法官思维时,应该关注到的。

第三层,即使在同一审级、同一层级内部,甚至是同一法院,不同法官是否有不同的思维模式或者思维习惯,可能也是我们观察微观法官思维时,需要关注到的。

你之前出版了《法官如何裁判》一书,从最高人民法院的判决角度,对最高人民法院民商事法官的思维特点做了精细的梳理和观察,这为我们打开了一个很好的切口。

在我之前的审判职业经历中,一方面,在具体的案件审理工作中,作为法官来处理和思考民商事个案问题,对最高人民法院法官"如何裁判"和"应该如何裁判",有一些切身的体会;另一方面,在与不同层级法官的工作交流和案件沟通中,也有对地方各级法院如何办案、如何思考法律问题的观察。这些职业经历和观察可能为我们从不同视角来分析民商事诉讼中"法官思维",提供必要的感性基础。

我先尝试从职业经历的角度,来谈一下我对民商事法官思维的认识和体会。

第一,法官工作与法官思维。

法官的主要工作是结案,评价法官办案的指标是结案率和错案率,法官行为主要围绕这两个指标展开。

追求效率,就是要尽量降低个案占用时间,而律师占用法官的最核心时间就是庭审。所以,如何用最短的庭审时间获取撰写判决的所有信息,就成为法官的理性追求——这就是法官经常打

对谈一 | 法律思维与法律职业思维

断律师发言的根本原因。因为法官没有特别多的时间听律师陈述法官认为不必要的信息或者已经知道的信息。

避免错案,就是符合"认定事实清楚,适用法律正确"的标准。庭审的目的就是要及时查明要件事实,避免遗漏或者错误认定事实,而适用法律的问题,看起来需要律师发表辩论意见,但真正核心的适用及决断,仍操之于法官。即使律师没提到、说不到点子上,或者陈述的是错误法律观点,法官仍然要自主确认如何适用法律,并在判决书中给出答案和分析。

追求效率和避免错案,作为法官绩效考核的两大核心指标,放大到法院的工作主题,也就是"公正与效率"。这是肖扬院长时代反复强调的,并且在张军院长时代得到了重申。客观来看,效率的评价指标简单、直接、清晰,公正的评价包含了诸多立场和主观性的干扰,要复杂得多。

从上述法官工作内容和流程看,法官思维至少有以下特点:一是因为结案率和结案数的考核,而追求效率;二是从纷繁复杂乃至一些虚假的证据材料中,梳理出要件事实,且无遗漏;三是基于诉讼请求自主找法,并通过逻辑三段论的法律推理,作出判决。

朱兰春:

也就是说,对法官而言,效率是上限,免错是下限,他们就是在这个限度内思考和工作的。你做的这个区限划分,让我们一窥真实世界中的法官。

李志刚:

是的,你概括得很精要。

朱兰春：

我的直感是，律师群体对法官的这个区限论，其实是缺少清醒意识的，就好像球场一样，没有边界意识，随时会被裁判吹哨子，但这反过来又很容易引起律师的不满，认为法官对代理人不够尊重，对案件不够认真。

李志刚：

这就是我们两人的对话的价值所在。法官主持庭审，相当于导演，要对庭审结果负全责，并且还有数量和时间要求。律师参与庭审，类似于演员。好演员无疑是给影片加分的，但表演的时间和限度，会受到导演限定。

一人站台说脱口秀、单口相声，独立发挥可以，但电影是多工种多角色的分工，演员的表演必然要受到限制。好演员是对最终交付的电影作品和角色有深入的理解，然后按照导演的节奏，高效演绎。

朱兰春：

现实情况更多的是，演员对于角色的塑造，倾注了大量的时间和精力，这是导演所不能比的，但演出时间却被大量压缩，演出内容也多有限制，这样的演出效果，对于演员而言，心有不甘乃至不平，可能也是人之常情。

就此而论，演员和导演之间，在思维模式和取向上，可能真的存在天生的矛盾。因为我是站在律师角度，所以非常理解这个群体的内心想法与感受。

李志刚：

确实如此。如果每一个导演都受到绩效考核的限制，据此行事，演员的发挥又必然受导演限制，那么，比较好的解决途径，可能是演员主动从导演视角去看角色，控制表演的时间和限度，在给定的时间和限度内，把角色演绎到极致。而不是沉浸在对导演的不满和埋怨当中。从这个角度来说，律师思维可能要配合法官思维，在表达时间、表达内容、表达精度上，帮助法官完成结案率、降低错案率。

朱兰春：

你说的确实有道理。大多数律师其实也很清楚法官的处境与状态，只是诉讼世界里的"T型台"太窄了，容纳不了更多的内容，只能择要而审，这也是没办法的事情，不是审判独力能改变的。

李志刚：

第二，审级与法官思维。

四级法院分工和《民事诉讼法》的审级配置决定了四级法院的法官面对不同的案件素材、当事人、案件数和绩效考核，也必然产生四级法院法官思维模式的差异。

就基层法院而言，案件数量压力最大、梳理案件事实的任务最重、律师委托率最低、发改率的威胁最大。法官不可能把极其稀缺的工作时间花在塑造精品、典型甚至是公报案例上。因此，其对高结案数、结案率和错案率的关注度，通常最高。

审级分工上，基层法官更加注重纠纷解决。因此，基层法院更加注重调解（不用写判决，且案结事了），是法官必然的理性选择。

最高人民法院审理的民商事案件数量经历了一起一落，回归

通往正义之路：法官思维与律师思维十日谈

到法律适用统一的职能定位，有相对充裕的时间研究处理疑难案件，离生产公报案例和指导性案例的距离更近，并且承担依法治国的司法解释（公共政策）制定者的角色，客观上有更多的心力研究和琢磨疑难、典型案件。绩效考核指标上，也并不完全倚重结案数，更为重要的是，其本身是法定的终审，受到"改判"的后手压力、钳制的可能性大大降低，生成"伟大的判决"的机会或者动力，客观上会显著增加。

在这两端的中间，中院和高院法官的行为及思维模式表现为两种过渡的状态，其中，中院法官的思维和行为模式离基层法院法官更近，高院法官则离最高人民法院更近。

从审理程序看，一审法官做的是论述题，从事实查明到法律适用，白纸上写作文；二审法官做的是选择题，在一审判决、上诉方、被诉讼方的观点之间，斟酌选择裁判观点和裁判结果；再审审查法官做的是判断题，对终审判决是否有错，是否要提审改判做判断。其改判动力强度、改判变动影响，都不一样。这必然决定了不同审级的法官，在裁判观点和裁判结论上，有不同的行为模式/倾向选择。

比如，我个人一直主张，二审的理念应当是能改则改，因为我们国家是两审终审制，法定程序中的诉讼权利、改判可能性要给足。即使一审评价没有"错"，仅仅是法律问题本身有争议，也应当据实考虑改判的必要性，不能基于发改率架空二审的法定救济。

至于再审，则是两审终审之外的"纠错"程序。争议观点不是错，不能因为观点不同轻易提审改判，动摇两审终审制和终审裁判的稳定性。除非确实是基本事实有误,裁判结果本身有"错"。

第三,同级同院法官思维的共性与差异。

即使在同一法院,不同法官的人生经历、价值取向、行为习惯不同,其思维和行为倾向也并不完全一致。比如,在同一个法院同一个庭,有的法官的再审驳回率可能是连续几年百分之百,有的可能只有百分之八十。

在这方面,你不仅长期追踪最高人民法院的判决,而且细化追踪不同法官的裁判风格倾向,应该有更多的思考和理解。

朱兰春:

是的,不同审级的法官群体之间,以及最高人民法院法官群体内部,他们在思维方式和裁判取向上,有时确实有较大的差异。这些差异有些是源于制度性因素,比如不同审级的程序价值取向,就是一个硬约束,直接形塑该审级的法官思维。案件是在一审、二审还是再审,审查的重心各有不同,不同审级的法官思维呈现出明显的分化。另外,这些差异也有个体性因素,案件在谁手里承办,特定法官的价值理念与裁判风格已基本成形,越是高审级的法官,法律思维越稳定,不管审理什么样的案件,最后都是由定型的法律思维结构输出的结果。司法改革推行的审判者终身负责制,更放大了个体性因素对案件处理结果的影响程度。最高人民法院某前法官离职后,曾说过这样一句很有哲理的话:任何案件的裁判结果,都是特定法官主观公正的产物。仔细品味,堪称名言。

李志刚:

"公正"是一个主观评价。法律思维的真正要义,在于降低这种不确定性。如果一个案件一审、二审、再审在没有根本的法律争议的情形下,出现反复,那可能是在"法律思维"的某个环节出现了问题。对于法律问题本身存在的争议,不在此列。

另外一种解释,则认为"法律解释的尽头是价值判断",而价值判断本身,就没有正误的问题了。比如,对合同效力问题,倾向于严管制的无效,只要扣上一个公序良俗的"帽子",就很难翻身。如果倾向于包容性的市场自治,就会严格限定无效。

朱兰春:

你说到的一审是论述题、二审是选择题、再审是判断题,我还是第一次听到这种点评,虽然是大白话,用词却很精准。我也同意二审应当能改则改,但从现在的趋势看,发改率的考核指标是悬在法官头上的达摩克利斯之剑,相当程度上抑制和压缩了法官的裁判思维,二审的专业性反而下降了。前几天看到一个律师公号文章吐槽某高院内部规定,二审发改率不得超过2.5%,等于实质性架空了二审程序。文章发出后,引起业界广泛关注,他也接到高院的电话,客气地解释了一些不得已的情况后,希望他能删除文章。这说明,高院自己也意识到内部规定的荒唐。

李志刚:

就此问题,不是法律思维本身出了问题,而是价值判断上的个性偏好不同。

朱兰春:

是的,**法律思维好比是个轨道,价值判断才是决定思维方向的火车头**。案件出现争议,要搞清楚究竟是轨道本身出了问题,还是火车头出了问题,这是两个完全不同的问题。如果是价值判断上的争议,严格说来,那就不是法律问题,而是立场问题,这个时候听谁的?**只能是大道理要管小道理,小道理要服从大道理。**

最高人民法院虽然处于审级顶端,据我长期观察,不同法官的裁判风格差异颇大。最高人民法院一位前法官也说过一句意味深长的话:司法实务中的任何案件争议,都可以在最高人民法院发现它的源头。来自内部人士的现身说法,很大程度上印证了外界对最高人民法院法官是否存在相对统一裁判思维的朦胧猜测。

全国四级法院职能定位改革的试点,2023 年 10 月就结束了,之前估计,如不出意外的话,其成功经验将引发《民事诉讼法》的第五次修改,成为正式的法律内容。① 这很可能是个契机,最高人民法院有可能在甩掉天量案件的沉重包袱后,在制定司法解释、司法文件之外,集中精力通过对特定疑难案件的指导与审理,至少在最高人民法院内部开始规范之前相对分散的法官思维。但由于客观情况有变化,试点内容并未引入《民事诉讼法》,后续如何发展尚待观察。

李志刚:

这里面有两个问题:第一,争议是平行的,还是有层级源头的? 我个人倾向于争议是平行的。基层法院和律师对某个法律问题的争议,在最高人民法院法官内部可能也会同时存在。只不

---

① 2023 年 9 月 12 日,最高人民法院发布了《关于四级法院审级职能定位改革试点结束后相关工作要求的通知》(法〔2023〕154 号)。

过高层级的裁判结果更受关注,从而扩大某种意见和倾向的影响。

第二,统一的法官思维和统一的裁判观点是不同问题。前者可能是相对统一的,主要是基于职位积累而成的思维模式或称惯性。后者,也就是裁判观点的不一致其实天天都在发生,所以,最高人民法院也是合议制,审委会也是合议制。通过合议票决,形成最终的裁判结论。

朱兰春:

你的这两个判断我都同意,也比较符合我对法官群体的观察与认知。我还想补充说明的是,如果不把最高人民法院的科层等级制过分突出,其实它也只是一个普通的业务型法院,法官群体与其他层级的法官群体,在法律思维上并没有实质性差别。从这个意义上来讲,所谓争议的平行性,指向的是整个法院系统,而非不同层级之间的法院。

至于法官思维和裁判观点,二者确实是不同的问题,但也不是毫无关联的两个问题。事实上,就法官个体而言,二者之间是密不可分的。我在博士论文里曾提出这个观点:裁判文书是裁判思维的物质外壳,裁判思维是裁判文书活的灵魂。当然,这是相对于法官个体而言的。扩大至法官群体,能否用"统一"来指称或作为法官思维的目标追求,我是持观望态度的。**法官思维可以规范,但可能很难"统一",除非这里的"统一",指的就是思维的规范。**

当然,对于裁判观点的统一,我是完全赞成的,合议制的制度设计目的,就是生产统一的裁判观点,尽管这里的统一,很可能是多数意见,但这并不妨碍其统一性。

李志刚:

说到这里,我觉得可以概括出几个我眼中的法官思维的特点:

1. **以高效结案为首要任务**。这是结案绩效考核体系下一线法官共同的行为与思维取向——尽快把案子结出去。

2. **避免错案**。因为发改率、错案率是法官绩效考核的重要指标。

3. **裁判的可接受性**。包括当事人、社会公众乃至学者对判决的接受和认可,而不是涉法信访和被批判。

4. **出精品案例**。包括典型案例、公报案例和指导性案例。这是对法官职业能力评价的重要外观体现。

5. **在精品案例背后的法律规则发展,真正通过判例创设法律规则**。

上述目标1~5项中,前3项是各级法官共同追求的,第4、5项是高院、最高人民法院的法官更加看重的,也有更多机会生成。这几个目标,决定了法官在案件审理中的主要操作模式和价值导向。而高效、准确地找法、查事实,在技术路径上,就指向了"要件审判九步法"。这就进入了后续结合庭审讨论法官思维的环节。

这是我个人对民商事法官思维的一些思考和小结。

朱兰春:

概括得很到位,让我立刻想到马斯洛的需求五层次论,简直可以说是他的心理学在司法领域的具体运用,可见,马斯洛理论在普适性方面具有强大生命力。此外,你总结的这五个方面,是塑造法官思维的外部力量,而法官思维具体内容的动态生成,还有赖于一个个的庭审得以展开。

1.3 民商事法官思维与要件审判九步法

朱兰春:

要件审判九步法,是对法官具体思维模式的自觉提炼,有很强的实操性,同时也启发理论界和实务界,其实还可以探索更多更有效的思维模式,今后甚至有可能形成不同法官思维模式的竞争,那样的话,我国的民商事审判工作就真的上了一个新台阶。

你和你之前的同事们在审判实务中,有意识地使用或参照过要件审判九步法吗?同时我也想了解,在邹碧华法官推出他的要件审判九步法之前,你和之前的同事们在案件处理时的通常思考方式是怎样的呢?

某位离职最高人民法院的法官曾对我披露,他第一次参加审委会的汇报时,面对五花八门的观点,感觉非常意外,着实有点懵圈。如果此言不虚的话,那说明就算是资深法官群体,也很难有相对通行的思维模式。

李志刚:

要件审判九步法是对法官"查明事实"和"适用法律"过程的概括、总结和细分。事实上,把这个过程概括为三步也可以,五步也可以。之所以九步法影响更大,是因为邹碧华法官著书及其在上海法院实践探索。对各级法官而言,并不是都知道或者都按照要件审判九步法去办案和思考。

要件审判九步法的核心有两点：一是通过请求权基础找法，二是通过要件事实的查明确定事实。在找法的操作上，请求权规范检索比较严谨，但通常不如通过法律关系确定规范依据来得更直接。不过，在多个请求权基础都存在、重叠，当事人又未做选择或者选择错误时，请求权基础的思维价值就会更为突显。而要件事实有利于聚焦需要查明的基本事实，也可以提高审判效率。

所以，**要件审判九步法并非为每一个民商事法官所熟悉或者频繁运用，但其在思维流程的规范性、严谨性和效率性上更优**，也为法官和律师在民商事案件中的流程协作奠定了很好的基础。对大部分处理简单案件的民商事法官而言，比如，就是欠钱不还，要求还款，或者就是一方违约，另一方要求承担违约责任，让法官分九步执行，可能现实必要性也没有那么突出。

至于审委会讨论案件，可能是另外一个问题。一是因为审委会人员组成多元，并非都是民商事法官，更非都是长期深耕民商法审判业务的法官，各自不同的专业背景和职业经历、审判经历决定了其思维视角的多样性和多元性。各级法院的审委会委员组成及来源都是如此。比如，刑事委员和民事委员会有同样的关注点吗？

二是因为一个案件是否被提交审委会，可能也有不同的原因，要解决的，可能是不同的问题。审委会是少数案件的一个议决程序，但并不是严格意义上的案件审理过程，其讨论的事实是已经给定的，法律适用可能是做选择题，这与一个普通民事一审案件法官要做的论述题，完全不一样。所以，**审委会讨论问题的**

关注点、议决人、议决过程，都有其特殊性，与普通民商事法官审理案件的思维有显著不同，不可同日而语。

朱兰春：

我曾经以政协委员的身份，列席过法院的审委会，现场讨论确如你所述，对承办人的汇报意见和业务庭的倾向意见，委员之间的争议很大，而且直言不讳，针锋相对，其中也有被说服改变原来观点的，最后争执不下，院长决定提交上级法院请示，这个场面令我印象深刻。

对于大部分案件的审查，某位审判业务专家有个观点，和你很有共鸣。他说对法官来说，最重要也是最头疼的就是查明事实，实务中90%以上的案件都是查明事实就能做出判断的，反而适用法律对大多数法官而言，并不是什么问题。有的法官甚至半开玩笑地说，法庭调查结束后，案件基本就结束了，法庭辩论是合议庭的休息时间。

此外，在事实查明之外，法官对请求权基础的重视，我感觉也是近几年才出现的一个趋势，九民纪要[①]以后作为一个正式要求浮出水面。

李志刚：

围绕法律适用问题进行的法庭辩论，主要是给各方一个陈述观点的机会，对于是否应当适用哪一条法律，适用哪一条法律能不能得到一方当事人希冀的结论，本身是法官的法定职责，并且必须通过裁判文书回应，所以，对于绝大多数法律争议不大的案

[①] 2019年最高人民法院《全国法院民商事审判工作会议纪要》简称为"九民纪要"。

件来说,这个过程本身的功能比较有限。但对于法律适用本身争议比较大的案件,各方对法律争议的论证,可能为法官的决断提供有价值的参考。

朱兰春：

从这个意义上讲,要件审判九步法的重要贡献是从思维模块上分解和细化了"以事实为依据,以法律为准绳"的原则。其实我感觉,这也是很多法官平时工作中一直在运用的,只不过没有从理论上予以提炼,处于日用而不知的娴熟状态。

但点破这层"窗户纸"还是有重大意义的,使粗放经验有可能被标准化,这二者之间还是有一层隔膜,能否点破,效果完全不一样。

李志刚：

请求权基础的问题,本身是找法的问题。法官只要审理案件,就必然涉及。之所以这几年高频出现,一是由于王泽鉴老师的著作的广泛影响;二是有留德经历的学者的积极推崇;三是邹碧华法官的"要件审判九步法"在实务界的广泛影响。这些因素使得"请求权基础"这个词高频出现、高频运用,并显得较为高级和专业。那么,没有高频出现和使用的这些年,案件就没法办了或者办错了吗？显然不是。

朱兰春：

对,形象上显得比较有专业范儿,这个职业心理也很微妙。我相信很多已退休的老法官,办了一辈子的案件,可能从来都没有听说过"请求权基础"这个词,但丝毫也不妨碍人家正确办案。

只是"找法"这个说法比较土气,没有专有名词那么高大上。

李志刚:

确实如此。请求权基础,说到底就是诉讼请求的规范依据,哪个案件、哪个法官不涉及、不用?

朱兰春:

金观涛、刘青峰夫妇写过一本书——《观念史研究:中国现代重要政治术语的形成》,我感觉,其研究方法也可以用来分析中国当代重要法律术语背后能彰显出社会发展的某些规律性东西,看出平时看不出、看不透的新动向。当然,这是另外一个话题了。

我们谈了这么多,这里做个小结:**如果法律理念是"道",法律思维就是"术","道"支配"术","术"体现"道",二者虽互为勾连,但又各具其独立价值。法律人应当既关注"道",也重视"术"。**只不过需要指出的是,"术"不等于"术语",也不止于"术语"。

李志刚:

势道术,确实是很精要的概括。也可以说,**法理念(如追求公平正义)是"势",法律思维(如请求权基础、要件审判九步法)是"道"**,而后面我们在庭审中法官与律师各自的行为、对话路径,就是更具可操作性的"术"了。

1.4 民商事律师思维

朱兰春:

相较于法官思维,民商事律师思维要复杂得多,显得更多元、更离散,受外界因素影响非常大,具有鲜明的职业特点。

我的体会是,尽管都是法律思维,但这两大群体所呈现的,如果不是完全不同的法律思维,至少是有很大差异的法律思维,这种职业特性所决定的思维差异,是业外人士虽有耳闻但并不容易真正抱有同情之理解的。

我认为,影响乃至决定包括民商事律师在内的律师群体法律思维的一个重要因素,是这个职业的商业属性。**律师是体制外人士,面对激烈的市场竞争,其案源压力是法官不身处其间很难有切身感受的。**

对于案源,律师群体与法官群体的看法几乎是相反的。用当下热点语言来说,律师对案源总是"挖呀挖呀挖",法官对案件总是"压呀压呀压",一方永远不明白这么多的案件都到哪里去了,另一方也永远不明白为什么有这么多的案件。这就是体制内外不同导致的感受差异。显然,这种感受差异直接影响各自的思维认知。

对律师来说,一方面,不可能像法官那样,可以心无旁骛地投注到案件中去(假定法官都处于心无旁骛的理想状态),只想着如何把案件办毕办好即可,律师必须要开拓业务,这占据了他们很大的一块精力。最高人民法院某前法官说过,他感觉律师80%的精力都用在找案子、谈案子,只有20%的精力在办案子。这个比例当然是他个人的毛估估,但他看出了律师群体的这个职业特征。这会带来什么后果呢?就是律师拿到案子后,对单个案件的投入时间,一般而言是远多于法官的,因为案件的代理效果直接影响或决定最终报酬。在这种情况下,律师在庭审中的表现必然是积极主动,总希望能尽可能地表达,这就是当事人眼中的卖力、负责。此时对律师而言,量就是质,充分行使表达权,不仅仅是个责任心的问题,背后是商业逻辑的内驱力使然。中国有句话,理屈词穷,在大多数人眼里,词穷往往意味着理屈,这种社会心理很微妙。

律师为什么特别反感被法官打断发言,真正的原因就在这里。站在法官立场,当然希望律师的陈述最好是短平快、稳准狠,这样最有利于自己的工作。但这种思维取向,恰恰与律师思维的"胖大海"取向相冲突,这是法官不容易理解律师的一个地方。一些法官离职从事律师工作后,职业转换带来的切身感受,对此才算有深刻的体验,有法官甚至说,不做律师不知道,以前当法官太任性了。还有离职法官心情沉重地反思说,"以前我也是个狠法官"。

这还仅仅是从外部因素对律师思维的勾勒而言,如果从律师思维的自身专业因素来看,庭审表达也要比裁判结果来得更重要,原因在于,**接案如打牌,拿到什么样的牌,律师是没办法选择的,但如何在既定条件下,力争打好这副牌,则是律师的施展空间**。当事人很清楚,案件胜败并不取决于律师,但律师是否专业和尽力,他们心里是有一杆秤的,**庭审就是对律师专业与尽力程度最直观的检验**。

同时,律师也很清楚,法官在裁判文书中,是不大可能回应律师的观点的,只作出合议庭自己的判断。在这种情况下,庭审几乎是律师表达的唯一渠道,如果律师再自我压缩庭审表达,就算是为了配合法院工作,显得很"懂事",也很难为当事人所理解,这对其以后的执业形象是不利的。

所以,**律师思维的一个突出特点,就是要多说,反复说,从不同角度说,说得多,约等于有理**,而这正是法官不能理解和反感的。

以我自己为例,我是很认同法官稳准狠的"点穴式"思维方式的,尽管如此,我两次在最高人民法院出庭时,都因为陈述言简意赅而被当事人庭后当场呛声,认为对方滔滔不绝,气势很强,一看就胸有成竹,而我方如蜻蜓点水,寥寥数语,明显没对方声量大,气场强,很不客气地表示庭审效果不理想,很失望。这两个委托人,一个是民营企业,一个是国有银行,但对律师庭审表现的评价却出奇的一致,这很能说明问题。

尽管这两个案件,最后都获得胜诉,但当事人的这种表现,事后引发我长久的思考。我也算是资深律师了,也还是比较抗压的,但对于大多数律师而言,可能就没办法如此要求他们,他们也不太可能主动选择这条自绝于当事人之路,尽管这条路是法官所希望和赞赏的。

就此而言,**民商事律师思维与法官思维,在外在表现形式上,呈现出相反的趋势,犹如一枚硬币的正反面。过于强调正面,就不容易看到背面,反之亦然。**

这种外在表现形式上的反差,必然影响到表现内容的合拍,也就是法官经常斥责律师的发言"讲不到点子上",因为律师要讲到点子上,是需要大量、反复、充分的表达为前提的,他对案件的前期投入与准备,就体现在这个大量、反复、充分的表达内容上。

1.5　仲裁庭对律师发言长短的宽容

朱兰春：

这里我还想引入一个新视角，以便谈得更深入些。

我担任贸仲的仲裁员已经两届了，我审理案件时，特别注意保障双方律师的发言权，因为我太了解他们的心态和思维了，庭审中从不打断律师发言，让他们充分地说，反复地说，说到几乎无可再说，最后我还会询问，还有什么需要补充的吗？这个时候双方律师都表示，没什么可说的了。

通常这个时候，我都会注意看一下出庭的双方当事人，我从未发现他们对律师有什么面色上的不满意，因为他们亲身感受了律师的尽力，庭审效果是非常和谐的、友好的。至少到目前，我裁的案件还没有一起被申请不予执行或撤销的。

原因是什么？当然，保障律师充分行使表达权不是唯一原因，但我认为至少是非常重要的原因，他们能感受到，自己的意见被充分地听取了，被认真地尊重了，仲裁庭的目光是全面的，由此作出的裁决是慎重的。尽管仍可能内心不服，但没有怨气，没有委屈，情绪上是顺的。

由此我又想到两件事情，胡云腾大法官在担任二巡庭长的时候，特别创新了"最后一问"，作为二巡工作的亮点。就是在法庭辩论结束前，要求合议庭再向双方作"最后一问"，还有什么想说的、要说的，尽管可以补充。其间的考量，我想是有深意的，也是很有针对性的。

另一件事情是,几年前《人民法院报》刊登过一篇调研文章,大意是信访申诉案件高发不下,但经过审查,绝大部分案件的处理并没有什么问题,但为什么当事人就是不服,反复申请甚至闹访?调研者认为,根源在于承办法官在案件处理过程中的粗疏,基本上都是非专业因素引致的情绪抵触和对立,令当事人感觉不公。

不过,话说回来,现在法院机制条件下,很难有仲裁那样较优裕的办案时间和心态,"萝卜快了不洗泥",这的确是个大问题。如果法官也像仲裁员那样干,估计结案率这一条就会让他下岗了。

所以我判断,律师思维与法官思维的这种职业属性造成的较大反差,很可能还会持续下去。总之,**律师思维追求的是"看见",法官思维要求的是"洞见"**。

李志刚:

就仲裁庭和法庭对律师发言长短的包容度问题,我想首先是你有律师职业身份和经历,因此,对代理人律师有同理心,能够感同身受,所以更有包容度。

从更普遍的意义上来说,仲裁员和法官对律师发言长短的包容度,有制度和人性上的原因。

首先,仲裁庭和仲裁员的营收和仲裁案例的数量正相关,所以仲裁案件多多益善,仲裁庭和仲裁员通常只会嫌案件少,不会嫌案件多。

而法官的收入和办案数弱相关,即使无案件可办,法院和法官不用太担心经费和工资。所以法院和法官只会嫌案件多,不会嫌案件少。

朱兰春：

我有时在想，如果我国法官的遴选，真的能像国外那样，从律师群体中推选，上级法院的法官，从下级法院中优选，这有可能在一定程度上解决现在面临的很多问题，包括法律思维的不匹配、不兼容，以及服判息讼问题。别的不说，就把我在仲裁庭推行的那套做法，复制到法院工作中去，我相信整个司法实务工作会有很大的改观。

李志刚：

其次，仲裁庭和仲裁员受市场机制控制，"服务"不好，会赶走案件。市场会用脚投票，但法院不用担心案源。

再次，仲裁庭和仲裁员通常不存在案多人少的问题，因此，不用通过在庭审时间上的压缩，实现绩效的提升。

朱兰春：

这可能不是关键，难道国外的仲裁院和法院不存在这个问题吗？仍然是两套逻辑和机制在起作用，与我们并无本质上的差别。

李志刚：

但法官面临的案多人少的问题，压缩庭审时间，是最主要的绩效提升路径之一。国外法官加班情况我没有统计过，至少普遍持续加班的情况可能没有这么突出。对此，法官辞职率可能是一个可以参考的指标。

朱兰春：

我看过一个香港地区和美国的数据,就法官审理案件的绝对数而言,人家并不比我们少审多少,但法官比我们却少多了,为什么他们那里没有我们这种突出的问题呢?

李志刚：

因为每个"法官"在每个案件中的实际工作量并不一样。

朱兰春：

其实关键在人。人家的法官,为什么他们办案有积极性,这种积极性又从哪里来呢?

李志刚：

就此,法官辞职率可能是一个有说服力的客观指标。对于从律师中遴选法官的美好设想,肖扬院长时代就开始积极探索,可能效果并不像想象中那么理想。无论是从报名的数量、质量、留任率来看,都不是想象当中从国外抄过来就行的。

朱兰春：

很多法官都自嘲是"司法民工"。为什么不理想?这是需要深思的。制度设计的源头上就有很大问题。把法院当作行政部门,把法官当作一般公务员一样管起来,效果怎么会好?

李志刚：

最根本的原因是,法官的职业地位、职业尊严、繁忙程度,投入收入比,与其他国家和地区不可同日而语。

所以,可能主要问题还不是吸引多少优秀的律师进法院,包括真正特别优秀的律师是否愿意进法院,能把特别优秀的法官留住,可能就已经很不错了。

我个人也并不赞同把法官职业神话,显得高高在上。不是。法官职业本身也是社会分工,并不因为学习了法律,做了法官,就高人一等。如果高,也仅仅体现在专业知识上,但哪行哪业没有专业知识门槛呢?说神圣性,军人牺牲生命保家卫国、教师是人类灵魂的工程师、医生救死扶伤、审计查账、农民种地喂饱百姓,就不神圣吗?环卫工人,冒着恶臭清理垃圾,就不神圣吗?可能更重要的,还是对专业性本身的尊重。追求公平正义,既不是法官的专属,也不是法律人的专属,所有人都向往追求公平正义,都可以为公平正义的实现,作出自己的努力。

朱兰春:

以前看到一个报道,最高人民法院某法官去美国探亲,家人带他看了一场 NBA 比赛。当赛场组织者得知,现场有位来自中国最高人民法院的法官,立即知会现场观众,全场起立向他致敬,给他极大震撼。他在文章中说,什么时候中国的最高人民法院法官,在中国社会中有这种殊荣就好了。现在的多元化纠纷解决机制就在推行你说的案件分流工作。我甚至认为,如果允许国外著名的仲裁院在我国设立分支机构,效果还会更好。

李志刚:

如果看到美国最高法院只有九个法官(大法官)的话,实际上中国的最高人民法院的普通法官,可能只是法官助理,在美国也是享受不了全体起立的待遇的。所以我个人一直不太赞同简单的制度移植或者对比,因为语境完全不一样。

所以,仲裁庭对代理律师发言长短的包容度与法院相比,显得更高,有其背后的制度、市场、人性的机制和原因。从另一个方面来说,仲裁和法院的差异和互动,如果能引致仲裁对法院的案件分流,于国于民,也未尝不是一件好事。

1.6 律师思维可能存在的缺陷

朱兰春:

在目前的情况下,律师群体思维与法官群体思维的差异背后有许多制度上的深层原因。虽然目标是一致的,路径却并不相同。

我的律师身份,让我看到了更多两大群体的思维差异,也为律师群体做了某种意义上的辩白。现在,我再谈谈律师群体思维上的不足,这也是客观存在的,而且是长期存在的顽症。

以前我曾做过一次演讲,题目是"律师办好民商事案件的八大要素",第一点就指出,律师思维中的一个偏差是,对案件事实的研究非常不够,重法律适用,轻事实查明。我认为,这是引起法官群体对律师工作不满的重要原因。因为庭审中的法官思维正好是反过来的,重事实查明,轻法律适用。思维重心的不匹配,必然导致庭审工作的不顺利。很多法官对律师代理不满意,甚至当场发飙,也不是不可以理解的。换作我上去审,或许不会发怒,但发愁是一定的。律师为什么不愿在案件事实上下功夫,表面上看是个工作作风或责任心问题,其实根源还在思维认知上。

不管是律师思维,还是法官思维,只要是法律思维,首先一定是细节思维。而据我观察,律师思维的粗放在行业内有相当的代表性。

　　这就好比法官在案多人少的情况下,存在"萝卜快了不洗泥"的现象,律师在粗放思维的偏差下,对案件事实的掌握,必然也存在这样的现象。法官拿着放大镜,律师拿着望远镜,庭审效果能好吗?这也是律师群体经常被法官群体诟病的主要原因。我感觉,更深层的原因,可能是我国法律制度的建设进程,尤其是律师制度的恢复时间不长,有很直接的关系。这方面与国外相比,真的有很大的距离。如果律师的商业属性被过分看重和强调,就不太可能既要开发市场,又能精耕细作。毕竟人的精力是很有限的。这一点如果不能改善,将会制约整个律师行业在专业能力上的持续和整体提升。

　　我经常说,法官群体的业务能力总体上高于律师群体。想想人家一年办多少案子,律师一年办多少案子?人家就算不学习,整天在案件堆里摸爬滚打,至少司法经验也磨出来了。

　　所以,论法律适用,律师是比不过法官的,这不是律师的强项,律师的强项在他处。**案件事实的粉碎性掌握,就是律师的强项,再认真负责的法官,对案件投入的单位时间,都是与律师无法相比的。而案件事实的掌控,就好比掌控了水龙头,法官或许能决定水流的方向,但他不可能掌握水源,律师永远处在上游。**

　　巧妇难为无米之炊,处于下游的法官,永远处于"投喂"状态,律师的优势恰恰在这里。可惜我们这个群体里,对此有真正体悟的人还不算多。以己之短,非要与法官争其所长,长此以往,案件效果、专业印象可想而知。

1.7 另一种视角下的律师思维特点

李志刚：

我接着你的话题，从另一个视角谈律师思维。

从法官思维与律师思维的比较来看，律师思维的第一个特点有预设立场。法官是居中办案，对法律、天平和国徽负责。而律师"收人钱财、替人消灾"，必须站在一方当事人的立场上，争取最大利益、最有利结果。这种立场，决定了律师在起点上是要片面呈现事实和法律观点的，"挑有利的证据展现""挑有利的法律观点论证"。

第二个特点是两边受限。一边是受法官给定的舞台、时间、格式要求答题；另一边是受当事人划定的商业目的要求，充分表演。所以，虽然说"法官是刀尖上的舞者（两造之间）"，律师又何尝不是两边看人脸色？

第三，律师离事实更近，对事实的掌握主动性更强。但如您所言，能否全面掌握细节，取决于能力、经验和责任心。而从结果上看，即使全面掌握，也会选择性呈现。而法官是被动地查看事实，因此，律师对事实的抓取数量和呈现质量，必然影响法官的事实认定。

第四，律师的专业度呈现出分化趋势。专而精的律师和"万金油"的律师，各有其市场及生存空间。对于真正的专业化律师，水平可能并不亚于法官。因为律师有一定的时间及业务选择自主性。而疲于结案的法官，可能在专业化分工、知识更新要求比较高的案件类型上,并不一定强于专而精的律师。

第五,律师在法庭上的被动性。由于法官主持庭审,是导演,因此,律师的言行需要按照法官的剧本和节奏演出。这种被动性,决定了律师的自主发挥严格受制于法官给定的空间。因此,坚持按照自己的剧本和节奏,还是按照法官的剧本和节奏,抑或能将自己的剧本和节奏融入法官的剧本和节奏,就成为律师发挥功能和庭审感受的重要差异。

第六,从理论上说,律师有足够的时间和精力投入每一个接手的案件(即使本人时间和精力有限,也有其团队和可借用的律师)专业资源是无限的。而法官受制于案多人少的压力,能平均花费在个案上的时间是有限的。因此,律师思维的真正价值可能不仅仅在于呈现成果,更在于能否精准呈现法官所需要的成果。用您的话来说,是"看见"和"洞见"的差别。

换个角度看,其实律师思维和法官思维又有很强的互补性。

在民商事诉讼中,**律师负责做菜(拣选事实和法律)、法官负责吃菜(确定事实和法律);律师是主演,法官是导演;律师代表单方,法官统合两造。通过诉辩和审,共同办结案件。二者之间真正需要的,不是互怼,而是互相理解和沟通,寻求制度、程序、运作上科学分工与高效协作。**

1.8 律师思维与法官思维的差异与互补

朱兰春:

律师思维与法官思维之间的差异,更多的是职业属性的差异,差异不必然就是对立,更多的是互补,体现为两造律师之间互补,以及律师与法官之间的互补。

抛开职业属性,单就思维框架、思维结构和思维进程而言,律师思维与法官思维又有惊人的一致性。其实这也很容易理解,毕竟他们都是在同一个法律框架下的思维活动,特别是在思维运作的内在机理上,律师和法官几乎没有什么区别。举例而言,对于成熟的律师和法官来说,都是在对案情全面了解之后,再作出审慎的综合判断,由此再选择案件的突破口,并以此为起点,自觉按照法律链条推动案件进程。只不过此时律师选择的是诉讼请求,法官确定的是争议焦点。不管是诉讼请求,还是争议焦点,都是他们在通盘掌握案件,并确定了代理思路和审理提纲的情况下,各自选择的逻辑起点,就思维构造而言,具有高度的同一性。

就思维的表现形式——诉讼文书的结构而言,二者也有惊人的一致性,都是对案件作出总体判断并得出结论之后,再开始起草和制作诉讼文书。此时的诉讼文书结构,又是颠倒了的思维进程,遵循的是基本的认识论,即从个别逐渐过渡到全面,最后作出总结,其中逻辑方向性,其实在思维结构中早已预设好了。

律师与法官不仅在思维对象、结构、进程等方面具有高度的一致性,更奇特的是,还很有可能**在诉讼利益上也具有高度的一致性**。这是很多人没有意识到,但又实实在在存在的客观现象。

我长期代理高级人民法院和最高人民法院的二审、再审案件,有一个很深刻的体会,启动这两个审级后,实际上一方代理人的利益,已经与原审合议庭的利益在客观上高度一致了,说是同一个命运共同体,可能也不为过。原审法官非常期望能通过代理律师的工作，维持既有的裁判结果，他不方便对原审判决发表的辩护意见，只能寄望于律师来展示和放大，其中可能存在的某些瑕疵甚至错误，更需要律师来设法弥补和消除。而这时的律师，也有内在动力，进一步论证法官在判决书中的既有判断，以及因各种原因所未能体现出来的其他支撑观点。此时，双方都需要深入揣摩、熟悉和深化彼此的办案思维，提高认同感，虽然从形式上必然保持静默，但内在的默契才是最重要的。

所以，**从思维结构、思维进程、表现形式，以及客观上的诉讼利益等方面来看，律师思维与法官思维，简直又可以说是同一个思维，共同统一于法律思维。**

就此而言，律师转型法官，没有任何专业障碍，好律师完全可以成为好法官。反之，法官辞职做律师，也没有任何专业障碍，尽管囿于商业因素的影响，不见得必然会成为一个好律师。但至少，就专业向度来说，他们在思维方式上是相通的，遗憾的是，在现行制度框架下，二者之间的身份距离要远远大过他们的思维距离。

思维相通却又难以流通，更难以形成合流，这对律师和法官都是莫大的损失，更是司法制度的损失。用诺贝尔经济学奖获得者科斯的观点来讲，或许这就是制度运行的交易成本吧。

李志刚：

我们这个专题的对话，从法官思维和律师思维的上位概念法律思维谈起，再谈到法官思维和律师思维的各自特点与差异，到这个阶段，确实进入了一个新的对话与融合阶段。

这也是我们之间对话的核心目的：不是为了吐槽和互怼，而是为了增进法官与律师之间的理解与融合。

先谈共同目标:**法官与律师都有一个共同目标,高效结案,并且通过个案实现公平正义**。只要这个目标是从一个细节谈法共同的,就有对话与合作的基础。

所以,第一,**律师在追求帮当事人打赢官司的同时,不妨增加一个目标:帮法官尽快作出正确的判决以结案**。在这个目标下,全面收集证据,高效呈现要件事实,帮法官做好法律论证,甚至是提供优异的判决基础范本,就是当事人、律师和法官三得利的好事,是可欲的目标。

第二,**法官要对律师在当事人面前的表演予以必要的理解和宽容**。为了让当事人感受到卖力,可以有表演的成分,但也要预估在法官的可接受范围内。善意地引导和提示,而不是不耐烦地打断,也可以达到提醒控制发言时间的目的,并且赢得律师的理解和尊重。对于法官而言,审判台高高在上,法庭座次和法庭地位天然高人(当事人)一等,这时候,谦抑比吆喝更能赢得律师和当事人的尊重。

第三,**通过律师的充分论辩,减少法官可能存在的盲点**。就你提到的法庭结束前,法官的最后一问。至少我在民二庭的时候,我们庭多数法官在庭审结束前,都会给出最后一问:"还有没有其他需要特别强调和补充的?"这个细节展现的也是对律师发言的理解和尊重,更重要的是,也是消除自身盲点、降低办错案件概率的一种有益方式。实际上,越是有水平和自信的法官,主持庭审越平和、越从容,也越能得到律师和当事人的尊重。

而这种从容和尊重,又不仅仅体现在"最后一问"。比如,在质证和法庭辩论阶段，如果我观察到一方律师言而未尽，要有新一轮的回应和辩论，我会主动问"请问上诉人/被上诉人有无补充？""有无新的回应？"因为我潜意识里有一个观点：双方当事人和代理人对这个案件的了解、研究和投入通常比法官要多得多——对法官而言，这个案件仅仅是几百个案件中的普通一件，而对当事人而言，这可能是他们几十年的心血，也是和法院，特别是最高人民法院打的唯一一次交道——让双方充分发表意见并论辩，更便于接近真相，减少盲点。剩下需要法官做的，就是必要的提示和引导。

所以，虽然不适合让律师和当事人给法官打分（有的仲裁委可以给仲裁员打分），**但日积月累，法官的胸怀、品行和业务能力在法律界都是有口碑的，这些口碑也是由法官自己的庭审实践书写出来的。**

从共同促成高效、正确结案的目标出发，对于增进法官与律师的协作，我有几点不成熟的个人建议：

第一，**在定位上，律师可以把自己当成法官的"助手"，而不是把法官当成自己的对手。**当助手，就是帮助法官高效、正确审结案件。而不是输了官司就往法官身上泼脏水。

第二，**在思维上，要遵循和考量法官的思维和节奏。**因为法官是庭审的"导演"和判决的执笔人，故需据此嵌入自己的发言和观点，而不一定要立足于律师是"导演"，试图改变和左右法官的主持。

第三，**在庭审准备思路上，尽可能从法官主持庭审的目的和流程出发**，组织庭审发言的内容和精度，实现"高质量对话"，而非

"鸡同鸭讲"。

第四，**在代理词的准备上，尽可能为法官梳理好判决书的原材料**。最高境界是把法官需要和想要在判决中作出的回应，一一作答、"排雷"，让法官可以直接抄你的代理词，抄完就是一份语言精当、论证严谨的判决"本院认为"部分。

朱兰春：

你的很多想法，甚至一些具体提法，真是与我不谋而合。

在我看来，这不只是我们两人思维上的一致，更代表着两大群体在思维上的潜在协调性。我多次在各种培训场合提出，**律师应当有自觉的定位意识，将自己定位于不在编的合议庭成员，站在合议庭如何审好案的角度，倒推案件的各项准备工作**。我甚至还提出，律师不仅要写高质量的代理词，还可以更进一步，立足于合议庭视角，起草一份客观中立的判决书初稿，提交给法庭供参考。

此外，关于增进法官与律师的协作，除了你讲到的这四点之外，我还想再补充说明三个词：**换位思考、彼此理解、互相成就**。

李志刚：

这几句话很精练，请你展开说说。

朱兰春：

律师要熟悉法官的裁判思维，**法官也要熟悉律师的代理思维**，彼此之间都应该有趋向陈寅恪先生所说的那种理解态度，"处于同一境界，而对于其持论所以不得不如是之苦心孤诣，表一种之同情，始能批评其学说之是非得失，而无隔阂肤廓之论"。

首先，律师对法官要有同情之理解，宜经常提醒自己，换作自己在台上审理，不见得就比人家做得好。法官一年承办几百个案件，换作谁也不会有太好的耐心，只能抓重心、审要点，看准之后，干净利索，手起刀落。理解法官的这种工作心态，帮人就是帮己，据此准备庭审，才会有方向和效能，才谈得上彼此法律思维的契合。比如，准备案件材料时，侧重于要件事实与证据，事先整理问题清单；庭审发言时，言简意赅，直指要害，切忌滔滔不绝、冗长反复；回答法官提问时，力求探知审理思路，并及时调整代理策略；庭后提交代理意见，避免长篇大论，最好不要超过三页，等等。

这里我想特别强调的是，**律师应当把工作重心放在要件事实的梳理和证明上，这可以说是有效对接法官思维的最大秘诀**。现在北京和上海的法院都系统出版了类案办案要件指南之类的参考书，对主要的民商事案件类型应查明的要件事实，予以明确和固定，这对律师办案都是非常好的索引，熟悉和掌握这些内容，不仅可以有针对性地准备案件，更可以借此了解法官思维。

可以这么说，当律师自觉定位于合议庭的编外成员，并按照合议庭的标准来自我要求时，法官没有不欢迎的，无论案件最终结果如何，这种做法对案件代理的正面效果都不言而喻。

其次，法官对律师也要有理解之同情，说句大实话，或许哪天就离开体制，也坐到了台下的代理席。做人留一线，日后好相见。这倒不是说要与哪个律师讲点人情，而是要对律师群体的职业思维及其表现，在不违反法律和原则的基础上，宜多些包容，有了同情心，才可能有同理心。自己办理的案件，不过是每年的几百分之一，但对律师而言，是一段时期内的大事，对当事人而言，更可能是多年甚至一生中的唯一。律师就算是再资深的专业人士,也不可能是诉讼机器,一切均按自己事先确定的思路对号入座。如果有一些偏离,有一些失当,乃至可能有一些情绪,只要不是太过分,应当有容纳的海量,而不是听着不顺,马上就怼,当场就批。

法官也应当明白,审判席为什么比代理席要高一些?**这个高度不只是物理距离,而是在一切方面的距离差,包括专业、视野、气度、雅量,等等。自己的行为也要与这个距离差相匹配,至少要与人们对法官的普遍尊重的心态相一致。**如果法官能经常自我提醒,有很多双眼睛在盯着审判席上的自己,我想有这个意识和没这个意识,其总体行为的表现是大不一样的。

前面你提到的我那个讲座,里面讲到一件事,其他办公室的同事曾询问我,是否了解最高人民法院某法官的相关情况,我在电话详细介绍了其个人经历、毕业院校、工作变动、裁判风格,并点评了其较具特色的裁判方法,以及近期在《人民法院报》刊登的总结文章,等等。讲座内容在微信公号刊发后,虽然是匿名点评,但这位法官还是认出了他自己,还托人问我对他的工作怎么评价,说也很想了解一下律师眼中的自己。

如果每个法官都有这种意识,都很注意美国社会学家库利所说的"镜中之我",这相当于自觉建立一个第三方评价机制,一定会对调整自己的审判工作乃至言行举止有相当的促进作用。

坦率地说,包括最高人民法院在内的一些法官,在这方面还有一定的提升空间。就此而言,法官如果能以律师为镜,经常照照镜中的自己,不仅在法律思维和职业特点上更能熟悉这面镜子,而且对塑造自身形象,往大里说重塑司法形象,无疑也是极有必要和极有帮助的。

李志刚：

庭审公开、网上视频直播及录像以后，其实已经有无数双眼睛在观看、监督法官的庭审表现了。**如果不是把法官"神化"，而是回归"人化"的话，全国二十多万法官，出现庭审表现的瑕疵可能也是正常的。** 当然，从法官职业群体来说，不应当满足于普通的"人化"，内心和行为上，崇尚和向"正义化身"的"神化"或者说是"升华"，是必要的，至少应当避免显著的庭审表现瑕疵在自己身上发生。

作为一个职业群体整体而言，**法官应当以更高的标准——精通法律、尊重律师和当事人、平等对待、平和谦逊来要求自己。** 至少是虽不能至，心向往之。事实上，专业素养越高（并不等于审级、法官等级、行政级别越高）的法官，对待当事人和律师越平和、越谦逊，无须通过高高在上的心态和语气，寻找优越感。

这一点可能在律师身上也适用，水平越高（不等于挣钱越多、头衔越多）的律师，也越谦逊，懂得理解和尊重法官、当事人。

所以，这可能要归结到法律人自身的能力、素质和修养上，而不在于坐在台下台上，是律师还是法官。因为他们有一种发自内心的自信，因而显得更为从容，不需要通过桌椅的高度、级别的高低、头衔的多少、收入的多寡，语气与语调的豪横来证明自己。

朱兰春：

非常认同这个看法。

真正高级的，往往都是内在的，经过了岁月的沉潜，思维方式和言谈举止，都带有一种生命的质感，令人肃然起敬。

TOPIC II
对谈二

裁判中的法律与常理

李志刚：

"法官思维与律师思维系列对话"的第一个专题对话"法律思维与法律职业思维"在微信公众号"法与思"发表后，得到了不少法官、律师的肯定和共鸣，先后通过留言和私信的方式向我反馈意见。特别是法律和常理的关系问题，引发了诸多法官和律师的关注及思考。

朱兰春：

看来大家对这个话题普遍很感兴趣，有位法院老领导还专门来信谈了他的工作心得，一句话概括就是："**法律的真谛是常理**。"他也建议我们在讨论法律思维、法官思维和律师思维这"三思"时，要抓住这个核心，把看似复杂的问题说透，才能"三思而后行"。

2.1 评判裁判的四种视角

李志刚：

就法律与常理的问题，我想从法官、律师、当事人、社会公众不同视角来谈谈个人认识。

第一，法官视角。

虽然在法律上，法官是作出判决的人，但一审之后还有二审，二审之后还有审判监督程序。即使审判监督程序判决了，这个判决在法律上可能是最终的，但在现实生活中，却仍然未必是最终的，**因为判决作出后，它还要接受当事人的评判、律师的评判、社会公众的评判以及法学学者的评判**。这种评判，虽然不是法律意义上的对案件的"审判"，但在某种意义上却是对"判决"和"法官"的审判。

如果案结事了，争议算是得到了妥当解决；如果判决引发当事人、律师或者舆情、民意的强烈反应，那这个判决即使写得再长，逻辑推理再精致，可能在当事人、律师、社会公众以及法学学者看来，仍然是不可接受的。这就是通常所说的"社会效果"。

那么，社会效果的评价标准又是什么呢？个人认为，**最重要的，就是当事人及社会公众朴素的正义观**。此时，虽然也会有律师和法学学者的专业视角和专业评价，但律师和法学学者本身也来自"群众"，所有争议裁判的结果背后至少有一部分律师、学者也和社会公众有同样的观感。这种观感，在相当程度上，也来自朴素的正义感。所以，如果裁判结果引发巨大争议，法官可能也会感到寝食难安。哪怕他在作出裁判之前，已经反复斟酌；哪怕是合议庭、审委会作出裁判之前，几经慎重权衡。

我有个观点：法官办案，至少有这么几个说服过程：首先是说服自己，其次是说服合议庭成员/法官联席会议法官/审委会委员，再次是说服败诉当事人，最后是裁判文书上网，要能说服社会公众。这个说服过程的载体是裁判文书。说服的标准,哪怕经过了再精致的逻辑推理和法学理论,也仍然要符合常情常理。

朱兰春:

其实这就是司法行为的社会接受度问题。法院作出的民商事裁判,处理的不仅是当事人之间的争议,更代表着向社会输出的价值类公共产品,不仅要让当事人服,更重要的是能服众。

李志刚:

是的。

第二,律师视角。

如果裁判结果和律师预期不一致,可能引发律师对裁判公正性和妥当性的质疑。律师首先会用专业的眼光审视裁判的正确性;其次他面临的挑战是如何向当事人解释法官的裁判结果。

第三,当事人视角。

一般而言,当事人并不是法律专业出身,但对法律专业通常是心存尊重的。然而,如果判决结果和其内心认可的朴素正义观不符,那当事人必然要追问个究竟,不然他过不了自己内心这一关。

第四,社会公众视角。

如果说当事人和代理律师有强烈的立场和代入感的话,那么,社会公众通常是比较超脱的。社会公众评价的标准通常是:"我"可能成为这个案件当中的哪一方,以及如果这个判决落到"我"的头上,"我"能否接受和认可。这里,起决定性作用的,仍然是常情常理。

通过以上四种视角,我们可以发现,法律人(包括法官、律师、学者等）的法律专业知识背景与社会公众的朴素正义观，构成了"审判"法官和判决的两种知识背景与标准。

朱兰春：

你概括的这四个视角，是最广义的"众"。如果一个裁判能同时做到令这"四众"皆服，当然是最理想的状态，那就完全实现了通常所说的"法律效果和社会效果的有机统一"。但我认为这是非常困难的，甚至是不太可能的。姑且不论合议庭是否存在少数意见，就诉讼利益而言，当事人和律师实际上是一体的，胜败皆服只是例外。所以，更有意义的"众"，也是裁判最容易惹出麻烦的，其实主要指社会公众。

从既往情况看，引发强烈社会舆情的案件裁判都是法官认知与大众认知出现了结构性的断裂，完全不符合你所说的朴素正义观。

李志刚：

严格意义上来说，民商事法律是人和人之间在社会生活多次博弈以后形成的规范总结，是社会公众反复试错以后得出的避免和解决纠纷的最优方案，它与社会公众的朴素正义观还不完全一致，也不可能完全一致。

朱兰春：

是的，舆情案件所引发的争议，不只是个案处理上的具体争议，背后确实是两种知识背景与标准的冲突，如果朴素正义观也算是一种潜在社会知识背景与标准的话。

2.2 法律、常理和法理的关系

李志刚：

值得进一步思考的是,法律专业知识背景和常情常理之间是对立的、矛盾的,还是殊途同归？或许可以从法律、常理和法理三个概念的关系管窥。

第一问,法律从何而来？可能有人会说,法律是立法者立的；还有人会说,法律尤其是现代民商事法律体系,基本上是从国外移植过来的；甚至有人会从抽象意义上说,法律是统治者意志的体现,等等。但这些回答并未说出法律规范的真正来源。

马克思曾说:"无论是政治的立法或市民的立法,都只是表明和记载经济关系的要求而已。"所以,**法律的最终来源并非立法者的创制,而是立法者的翻译(把社会经济关系规范的最优安排翻译成语言文字)和表达。再精致的立法规范表达、逻辑推理,都不能、也不应该脱离这个基础。**

换一个角度看,虽然社会公众对精致的法学理论、法律逻辑没有经过专业的学习,但其成长过程、社会阅历、经验常识、理解判断等并未和立法来源、立法基础相脱节,当然有资格对裁判的妥当性作出自己的评判。这是社会公众、民意评价裁判的正当性依据。

与此同时,从知识背景和利益立场来看,法律人可能会和社会公众的朴素正义感(常情常理)之间产生一种疏离:因为长期的专业训练与专业思维,往往容易导致对常情常理的疏离,或者出于专业思维而产生的刻意理性。不同的是,法官和社会公众的立场相对超脱,而当事人和代理律师的代入感更强,可能有预设立场产生的主观倾向。

从法官角度来看,减少和避免这种偏离的主要途径是:第一,可能要经常把自己放到常人的视角上,来看专业判断的结果是否可接受,以及不可接受的原因在哪;第二,解释和适用法律的时候,要不时地回望一下初心———一个具体的法律规范,其初衷和最终目的是什么?以此来矫正显微镜下的个案特性被过度放大,或者望远镜下的个案特性被立法者忽略。据此,从宏观和微观两个层次反复校正和聚焦真正的法律问题,最终得出妥当的法律答案。

换句话说,法律解释、法律适用的过程,从来不排斥价值判断。真正精当的裁判,是能通由成熟的法律解释方法得到妥当公正的裁判结果,而不是恣意裁判。

从律师和当事人的视角来看,可能要考虑的是,立场预设易导致对裁判结果评价的主观性偏差。如果是,可能应当采取一种善意的理解。

从我个人的经历看,大部分律师和当事人都是"讲理"的,只要把法律和法理用朴素的非专业语言讲明白了,代理律师和当事人是能够接受对自己不太有利、但实际上有理的判决的。当然,利益牵涉过深、过大,导致当事人或者其代理人代入感过强以至于一叶障目的情形,在现实生活中,也并不鲜见。

朱兰春:

站在法律人的内部视角来看,真要从学术上厘清法律与常理的关系问题,可能要溯及从古希腊开始的自然法与实证法的争议,因为那时候就开始争论:法是被发现的,还是被创设的？到现在也没有最终结论。比如,马克思的经济决定论就与韦伯的文化决定论截然不同。坦率说,对中国老百姓来讲,并没那么多刨根问底的讲究,他们生于斯、长于斯的社会文化,已经自然而然地传递和培育了最基本的是非观,成为波兰尼所说的"默会知识",像基因密码一样潜伏在每个人身上。对此,他们也许不能说得很清楚,但一定能确切地感觉到。

换言之,这个不能完全说清楚、但又能确切感觉到的东西,就是一般社会大众的法感觉、法感情。它是共通的东西,没有这种"酵母"一样的共识底子,根本无法构成哪怕最小的共同体。它虽然朴素简单,却又像"天条"一样,深刻醒目,不可触犯。日常生活中我们耳熟能详的一些说法,其实都承载着这种法感觉、法感情,诸如"头顶三尺有神明""士可杀不可辱""杀人偿命、欠债还钱""好人有好报""助人为乐"等,都是日用而不觉、潜移默化的朴素正义观的格言式概括。

稍微学理性地概括一下,中国老百姓千百年来,无论时世如何变易,从骨子里信奉两句话:世界有理,人要讲理。这个"理",就是"道","道生一、一生二、二生三、三生万物",这就是中国人自古以来的世界观。无论何朝何代,中国人最忌讳、最抵触的,就是"大逆不道"。道理、道理,汉语中的"道",总是和"理"连在一起,可能并不只是基于语言学原理,背后折射的是这个民族最深层的宇宙论和认识论,它构成了中国人之所以为中国人的国民心态和集体性格。

就此而言,我同意你的观点,法律的最终来源,并非立法者的创制,而是立法者的翻译,其实这也是隐晦的自然法观点。不管怎么说,法律来源于生活,同时又高于生活,反过来还规制生活,这一点是千真万确、颠扑不破的真理和常识。它构成了我们所说的常理。法律与常理之间的关系,是在这样一个大框架下得以展开的。社会大众对法律的理解,包括对裁判的认知度和接受度,同样也是在这个大框架内作出的。

我们先把具体当事人与律师放在后面谈,因为他们与一般的社会大众还不是一回事。为什么法院有些判决在社会上引起轩然大波?就在于法律与常理的严重抵触!法官高高在上,不仅专业得似乎不食人间烟火,更糟糕的是,这样的裁判从根本上否定了人们从小就接受、已经印在骨子里的价值观。用老百姓的话说,以后都不知道该怎么教育孩子了。

南京彭宇案、山东于欢案、广东许霆案,为什么引发全社会的舆论海啸,而且至今还有后遗症,不就是因为法官陷于封闭的裁判逻辑中,得出的判断与结论,直接挑战和否定了大众最朴素、最简单、最根本的人伦感知、常情常理吗?理基于道,是为道理。法依托理,是为法理。法律从生活常理脱胎而来,常理是法理的源头活水,不管是谁,只要违背这一点,就是大逆不道,不可能得到社会大众的承认。往大里说,大道至简,替天行道,是中国老百姓的民族信仰,这是任何裁判者的绝对禁区,不以为然者,必然换来沉痛的教训。

回过头看,那位法院老领导说,法律的真谛是常理,还将其上升到基本命题的高度,这真是人家一辈子的裁判心得。就这一句话,把法律与常理关系中最基本的东西,全都说透了。

2.3 常规案件与疑难案件中的法律和常理

李志刚:

对于法律和常理的问题,我觉得可能还要分常规案件和疑难案件。不同案件,可能法官面临的选择不同,但律师都有立场,而社会公众主要是考虑自己更可能成为特定情境中的哪一方,据此来选择立场。我谈四点认识。

第一,可能要区分常规案件和特别案件。彭宇案、于欢案和许霆案,可能分别涉及事实查明(推定)、防卫情境、机器失灵的特殊情境。

从更普遍意义上来说,普通案件中的法律和常理,可能更值得关注。当然,因为常规案件中,二者结果合一,所以问题不是那么明显,但也会涉及常情常理和法律的关系问题。比如,民商事司法实务中,合同无效,特别是违反公序良俗无效,可能被企图逃避合同责任的不诚信一方滥用,成为其作为逃避合同责任的借口。如果对此不加区分,机械适用,可能会事实上产生鼓励不诚信行为的脱法效果。

第二,传播和舆情中的选择性案情呈现。由于具体的案件事实细节繁多,而媒体报道,或者一方当事人可以选择性放大或者忽略某些关键性事实,抑或以片面的标题党模式引爆舆论,这些均可能会对裁判形成不当干扰。对此,也值得警惕。比如彭宇案,就经历了从"见义勇为"到"发生碰撞的意外事件"的后果这两种不同的

"叙事",而对于案件的关键性细节,社会公众并未或者并不关心。

因此,判决固然要关注常理,但也要防止被裁剪的事实作为社会公众的常理判断依据,由此裹挟裁判。从这个意义上来说,法官需要和公众保持一定的距离感和司法理性。特别是承办法官,对个案中的细节,尤其是法庭上当事人的言语、表情等,应给予必要的关注。对引爆公众关注的核心点及其引爆人、引爆动因,要有比较客观的了解。换句话说,要提防勒庞所说的"乌合之众"的盲目情绪,不被其片面性影响。

概言之,**需要在理解和尊重公众民意的同时,保持理性的判断力**。区分庭审发现的全部事实和媒体裁剪的部分事实,分析哪些是应当纳入法律评价的、有法律意义的要件事实,哪些只是纯粹的噪声。

社会公众完整参与庭审的可能性不大,全部读完判决的可能性很小,媒体裁剪的事实很难全面客观,完全不持立场难以做到。而法官要区分信息来源、民意真正的关注点,与个案中具有法律评价意义的核心事实。在个案中,也不排除一方当事人可能借由单方叙事呈现出的片面事实,形成对法院和合议庭的压制。

第三,在法官思维中讨论法律与常理的意义,并非要挑动法官与公众的对立、法律与常理的对立,而是要提示法官,**在进行理性、专业、严密的逻辑推理的同时,可能也有必要通过"回到常理"来检验、检测裁判结果的可接受性**。也就是说,假定当事人及其代理人就是公正的法官,他们能否接受这样的判决,以及如果社会公众全面了解了案件事实,并且理解立法的初心和目的,他们是否会作出与判决同样的选择呢?

第四,站在法官的立场上,可能要非常小心地斟酌判决中"本院认为"部分的每一句话。判决书可能有几页,几十页甚至上百页,但个别当事人一方可能从中抽出一句话来无限放大,变成全称命题,以"标题党"文章引爆有违常理的结论。

就此而言,法官这个职业,实际上是个高风险职业。因为不管你是最高人民法院的法官,还是基层法院的法官,不管你写了多少份判决,只要你的判决书中有一句话被抽离出来放大,被引申出违背常理的结论,就可能危及你的职业生涯、职业声誉。所以,我在做法官、撰写判决的时候,实际上,始终是战战兢兢、如履薄冰的,细细斟酌每一句判词,避免其可能被片面抽象成某个"判例"和"裁判规则",产生违背常理的公众观感。

朱兰春：

你的层层分析非常全面,的确是这样,讨论法律与常理的关系,不能仅仅止于抽象的泛泛而论,应当结合具体案件,根据不同案情进行判断。法律与常理之间确实存在着张力,不同主体也都按照他们自己的理解来解读和追求各自的不同利益。

不过我想说的是,相对于法律与常理的内在统一性而言,它们之间的张力尽管真实客观,却只是第二位的,这个基本关系和生活秩序不能颠倒。而法院的判决,是在第二个层面上出问题,还是在第一个层面上出问题,这显然是两个性质和后果截然不同的大问题,我们可以分开讨论。

我前面所讲的引发巨大社会舆情的案件,无不是在第一个层面出的问题。不管案件本身的内情如何,其传递出的信息意义却是颠覆性的。套用官方语言,立场错了,满盘皆输,这才是最根本的"翻车"。就此而言,**法律对常理的根本性依附,犹如水舟关系,水能载舟,水更能覆舟**。

十几年前,《人民法院报》刊登了邱本老师的一篇小文,隽永深刻,记忆犹新。文章题目是《法律是成年人的学问》,其中两句话极富哲理:法律是"只有成年人才能理解的学问",法律是"只要是成年人就能理解的学问"。普通法思维深厚的杨良宜老先生更是公开说,在西方法治国家,法律本身无非是一套有组织的常识,这已是老生常谈。我想特别强调的是,他们说这些话都不是无的放矢,而是意有所指。法官当然要讲法理,但这不是脱离实际的借口,得出的结论不能有悖常情。现在是互联网时代,在这个层面上出问题,是会捅大娄子的。

由此可见,不管是大陆法,还是普通法,法律的真谛就是常情常理,在这一点上,"东海西海,心理攸同;南学北学,道术未裂"。"真谛"二字,确有一种佛家的参透意识。

当然,话又说回来,法律与常理之间的张力,不仅真实,而且必要。正如你所谈的,这是专业思维对日常思维的疏离,也是专业度的直接体现。法律固然来源于生活这个"母本",但又是高于生活、规制生活的"标本"。标本是对母本的自觉提纯,这种提纯是专业分工的体现,提纯方式更多是技术意义上的,而不是价值意义上的,尽管也不乏价值意义,并始终指向价值意义。但要强调的是,专业分工、技术提纯有其自身独立性,这也是不争的事实。正是在这一点上,专业思维与日常思维拉开了距离,构成法律对常理的离心力。

任何高水准的司法活动,离不开高水准的法官思维。专业可谓是所有法律人的立身之本,在这方面,法官更应该超过律师,自然也把大多数普通人甩在身后。我并不把这种专业性的超过视为法律对常理的偏离甚至抛弃,而是把法官群体理解为社会公众的突出代表,这些"精英"的司法活动越专业,反而越能拨开迷雾,去芜存菁,直抵常理的本质,揭示常理的真谛。对于这种远超日常思维的专业思维,社会公众其实也是普遍认可、接受和服从的。术业有专攻,也是中国老百姓代代相传的朴素认知。

以上构成了法律与常理关系的第二个层面。由此梳理,我们才能抵达更具体的第三个层面,也就是你说的常规案件与特别案件的区分问题。

这一层面的法律与常理关系,我完全同意你的四点分析,非常精辟!我还想补充说一点,站在社会学的角度,转型期的社会里,利益分化和各种矛盾特别突出,都想拿起法律武器,都把法律当工具用,怎么顺手就怎么用,法官真的不好干,有种硬被架到火上烤的滋味。你讲的如履薄冰、战战兢兢,上至最高人民法院,下至基层法庭,我至少听过十几个法官这么说了,而且都是原话,这确实令人感慨。**到了这个层面,法律与常理的关系往往变异了,对案件分寸的拿捏,往往变成了对人性的考验**。面对社会这张"大试卷",不是每个法官和律师都能考及格的。

2.4 律师视角与行为选择

李志刚:
从律师视角看,身份也有双重性,一方面,律师是理性法律人中的一员,与法官有相同的知识背景、逻辑思维和话语体系,对裁判结果有一定的预判;另一方面,律师又是当事人具体利益的直接代表,对判决胜负有切肤之痛。

所以,在裁判结果和当事人利益不一致的时候,无论是何种原因产生的"法律与常理"的不一致,律师都有两种行为选择:偏向法官的法律理性,按照法律逻辑去说服当事人,还是偏向当事人的切肤之痛,从常情常理的视角去挑战判决?

事实上可能还有第三种行为选择:一方面站在法律理性的视角,帮助法官去说服当事人,讲明判决背后的法律道理;另一方面为了当事人的利益,通过常情常理去寻求撬动判决的救济途径。上述行为均是可理解的。但具体的行为选择和内心倾向,可能会因律师的个性差异而有所不同。个人觉得,只要不是刻意裁剪事实、有意引爆导向性舆论的,都是可以接受的。

从更广阔的意义上来说,**对于敏感案件引发的公众关注和公众讨论,只要是客观的、全面的、理性的,可能本身就是一次绝佳的全民普法和全面学法**,甚至是民意对立法和司法的再审和再造。法律和常理之间,通过公众关注、公众讨论,到立法和司法的再造,实现了相向而行的聚合。

所以,在法官、律师、当事人和社会公众这四类知识结构、利益立场、信息来源、行为目的各不相同的主体参与下,法律与常理的共存与碰撞会产生不同面向。相对客观的立场、理性的讨论,能推进法治的优化和共治,否则可能会走向反面。

而作为裁判文书执笔者的法官,通常需要慎之又慎,因为一个普通案件的判决书,既可能被奉为"最伟大的判决",也可以被批为"最荒唐的判决",二者之间的距离,可能没有那么深的鸿沟,有时只是一两句话的表达方式,或者特别情形下的价值判断。社会公众的真正期待,可能也并非擅长写"伟大判决"的法官,而是在每一个案件中的审慎抉择、深思熟虑和斟酌落笔,能考虑到每一个判决可能被奉为判例以后产生的社会影响的法官——这实际上已经是在具体的法律适用和解释中,承担起了为社会立法的功能的法官。

"法律是公正与善的艺术",并不是"司法民工"的流水线生产、人工智能的程序验算就算唾手可得,它也需要对法条和法理的精深理解,对常情常理的真切体验、时间经验的积累,以及理性且富有同理心的内心。

朱兰春:

你对律师的换位思考和心态透视很到位!律师职业本身就是专业与商业的结合体,其法律思维与利益思维天然地相互纠缠,强烈的结果导向特征,让他们在个案中并不容易把握住平衡。

案件代理短则数月,长则数年。在与当事人的朝夕相处中,律师很容易从当事人的法律代理人,不自觉地转化为当事人的情感代言人,对案件的心态往往会发生较大位移。

就此而言,我一直认为,在中国做律师,其实要比法官难得多,来自各方面的拉扯力量太多,不仅有庭上的现实交战,更有庭外的"天人"交战。没有相当的定力,是很难始终保持既投入又超拔的心态的。

太过于投入的律师,一般有个特点,往往只认死理。而所谓死理,细细品来,其实也绝非那么绝对、那么死板,很大程度上是

061

利益的化身,当然不排除其间还掺杂着个人情感。这也很正常,对案件整天念兹在兹,难免日久生情。只是这样一来,律师的判断天平难免有所倾斜。有色眼镜一旦戴上,就很难彻底摘下来了。案件结果不利时,虽然不会直白地抱怨法官没有保护己方利益,却任由思维上升到相对抽象的法律与常理框架中,在二者的人为对立中寻找解释与理由。

这种所谓的法律与常理冲突,当然没有什么探讨价值。我更注重的是你说的普遍情形,即在具体个案中,对于法律与常理之间的关系,法官和律师各自是怎么看的,其间的差异在哪里,有无反思和弥补的余地与途径。我认为,这才是更有意义,也更有建设性的话题。

2.5 律师对法官的换位思考

朱兰春:

我也站在法官角度,作一番换位思考。在裁判者看来,大部分案件的主要争议,其实不是法律适用,而是事实查明。换言之,个案中的常理,其实就是事理。把事实纹理查清楚了,背后道理自然浮现。当事人也好,律师也罢,只要承认了案件事实,就不能不承认其中的事理。在这种情况下,与其说他们是被法官说服的,倒不如说是被自我说服的。至于具体的法律适用是什么,其实并没有那么重要,不过是为判决找一个明确的依据而已。

俗话说,"公说公有理,婆说婆有理",但从来没听说过"公说公有事,婆说婆有事",这是为什么？因为站在不同的立场,自然有不同的道理,很难简单地从道理上去真正说服谁。关键在于,尽管道理或各有不同,但事实总是同一个事实,事实可以不完整——这正是需要查明的——但不可能有两个事实,这一点又是千真万确的。而只要把双方各自的事实,像拼图一样拼完整、搞清楚,其间的事理恰如"读书百遍,其义自见"。

如果承认法律的真谛是常理,那似乎还可以接着说,常理的真谛是事理。理解到了这一层,我想一个基本结论也就水到渠成:**法律的真谛之所以是常理,是因为法律与常理统一于事理,法律、常理、事理,简直就是一个东西**,非常符合黑格尔的哲学论断,真实的只有整体,真理即一。

问题是,法官与律师做得怎么样呢?这里暂不谈法官,你更有资格点评。我只谈律师这方面。

据我多年观察,不客气地讲,对于很多的律师同行而言,对案件事实的重视程度与事实本身对裁判结果的极端重要性相比,是严重不匹配的,很少有律师愿意踏踏实实、认认真真地钻研案件事实。我为什么用"钻研"两个字,而不是用"研究"两个字,这是有特定含义的,因为案件事实往往不是坐在办公室,守着一堆材料,听着助理汇报,打几通电话,发上几封电邮,就能彻底搞清楚的。必须到一线去,到现场去,没有点田野调查的心理准备和实际行动,案件事实是不太可能被粉碎性掌握的。

还有一种值得注意的现象,不少律师往往热衷于谈思路、谋策略、出奇招,而且越是所谓的大牌律师,这种倾向就越严重。谈法论理,头头是道,听上去真像那么回事,但被问到案件事实,不是不太清楚,就是庭后核实。

前辈哲学家郑昕先生在论及康德时,说过这样一段话:超过康德,可能有新哲学,掠过康德,只能有坏哲学。真是力透纸背,完全可以移植到法律领域:超过事实,可能有新结果,掠过事实,只能有坏结果。放弃事理,却又希冀法理,寄望法律,岂非缘木求鱼?

以前有个同事说过,做律师就要像考古队员一样,拿着铲刀一层层地挖掘事实,挖地三尺,就是为了还原真相。这话很形象,有点类似傅斯年先生所说的"上穷碧落下黄泉,动手动脚找东西"。确实是这样,律师把事实搞清楚了,辨析曲直还困难吗?

理论之美,在于让人一头雾水;事实之是,才能让人返璞归真。

如果律师能放下身段,老老实实从事实入手,一路沿阶而上,见事理、明常理、辩法理,我相信,法官与律师之间对案件结果的判断,不太会像现在这样,拉得那么大,因为法官也必须从事实入手,也必须一路沿阶而上。他所见到的,无非是律师已经见过的,风景还是同一个风景,双方的路径虽然不同,终将会师于山顶。法律与常理,没有什么间隙,本来就是一个。

那些裁剪事实的、引爆媒体导向的,在我看来,基本上都是对全面占有事实不感兴趣的,本质上是对事理不以为意的,既然意不在此,当然功夫也就在诗外了。

前几天,我看到武汉李迪律师朋友圈里的一段话,其中观点与我不谋而合。征得他的同意后,特此引用如下:

> 最近研究案例,有一个感悟,朴素价值在司法实践的观点之争中充当着重要角色,而这一价值,越是基层

对谈二 | 裁判中的法律与常理

越明显。相比于中院及高院以上稳定的司法观点，比如职业打假人身份是否属于消费者，如果你研究中院及以上案例，会发现一个地区的观点普遍稳定。但是此时不要立刻把这个观点当作该地区普遍的司法实践。

案例仅是案例，法律从业者不要患上"案例迷信症"。而当你把视角移到基层法院时，会发现新的天地。

就上述职业打假人属不属于消费者的问题，在基层法院的裁判理论中，这不是由观点决定的，而是由证据决定的。当涉案物品含有西地那非这种违禁物品时，裁判者会认同职业打假人具有消费者身份，从而支持十倍索赔。而当涉案物品为"三无"产品的酒，但是销售时进行了图片说明，在具体案例中就会发现，裁判者会采取通过否定消费者身份来不支持十倍索赔诉求。

由此其实可以窥探出裁判者的判决思路，其是先有一个结论，然后再给这个结论找理由。这与裁判文书论述的逻辑过程恰好相反。

因此，律师在办理具体案件时，这个"理"能不能搞通顺，而不是找所谓的法条死磕，或许也是一种方式，这也是朴素价值的体现和作用。

此外，我还看到上海高院微信公号对符望法官的采访，其中有一段话甚合我意，也转引如下：

法律适用是对规则的运用，规则代表着价值判断，有时无法做到十全十美，只能是利弊取舍。用规则解决一个问题的同时,有时还可能产生另一个问题,这就使得规则的适用被攻击和批评。笔者的体会是,在许多案件中,能通过事实认定解决的问题,不要上升到规则利弊层面,因为后者面对的争议不会停止。

李律师和符法官的上述观点,可谓异曲而同工。这说明,**两大群体的法律观和事实观是应该相通、能够相通,并且也正在相通的,尽管这个通道目前还不算大,但正因为这样,才需要大家的共同努力,最终在两大职业群体的思维中,让法律与常理真正相通。**

2.6 公正与善的艺术

朱兰春:

至于你提到的裁判文书中的法律与常理,以及法官的慎之又慎,我也有所体会,在制作仲裁案件裁决书时,有时也颇有点"吟安一个字,捻断数茎须",心结都是一样的,不必多说。这里我想特别谈谈你提到的"伟大判决"。

近年来,民法学界和法院系统里都有人呼吁法官要创造"伟大判决"。我仔细看了代表人物的文章,坦率说,这种提法完全脱离实际,也没有任何民意基础,说难听点,几乎就是一个噱头。

你说得很对,中国老百姓对法官的期待,并非什么"伟大判决",而是一碗水端平的公正,讲起来这是最起码的要求,但现实又并不如人意。一个产品质量都不过关的企业,能要求它承担更多的社会责任吗？为什么普通人都明白的简单道理，到了个别法学家、个别法院领导和法官那里，忽然就脑洞大开呢？说白一点，当下司法领域面临的问题是，究竟是先吃饱饭，还是先补钙，这还用讨论吗？

法律人用词应当克制，尤其慎用修辞。社会主义初级阶段不仅是长期的，而且是全面的，当然包括法治领域，我们离所谓的"伟大"，不知还有多少距离。在既没有伟大法学家，也没有伟大法官，更没有伟大律师的环境里，所谓"伟大判决"的提法，可以休矣。

你特别提到了"法律是公正与善的艺术"，这句名言对我也有触动。总的感觉，现在的法院和法官，讲政治、讲专业、讲公正的多，却很少说善良、良知、良心，也不知道为什么，是不是这些词显得太泛泛、太土气乃至太儒家？似乎听上去不像法治，更像德治？我的理解不是这样的。善良也好，良知良心也罢，在我看来是比专业技能更高的境界。我注意到，像梁慧星老师、崔建远老师这样的前辈学者，在给各级法官培训的时候，一再大声疾呼，对法官来说，良知比专业更重要。崔建远老师还痛批，法官的专业知识欠缺，犹可弥补，若法官的良知出了问题，万劫不复。我今天还看到一个讲座内容，更年轻一代的清华大学易延友教授，甚至从证据法的角度论证，良心作为一种判断是非、辨别正邪的能力，本身就是一种理性，是全世界通用的概念，对法官的心证构成认识论意义上的约束。这些学人的观点值得我们深思。

法律与常理的结合，主要是通过法官完成的。不管多复杂的案件，裁判者的正心诚意，永远都是第一位的。我非常同意你之前说的,不要神化法官,法官本身也并不神圣。确实如此,走下法庭,他也是个普通人,有着普通人的七情六欲,共载着普通人的喜怒哀乐。略有不同的是,普通人的朴素正义观,被他的法学训练格式化了、形式化了、体系化了,不再表现为波兰尼所说的"默会知识"。差别无非就是这样。但这是黑格尔意义上的扬弃,而不是对朴素正义观的抛弃。

这个结合点、"焊接点"出了问题,再谈什么法律呀、常理呀之类的,统统都是零。这些年,一些法官包括大法官出事,从来都不是因为专业判断上的偏差,而是在良知上出现了重大偏差。说来说去,人的因素是第一位的,而善良品质在人的诸多因素中,又永远是第一位的。

我曾多次引述前最高人民法院某法官的说法,任何判决都是特定法官主观公正的产物。我非常认同这句话,可谓至理名言。**法官的主观性真的极端重要,是正的主观性,还是负的主观性,不仅是裁判的分水岭,更是人生的分水岭**。尤其处在纷纷扰扰的当下,做一个复杂世界的明白人,真的不是那么简单的。如何像冯契先生所说的"化理论为方法,化理论为德性",是法律人一辈子的功课。

此外,作为法律与常理的形式载体,你还谈到了裁判文书的表达与制作。我想补充的是,这几年对于裁判文书的撰写,法院系统有过不少探索,也存在一些争议。我个人的感觉是,对法律与常理的关系理解,存在过于肤浅或用力过猛的苗头。比如,在裁判文书中添加法官后语、寄语、判后语,进行道德伦理说教,看了简直不知今夕何夕。甚至还有把裁判文书写成文学性美文,弄得古色古香，根本就不像公文。这样几句话，就能起到寓教于理、寓教于法的目的吗？我对此持高度怀疑态度，这其实是对法律与常理关系的庸俗化理解，暴露出文化品位的短板。事实讲清楚了，依据找正确了，法官的任务就完成了，这本身就是最好的普法，没必要画蛇添足。

李志刚：

针对法官的"去神化"和回归"人化"，以及"判决是特定法官主观公正的产物"，我对这两个问题做一些补充。

第一，关于法官与良知。良知对人，不限身份。所以，并不会因为做了法官，良知就高于其他人，或者低于其他人。虽然公众期待法官的良知高于其他人，"法律是公平与善的艺术"，这句格言本身就表达了这种社会期待。但只要是将法官回归"人化"，就无须真的把法官视为"公平正义的化身"——正义女神当然是，但不等于现实社会中的每一个法官都必然是。

法官职业真正的特点是"刀尖上的舞者"。特别是民商事法官，处理民商事案件是"切蛋糕"。绝大多数民商事案件没有办法在裁判结果上把"蛋糕"做大，"切蛋糕"的结果只能是你多我少或者你少我多，哪怕是一分为二，也会有一方觉得没切足我该有的份额。因此，如果蛋糕代表的利益足够大，当事人可能就有足够的动机，去盘算如何影响"切蛋糕"的人，法律可能只是其中的途径之一。所以"拿切刀"的人，很容易成为各种权利、权力、人情、利益的主攻目标。而且不管怎么切，通常都很难保证双方满意。如果不把法官神化，在这种直接的利益对抗性之下，有法官被俘获，并不意外。而且这种情况，在短期内，可能也不会终结。

事实上，即使法官不沾钱、不媚权，也不能保证法官不会被个别当事人基于利益的追求进行栽赃陷害、打击报复。看得见的血淋淋的案例和看不见的幕后栽赃陷害，并非不存在，可能也不会灭绝。这可能也是不少优秀法官离职的一个原因。未来只能寄希望于公众的法治意识提升（尊重法治的裁判结果，哪怕主观不满意），以及法官自我控制能力的提升（事实上有行为选择能力）。

第二，判决是不是法官"主观公正的产物"？微观上看是，宏观上看不是。

微观上，每一个法官确实有选择事实认定、法律适用、裁判结果的自由，但这种自由受诸多法律、制度和外部因素的制约。一是法律适用规范、法律逻辑推理技术的制约；二是合议庭多数决的制约；三是二审和审判监督制度的制约；四是社会公众基于常情常理的制约。这些外部因素，可以有效防范大部分"主观裁判"的恣意性，保障裁判结果的"客观性"，实际上也是合法性和可接受性。最高人民法院于2012年发布的《关于在审判执行工作中切实规范自由裁量权行使保障法律统一适用的指导意见》（法发〔2012〕7号）也是在有意识地从制度上减少这种恣意性。

所以，说到这里，我们可以看到，"常情常理"有可能成为约束、促使法官"主观公正"的一种外部的、客观的制约力量。如果这种"主观公正"与"常情常理"不符，客观上会撬动当事人通过复审程序，乃至社会舆论来矫正法官的"主观公正"。

那么，裁判文书是什么呢？是另一种意义上的法官的"答辩状"。

法官通过裁判文书的说理，告诉双方当事人和律师，特别是败诉方的当事人和律师,以及所有的社会公众,我是如何在这个案件中追求和实现"公平和善的艺术"的。

朱兰春:

是的,常情常理是堤岸,主观公正是河流,既不能大河无水,也不能水漫金山。子在川上曰,逝者如斯夫。看来还应该加一句,斯夫有方向。援用习总书记的话来说:**时代是出卷人,法官是答卷人,人民是阅卷人。**①

---

① 2021年11月11日中国共产党第十九届中央委员会第六次全体会议通过的《中共中央关于党的百年奋斗重大成就和历史经验的决议》中的原文为:"时代是出卷人,我们是答卷人,人民是阅卷人。"

TOPIC Ⅲ
对谈三

庭审中法官思维与律师思维的对话与契合

李志刚：

前面两个专题侧重"道"的层面，主要围绕"法理念""法观念"，讨论法官和律师两大群体的思维特质。在这个专题中，我们把目光拉入具体的案件诉讼程序，观察和思考庭审程序中法官和律师的思维差异。

3.1　庭审程序的好与快

李志刚：

对法官和律师来说，庭审是诉讼最核心的环节。法官和律师立足于不同的角色定位，有不同的利益诉求、思维特征和行为导向。

对于法官而言，庭审最核心的功能是充分发现事实。基于案件数量和审限的要求，评价庭审的另一个指标是效率。因此，通常而言，法官在庭审中的行为，主要围绕这两个目标展开。

朱兰春：

我们的对谈引起了业内的广泛关注，讨论话题也越来越深入了。如果说在"道"的层面，法官思维与律师思维还只是隔空相望的话，那在具体的案件诉讼程序中，二者正面相逢，短兵相接。我们把目光限缩和聚焦到这里，可以更好地观察各自的思维特征，思考他们之间在实务上的差异与共性。

我理解，你总结的法官这两大目标，其实就是"多快好省"。条件允许的话，力争上游，再有点业绩，那对法官就真是锦上添花了。

李志刚：

用"好、省"概括法官思维，可能更准确。好，主要是充分发现要件事实，避免遗漏。省，主要是提高效率，能在半天或者更短的时间开完一个完整庭，也就是完成所有的庭审功能，避免二次开庭。但这两个目标，都有赖于律师的配合。如果说，法官开庭有更高的价值目标的话，优秀的法官，可以尽可能地利用庭审程序"吸收不满"。

对于"好"而言，由于法官主要通过庭审举证发现事实，因此，律师能端上什么样的菜，就非常重要。证据揭示的要件事实齐备，无遗漏，有利于法官高效、完整地查明案件的要件事实。反之，则事倍功半。对于"快"而言，主要取决于律师的表达能力。从这两个方面来说，法官都不可能唱独角戏，而是高度依赖律师对事实的发现和证据的呈现。

朱兰春：

多快好省是个比喻，意思大家都明白。

对律师而言，并不太愿意法官办案一味追求"多快好省"，因为担心"萝卜快了不洗泥"，总希望法官能细心一些、耐心一些，能充分听取自己的意见，给律师更多一些展现的空间，不希望人为过分压缩庭审程序，这可能是绝大多数律师的共同心理。**两大群体的上述思维与心理差异，在高强度的庭审过程中，得到集中释放和碰撞，这也是双方产生矛盾的根源。**

律师吐槽最多的是，庭审中法官对其尊重度不够，不仅说话态度生硬，还经常打断律师发言，有的甚至当庭挖苦、训斥律师不专业，等等。这些都极易招致律师的反感。律师的这种抵触情绪，法官当然看在眼里，但并不以为然。有的法官对律师庭审表现，不仅持更为激烈的批评态度，甚至还直接体现在裁判文书中。举个例子，前不久广为流传的北京四中院判决书，就公开斥责律师：

> 明显不熟悉案件基本事实，对于本院询问的大部分问题都回应"需向当事人核实"，且核实后也仅是简单将回复讯息转递本院，其间未进行任何梳理工作。律师的价值应当体现于专业性，如果仅仅满足"传声筒""快递员"的工作角色，任何一名银行普通职员均可以胜任，当事人根本无须为此额外支付费用。

这个例子可能比较极端，但也反映出两大群体的思维矛盾。一个要"三下五除二"，一个要慢工出细活，矛盾几乎就是天然的。怎么正视和理解这种矛盾，以及能否化解、如何化解这种矛盾，让法官思维与律师思维在法律思维的轨道上对接、互补，这是我们今天结合庭审程序,需要深入讨论的内容。

3.2 庭审中的"高质量对话"

李志刚:

确实如此。所以从法官角度看,可能真正要面对的问题是:第一,如何保障律师正常、必要的发言权利和时间;第二,能否从心里尊重律师。

就此问题,我提出一个命题,叫"高质量对话"。

朱兰春:

这个命题好!现在不都在讲质量立国、质量立省、质量立市嘛,完全可以援引到法律领域里,质量立庭。高质量的判决,作为一种特殊的公共产品,就是由一群高质量的人共同推动、共同制造的,高质量的对话,就是这个推动和制造过程。

李志刚:

什么是庭审中的高质量对话?从正面来说,就是围绕一个共同的目标,精准对话。**我个人认为标准有二:第一,只讲要件事实,剔除非要件事实;第二,能用一句话说清楚的,避免用两句话、三句话……十句话来说。**从反面来说,就是避免鸡同鸭讲,互感不在一个频道,浪费时间。前者的实现,取决于法官与律师对要件事实的高度共识;后者的实现,取决于律师的表达能力。

朱兰春:

吊诡的是,这种高质量的对话,不管是正面来说,还是反面来说，都是建立在思维差异或者思维矛盾之上的，这是需要我们特别注意的。如何认识和解决这种矛盾呢？我认为，这一对思维矛盾中，其主要的方面是法官思维。法官本来就应该比律师站得更高，看得也更多，应该能洞悉、理解律师心态，无论是在司法能力上，还是在程序保障上，都应该有信心驾驭和利用好这种心态，形成诉讼目标的合力。

李志刚：

你说的法官是矛盾的主要方面，在程序上，法官是庭审的主导。

朱兰春：

讲要件事实，且极简表达，当然很不错，而且听上去很美，但现实中能否完全做到？就算真正做到，是否就意味着能把案件办好？对此，我是持有一些怀疑态度的。感觉太理想化了，有点脱离诉讼现实。

就拿要件事实而言，哪些算是要件事实，这本身就是一个争议过程。要件事实不是突兀地摆在那里，等着律师和法官来清点确认的，而是从一大堆的事实或事件中，一点点挖掘出来、逐渐成形的。律师作为事实的供给侧一方，提供给法庭的，肯定不会是干干净净的要件事实，而是与案情有关的全部事实。

任何经验老到的资深法官，也绝不可能只盯着光秃秃的要件事实，更多地把目光来回扫射在全部案情上，由此在脑海里形成综合判断。就此而言，他们也是希望律师作为供方，能够提供更为丰盛的食材。当然，丰盛不是杂乱，梳理得井井有条，令人一目了然，也是他们对律师的期待与要求。

法官不掌握包括要件事实在内的全部事实,不仅不容易做出正确判断,有时反而会误判、错判。因为真正深层次的、决定性的因素,往往会隐藏在干巴巴的要件事实背后,这种现象在复杂案件中屡见不鲜。如果承认这一点,那么法官对律师的那种心态和做法,不仅应多一些同情、多一些理解,更是办好案件之必须。

高质量的对话,起点是丰富的资源,富矿才易精炼。这就是我为什么说,具体庭审程序中,法官才是思维矛盾的主要方面。有没有这个意识,是完全不一样的。它决定了法官对律师思维、心态和行为的总体取向,这是决定庭审方向和庭审质量的第一个十字路口。选择了其中一个方向,开弓就没有回头箭,接下来的庭审质量如何,基本已经注定。

3.3 法官的"容"和"引"

朱兰春:

法官固然是庭审的主导,但主导本身并不保证必然会有高质量的对话。只有在程序主导的制度保障下,自觉把握思维矛盾的主要方面,以主容次,以主引次,才有可能产生高质量的对话效果。这个"容"与"引",是需要法官深思的。而这方面做得好的法官,专业过硬自不用说,都是有大智慧的。他们非常善于向律师借力,并巧妙化力,变成案件中的引力、动力,这不是大智慧是什么?

可以负责地说,现实庭审中,很少有胡搅蛮缠的律师,只要法官站位够高,姿态友好,善于引导,律师的心情是舒畅的,不管案件结果如何,对法官个人从内心里是服气的。

不过话又说回来,我们去医院看病,我指的是公立医院,确实也不容易见到几个好脾气又耐心的医生。为什么?流量太大,如果都那样干,估计没人吃得消。所以,排了个把钟头,医生三五分钟就把我们打发了。医生的这种状态,其实就是法官的当下状态。换言之,法官办案的多快好省趋势,更多地带有制度性烙印。人是环境的产物,制度就是塑造法官行为的最大环境。

当然,外部制度性的东西,我们暂时还无力改变,但身处庭审的小环境,法官还是可以有所作为的,毕竟你是程序的主导者嘛。你的地盘,你不当家谁当家?这是我讲的第一个方面。

另一个方面,**律师也要认识到,法官对自己的期待是什么,法官对案件的想法是什么,怎么才能让人家愿意听、听清楚、听明白**,这个功夫也是不容易做到的。做得不好,别人恼火,也是正常的,谁叫自己不争气呢?

李志刚:

你的分析很客观。

朱兰春:

我的感觉是,相对于法官而言,律师的换位思考意识,还有较大的欠缺。人的思考密度与强度是有限的,这方面考虑得多了,那方面就必然少了。律师很自然地考虑己方利益,在案件代理中,也很容易地摸清对方的抗辩思维,也许这两种对立思维的筹划与统合,消耗了绝大多数律师的思维能量,所以他们对法官思维往往较为忽视,很少会自觉做换位思考。而这样一种眼光的缺乏,在高强度的庭审对抗中,很容易和裁判者发生正面碰撞,搞不好还会火花四溅,这时就谈不上什么高质量的对话了。

就此而言,我的体会是,**两大群体在庭审程序上的思维矛盾,大部分是认识问题,小部分是责任心问题**。当然,毋庸讳言,其中还有工作能力的问题。那属于业务培训的范围,我们另当别论。

李志刚:

"容"和"引",体现了庭审中律师对法官的期待,也体现出怎么解决"矛盾的主要方面"。对法官而言,存在是以"容"为主,还是以"引"为主的问题。容,体现了法官的涵养和自信;引,体现了法官的专业能力和庭审掌控能力。

朱兰春:

有没有可能尽量做到"既要……又要……"呢?听上去似乎不太可能。有人说过,不要轻易说不可能,一切的不可能,都是"不,可能"。这话很有道理,其实,越是制度逼仄,越能衡量法官的功力,真正的高手,哪个不是这样打磨出来的?

李志刚:

优秀的法官不仅知道"我想听什么",也知道"律师为什么这么说",更知道怎么把"律师想说的",引到"我想听的"上面来。

举个例子。我在做法官的时候,如果听到律师长篇大论说的是可能与要件事实无关的"故事"的时候,我通常会提示:上诉人/被上诉人,我先打断你一下啊:你刚才所陈述的,是不是希望说明这个问题?这个问题,我们已经知道了(或者说合议庭已经关注到了),对于合议庭关注的另外一个问题,你是否能再具体说明一下你方的观点?

这种"交互"的模式,一是向律师表明其希冀法庭注意的问题,已经得到重视,未被忽略,但无须进一步展开;二是将宝贵的庭审时间"引"到法庭更为关注、需要进一步查明的问题上来。

通常而言,这种善意的提醒,因为照顾到了律师和当事人的需求,一般也会得到善意的回应——把时间精力"引"到其他更需要查明的事实或者论证的法律问题上来。

朱兰春:

我非常欣赏你以前的做法。法官以概括的方式复述,这对律师发言是非常巧妙的引导。陈述—概括—新陈述—新概括,这实质上是哲学意义上的主体间性,是最有效的互动方式。这就像我们写论文一样,写了一章,做个小结,再进入新一章,写完再做小结,一章一章连续下来,文章结构与内容就清楚了,最后的结论也就水到渠成,呼之欲出。好的法官,犹如庖丁解牛,不仅理顺案件经络,还懂得及时打结。

3.4 "沙"与"金"

李志刚:

关于"矿"和"金"的关系问题,确实如你所言,是"吹尽黄沙始到金"。律师直接把证据中的"金"(要件事实)给法官,不带"沙子",是效率最高的。但是这受两个方面因素制约:一是律师

对谈三 | 庭审中法官思维与律师思维的对话与契合

和法官的思维、目标、立场高度匹配，完全一致——事实上是不可能的，有时，律师可能基于特定立场，还需要把一些非要件的背景事实纳入法庭呈现，以"左右"法官的心证；二是律师的表达确实精当，这也需要时间和功力。也就是说，律师已经吹了一遍"沙子"，而不是把"富沙之金"拿到法庭上呈现。

法庭上，还有一个特点，就是法官无法选择律师，律师也无法选择法官。如果说任何行业的人员都可能分三六九等的话，那么，法官和律师群体，也不能保证个个是精英。能够值得追求的，就是追求职业理念的共识、法律技术的共识，以此得到裁判结果的共识。

朱兰春：

双方之间的盲配，我倒认为不是什么大问题。就算是能够互选，就能确保案件公正、高效办理了吗？未必。恰如你所言，理念相投、技术相容、动作相容，才是最重要的。

李志刚：

就你所说的"容"而言，法官可能确实需要从以下几个方面，体现出这种包容。

第一是时间的包容。虽然案多人少，希望庭审效率提高，但"让律师说话""让律师说完话"是必要的。因为庭审的目的就是通过诉辩双方的证据呈现和言辞辩论来发现真相。克扣发言时间，通常会影响事实发现的完整性，导致事实的遗漏或者错判。

所以，如果要限缩发言时间，或者打断律师发言，至少应当有两个方面的基础：一是有正当理由并及时告知，赢得律师和当事人的理解与尊重；二是以妥当方式，法律赋予法官的庭审主导权，只要法官说明了打断发言和限缩时间的理由，大部分律师和当事人都是可以理解的，应当避免的是口气的生硬和态度的粗暴。

第二是内容的包容。法官和律师毕竟是不同职业、不同角色、不同人，只要是不同的人，就不可能完全合拍，所欲言即所欲听。因此，法官应当容许律师对事实陈述的适度扩充或者偏移。从另一方面来说，这些偏移的背景或者细节，可能包含影响判决结果的新的规范依据的要件事实或者抗辩事实。

第三是职业的包容。如你之前所言，不少当事人认为律师当庭说得多，就潜在地体现了律师有理，委托费花得值——律师发言本身也带有在当事人面前表演的成分。

既然同是法律人，出于职业的理解，应当允许律师（如果需要的话）在当事人面前的适度表演。如果要打断或者限缩，至少应当保持对两造当事人之间的平衡，避免给参加庭审的当事人带来法官偏袒一方，或者"我方被对方压着打"的朴素观感。这种职业的包容，实际上也体现了通过程序，吸收不满情绪的庭审功能。所以，虽然法官需要高效完成庭审任务，但也需要对律师有一种善意的包容。

朱兰春：

你归纳的这"三包"，很有特色。能做到这"三包"的法官，看似举重若轻，其实都是人生修行。能遇到这"三包"法官，是律师的福气，律师也会珍惜。双方关系理顺了，不愁没有高质量的对话。

3.5 庭审程序中的控制

李志刚：

从庭审程序上来看，开庭陈述、法庭调查、法庭辩论、最后陈述，四个阶段虽然各有分工和侧重，但内容上也有相当的重合。法官能否通过对庭审不同阶段的分工侧重减少和避免律师发言内容的重复，也考验法官的庭审经验。

在实操中，可能存在律师在开庭陈述中，读完诉状和答辩状，就把后面要说的话，全部说完的情形。如果不这么做，律师可能又担心后面没机会说。如果在这一阶段，法官能够提示和指引各个阶段的重点，让律师既可以简要陈述各个阶段的发言内容，又避免具体内容的重复，那么庭审一定会进行得既省时又有质量，当然，这主要还是看法官的庭审把控能力。

在争议焦点的总结问题上，也存在着类似的问题。争议焦点归纳过粗，比如合同纠纷中只归纳出一个争议焦点，（如是否构成违约及如何赔）是一种模式，归纳过细，如双方的 10 个行为是否构成违约，违约造成的损失计算的每一个细节也归纳成一个争议焦点，从而归纳出 20 个争议焦点，也是一种模式。归纳过粗，律师担心争点被忽略，无法在核心焦点上展开攻防；归纳过细，可能庭审时间根本无法就每一个细节问题进行几轮的辩论。能否详略得当，既考虑到律师希望重点陈述的核心焦点，又避免在每一个细节上纠缠太多庭审时间，无疑也考验着法官的经验和智慧。

朱兰春：

具体庭审中，我的理解是，法官的主导作用，主要体现在引导上，可以说主导就是引导。反过来，会引导的法官，才是庭审的合格主导者。

从诉讼技术角度说，法官在庭上的引导，其实还隐含一种辅导的功能。引导是指明，辅导是帮助。以开庭陈述为例，过详或过略都是不妥当的。有的律师开场即洋洋洒洒，有的律师上来就一句话，与庭前提交起诉状或上诉状一致，还有律师照本宣科，一字不落。这些都是诉讼技术不过关的表现。我在审理仲裁案件时，遇到类似情况都会马上制止，告知这个阶段应当陈述什么，以及怎样陈述，让律师按照要求及时调整。其实律师的反应都很快，关键在于法官愿不愿意引导。而这一点是不太容易做到的，法官也是人，而且是案件堆重压之下的普通人，有句话说"千金难买我愿意"，在实操中经常可以看到或听到，法官很不耐烦，粗暴打断甚至斥责律师发言不专业，看似嘴上痛快，却将自己变成了情绪争点，并不明智。

司法实务中像你讲的，法官事先向律师提示诉讼各阶段重点的，可以说几乎没有，至少我没有碰到过。如果在高级法院、最高人民法院都难得有这种情况，那基层法院就更可想而知了。

目前在不少庭审中，合议庭还推行一种新模式，将法庭调查与法庭辩论合二为一，目的很简单，就是为了效率，尽快闭庭，后面还有大把的案件在排队呢。既然是"东北乱炖一锅烩"，律师只好"眉毛胡子一把抓"，逮着机会就说，就算是车轱辘话，也得来回说，因为不说就真的没机会了，至于效果如何，就顾不上了。

争议焦点的归纳,很能看出法官对案件是否用心。你讲的归纳过粗或过细,都反映出法官对案件研究得不够,还有的法官根本就不归纳争议焦点,由着律师信马由缰。就算是归纳了争议焦点,质量如何也是问题,而且往往辩论了一两轮之后,以一句"没有新的意见、重复观点就不要再说了"即草草收场。

这些显而易见的诉讼技术硬伤,在日常实务中大量、普遍地存在,以至于大家都有点司空见惯、见怪不怪了。甚至由此衍生出一种异化心理:法官如果很有耐心听取律师发言,态度也十分友好,这多半不是什么好事,极可能会判你败诉。他这样一反常态,就是为了提前吸收你将来的不满。

所以,**作为庭审的绝对掌控者,庭审质量的高低,乃至裁判质量的高低,主要取决于法官而不是律师**。高质量的庭审对话,前提是高质量的人。没有负责任的法官,不可能有高质量的公共产品。律师对制造公共产品的参与,主要是依附性的。提高庭审质量特别是提高对话质量,首先应从法官做起。这也是我为什么一再强调,律师与法官两大群体的思维矛盾,法官思维是矛盾的主要方面。

3.6 理想的导演和演员

朱兰春:

我这样说,可能有些法官会很反感,因为我毕竟是律师,在他们看来,自然是屁股决定脑袋。其实并非如此,法官的压力与辛苦,大家有目共睹,我想说的是,越是如此,越要自己给自己减负。怎么才能减负?最直接、最有效的方式,就是调动好、运用好律师的积极性,把律师变成自己的帮手。只要法官态度友善,引导得法,两造平衡,绝大多数律师是非常乐意配合法官的,毕竟案件的决定权在法官手里,至少在律师眼里就是这样。合议庭三个人,连同法官助理、书记员,外加两个甚至更多的律师"帮手",案件负担是更轻了还是更重了,相信这笔账并不难算。

这段时间,正在看何帆博士的新著《积厚成势:中国司法的制度逻辑》,内容很吸引人,书名对我也很有启发。这一期对话时,我突发奇想,法官与律师之间客观存在的思维差,其实又何尝不是一种潜在的势能呢?面对这个落差,平庸的法官看到的是距离,优秀的法官看到的是能量。都是同样的制约与压力,为什么优秀的法官还是能够脱颖而出,不就是人家在庭审中广结善缘、积厚成势吗?

李志刚:

对于开庭陈述、法庭调查与法庭辩论,这几个阶段发言内容可能存在的重复,应该说是普遍现象。所以才会出现全读、略过与合并的不同操作模式。**既然问题普遍存在,就民事诉讼的庭审程序本身还有优化之处。这也可以成为立足于真正解决问题的司法改革的一个关注重点**。在制度性修改未实现之前,各种摸索可能也是必要的试错,为未来的庭审程序优化提供素材。

就庭审技术安排看,开庭陈述有全读、略过和简述三种模式。比较而言,全读浪费时间,略过难以概览庭审全貌及重点,限时简要概述案情(故事)、请求(固定诉讼请求)与理由(核心观点),可能是兼顾功能与效率的处理模式。

对于法庭调查与法庭辩论的合并,事实上也是法官发现分离产生重复而采用的一种"优化"措施。**真正的问题不在于分还是合，而在于有没有条理、逻辑，并在有限的时间内实现充分的论辩**。无论是分开还是合并，优秀的法官都可以通过主持和引导，实现"高质量对话"，而非法官感觉律师车轱辘话来回说，律师感觉法官武断挤压发言时间。从这个意义上说，你所说的法官是矛盾的主要方面，我完全赞同。法官是庭审的主持、导演，当然应当对庭审的质效承担主要责任。现实是，与其他各行各业（包括律师行业一样）专业水平高低与个人涵养高低搭配成四种组合，在法官群体当中都会有，见怪不怪。我们对谈的目的，就是增进作为职业整体上的理念融合，并寻求可欲的实践路径优化。

朱兰春：

虽然《民事诉讼法》对庭审阶段有明确要求，但坦率说，这些都是具体形式，形式是为内容服务的，只要能取得好的庭审质效，应当允许形式创新。事实上，我也看到一些法官并不完全拘泥于固有的庭审形式，摸索出新的形式，效果也很突出。比如，最高人民法院冯文生法官曾在《人民法院报》上发表过一篇文章，介绍他如何有效运用庭前会议的心得经验，把本不起眼的庭前会议功能发挥得淋漓尽致，据说调解成功率很高。

这就是你说的，真正的问题不在于形式，更不在于庭审阶段的分或合，而在于有没有条理、逻辑，能否在有限的时间内实现充分的论辩。说到底，还是有没有体现出法官游刃有余的庭审驾驭力。法官这个导演章法有度，律师这个演员才能心中有数。章法有度，再配上心中有数，这不仅是庭审的契合，更是思维的互补。真正的共识，一定是思维层面上的。

李志刚：

秉持"理性、建设性"的对话目的，我们不妨尝试一下，勾勒出理想的导演和理想的演员互动模式。

先说理想的"导演"。

第一，先行提示庭审程序的发言重点。以我个人有限的体验和观察看，作为庭审的"导演"，法官的行动受两方面制约，一是充分发现事实，二是有效节约时间，前者要让律师多说、说充分，后者要让律师少说、精要说，解决这个矛盾的途径就是告知每一场庭审中的律师，我希望听到你怎么说，特别是在每一个不同的庭审阶段怎么说。这样可以避免律师"猜"（什么时候可以说）和"抢"（避免后面没机会说）。

第二，通过及时总结引导发言方向和重点。如果发现律师的发言长短和发言重点发生偏移，通过及时总结回应律师关注的重点，继而引导法官自身关注的重点并点出背后的原因。

第三，给出律师阶段性补充意见的时间。法官导演的剧本和律师准备的脚本在各自的心中虽然有大致的庭审流程、庭审提纲，但仍可能不完全匹配。阶段性地问询律师有无新的补充意见，可以舒缓律师"可能没机会再说"的内心焦虑，也可以有效减少对关键性事实和法律观点的遗漏，降低错判的可能。

这种阶段性的问询，可以在单个争议焦点之后、各个庭审阶段之后，以及最后陈述阶段；必要时，也可以提示在庭审后提交的代理词中予以充分展开。

第四，平和平等地对待律师及当事人。从职业分工角度说，同是法学院的毕业生，同是通过法律职业资格考试的法律人，应当对职业共同体有基本的职业尊重,避免当庭褒贬律师的职业水平和职业能力。从做人的基本涵养来说,人格尊严都是平等的。有足够自信的法官都无须通过吆喝式的语气和贬低他人来证明自己高人一等。越平和谦和,反而越能体现出专业和自信。与此同时,在两造发言时间的分配和言语态度上,亦需保持大致的一致,避免偏袒一方的嫌疑。

再说理想的"演员"。

从我个人的职业经历和业余观察来看,高水平的律师对高质量的庭审贡献巨大。所谓高水平的律师,主要体现在以下几个方面:

第一,对案件和法律熟稔于心。在开庭之前,就对要件事实、争议焦点乃至判决走向有着清晰的理解,能够"法官一样思考"。我个人也一直建议,优秀的诉讼律师的定位是"给法官做好助手"。那么,什么样的助手是好助手呢?我们可以看看手术台上主刀医生和给主刀医生拿手术工具的护士。手术时间紧,要求高。主刀医生身旁的护士虽然不给病人做手术,但他需要对手术的全过程有细致的了解和掌握,知道到哪一步要用什么工具。写判决就像做手术,庭审就像是手术台,律师就像主刀医生身旁那个配合递送器材的护士。如果能达到这样的配合境界,那庭审效率无疑是最高的。

但是,主刀医生和身旁护士有长期磨合,法官和律师通常只是一个案件中的擦肩而过,不可能完全同频。尽管如此,这种配合的角色和思维模式,仍有其借鉴意义。相反,如果后续的程序是缝线,你没递上针线,而是一股脑送上五把剪子,那手术的效率和主刀医生的心情可想而知。

第二,凝练的表达。能否用最简洁的语言,把最复杂的问题说清楚,这需要长期的口头表达能力和书面表达能力的训练与积累。通常而言,经过长期庭审发言历练的律师,都具备这样的能力。说短句子、发言分点,避免超过三分钟的长段表达,可能沟通会更有效,能让法官听到和听懂你的核心观点和核心意见。将清晰的法律关系图示、时间轴图示提前或者当庭提交给法官,也可以更直观、精练地提升表达的效率。

3.7 应有状态与实有状态

朱兰春:

这种勾勒很有意义,有点类似韦伯所说的"理想类型",是一种行之有效的分析工具。

不过,你列的这两个参照范本,在我看来,其实也并不完全是理想类型,因为理想类型是拟制的,在现实生活中是不存在的,是为了参考、对照和奋斗的。但是,在人们的心目中,在一般人的预期里,包括在法律同行的潜意识里,法官和律师不就应该是这样的吗?"应有"就应该是"实有",而不应该是少数甚至是例外。

由此可见,与这种普遍的社会心态与期待相比,无论是法官群体,还是律师群体,即便是在庭审程序这么专业的工作领域,也有很大的反省和提升空间。换句话说,我们赖以生存、凭借吃饭的本事,还是很不到位、令人汗颜的。为什么我们的法治整体状态不佳,看来与质量存在缺陷的这两个"齿轮"有很大关系。既然他们难以咬合到一块,机器的运行效率就不可能很高。

不知道你有没有注意到,现在不管哪个行业,似乎都不提倡"干一行、爱一行、钻一行"了。不管做什么职业,人的心思都飘浮不定,很少见到内心沉稳、做事认真、举止笃定的人。法官与律师,每天都在庭上对话,按说对各自角色早就驾轻就熟,但高质量对话却并非常态,这种微观领域里的低效互动,不是制度因素就能完全解释的。

以前我经常说一句话,律师要向法官学习,这是真心话。因为和法官相比,律师的实务经验少得多,人家是用案件量实打实"投喂"出来的。但还有一句话,以前没有机会说,不妨在这里说出来,法官对自己也要有期许,既然人设就比律师高,你就要值得人家模仿,让人家心服口服、心甘情愿向你学习。优秀的法官,不仅是律师的学习对象,也能带动有上进心的同事。某高院前法官在她的书《带你破局:法官思维模型》中曾讲到一个例子,让我印象深刻。

> 记得我刚进法院的时候,带教的一位法官对申请再审案件组织听证,开庭前案卷她都没看过,一边提问一边翻卷,案子就清楚了,那时觉得这个法官真厉害。而当我成为一名法官后,起初审查申请再审案件,需要将一审、二审的卷宗一页不落看完,准备好听证提纲才敢去法庭。可见,法官思维不是一朝一夕形成,而是在漫长的案件办理过程中,在处理堆积如山的案卷材料后,从焦虑不安到潜移默化产生的过程,是不断练习的结果。要不怎么说"成熟的法官都是案子喂出来的"呢?

最后,她还总结说:

因此,我认为先有了积累的经验模式,才有了抽象的思维模型。虽然按照霍姆斯所言,逻辑似乎是较经验低层次的,但是只有借助逻辑的铺垫和模型的架构,才能完成经验有效准确地传递。通过明确的行为和路径指引训练,养成思维、形成惯性、变成经验,最终成为本能。

读到这里,不禁击节叫好。同时也感慨,优秀的法官,不仅是高质量公共产品的生产者,而且也是影响、塑造和复制优秀法官的再生产者。

庭审程序就是优秀法官的生产车间,也是再造优秀法官的最好教室。律师自己当然也要争气,但气也是一口一口争来的,其中一个重要的方面,就是在游泳中学习游泳,在庭审中学习庭审,主要是向法官学、向优秀法官学。法官应当优秀,带有康德所说的先验性色彩,这种先验性色彩是客观存在的,为人类社会所提前预设的,不以现实法官的任何个人意愿为转移。实现这种色彩,从"实有"走向"应有",应当是法官对自己的最大期许。

我相信,作为思维矛盾的主要方面,**法官思维的严谨与规范,法官个体的友善与平和,一定会感染和带动律师群体,让两个轮子一起转,输出更大的功率**。说到底,所谓高质量对话,是高质量的两大群体的思维对话,而庭审程序是检验两大群体对话质量的最好"试金石"。

TOPIC IV
对谈四

要件事实在庭审程序中的运用

李志刚：

近期，我和朱兰春律师就法官思维和律师思维有个系列对谈，旨在通过不同视角的对话增进法官和律师两个不同职业之间的理解和共识，提升庭审的质量和效果。在对谈的过程中，我们有个共识，就是**要件事实作为法官与律师共同的思维方式、思维工具，对于提高庭审的效果、实现法官与律师的高质量对话，具有不可替代的功能和作用**。根据清泉的提议，由朱兰春律师、许可老师、清泉还有我四人共同就要件事实在庭审程序中的运用做一个专题的与谈。

4.1 要件事实在庭审程序中的价值和功能

李志刚：

许可老师的专著《民事审判方法：要件事实引论》是研究要件事实在我国民事审判实务中运用的最早一本专著，也是最重要的专著之一；清泉所著《诉讼精细化：要件诉讼思维与方法》，从律师视角以查找请求权基础为先导,以证明责任划分为枢纽,以要件事实理论为支撑,将律师代理案件的思路分解为具体的九个步骤,并标准化、结构化地展现出来,在律师界产生了重要影响。朱律师在律师思维和法官思维方面有深入研究及著述。可以说,几位都是要件事实、要件诉讼领域卓有研究的专家。

从庭审实务看,由于前些年要件事实在普通高校法学教育中并非一个特别重要的知识点和关注点,因此,毕业于法学院的法官和律师并非人人都能熟悉和掌握要件事实的概念和方法。但在实务中,从邹碧华法官写成《要件审判九步法》伊始,越来越多的法官开始关注要件事实的概念及其在审判实务中的运用。清泉的专著从律师视角对要件审判九步法作出研究和回应,使要件诉讼的技术路径越来越多地受到律师的重视。

同时,我们也可以看到,要件事实尚未成为法官和律师群体普遍掌握的概念和方法。不少法官和律师可能认为,我从未了解过要件事实这个概念工具,也不知道要件审判九步法、要件诉讼九步法,案件也能照样办。就此问题,请问诸位怎么看?

段清泉:

科学的方法可以提高工作效率和质量,标准化的方法还能促进团队的合作。好比打乒乓球,有的朋友并没有经过刻意的训练,抡起拍子也能打得高兴,起到健身娱乐的效果。但是对于对战比赛,经过训练的选手无疑更有优势。掌握科学方法的律师和团队在高度对抗的诉讼环境下就能提高效率和质量。不采用此方法,凭借经验,当然也可以做业务。

李志刚：

我举个例子，比如，如果法官不熟悉要件事实的概念和方法，律师能否用得上您著作中推荐的"要件诉讼九步法"？

段清泉：

就像您和朱律师以前交谈中提到的，不叫"要件事实"这个名字，也是按这种思维去操作的，用这个概念只是为了思维的经济性。刑事案件和纪委办案，虽然没有特别强调要件事实，也都是按照构成要件去审查证据和认定事实的。民商事案件由于证明责任分配的复杂性、法源的多元性、法学方法的弹性，强调要件事实更有必要，对于依法裁判，对于克服裁判者的肆意，更有必要，运用起来也更难。但作为依靠理性解决纠纷的方法，依法裁判是必然要求，要件事实思维就是必然的。

朱兰春：

当年我在求学阶段，一些现在比较流行的概念，都没听到过，比如像"要件事实""法教义学"等概念，说明这些年来，法学界和实务界的变化和进步很快。

"要件事实"这个话题听上去抽象，但很有实际意义。展开讨论之前，我先介绍一个观点。前辈学人王伯琦先生说过："我们现阶段的执法者，不论其为司法官或行政官，不患其不能自由，唯恐其不知科学，不患其拘泥逻辑，唯恐其没有概念。"这是20世纪初提出的观点，放在今天的法律界，可以说一点也不过时，因为法律思维的科学性和逻辑性问题，至今也没有真正解决，一切都还在慢慢摸索中。

刚才志刚的问题,法官和律师不学这些概念与方法,能不能办案?当然可以。但正像清泉说的,就像打乒乓球一样,业余选手和职业选手是完全不一样的。

李志刚:

这个分析很有启发。确实如此,比如不懂物理,也可以插电源接电,但懂物理,对这个动作的理解就不一样。

之前和朱律师提及庭审中的"高质量对话",从法律专业思维和技能上来说,"要件事实"也许可以作为连通庭审各方参与者进行高质量对话的"轴"。把核心事实和核心法律问题,按照"要件事实"这一关键,持续推进庭审进程,逐步导向裁判结论。这个过程是各方共同参与、共同认可,并且也能够共同接受的。

朱兰春:

这不是普通的"轴",而是一根"主轴"。总的来说,我国法律人的思维方式与水准,可能与我国经济增长方式一样,普遍处于简单粗放式、大水漫灌式,比较精细、较为科学、可供复制的思维方法和裁判技术,总的来说还很欠缺,关键就在于少了这样一根可以明确分析并且不断解析和逐步提高的"主轴"。

这件事情做好了,才有资格说法学是应用科学,有一套属于自身的方法和技术。没有这个东西,每个案件都是从头干起,一点像样的积累都没有,还是经验当家、言人人殊的话,类案类判的目标永远都不可能实现。在这个大背景下看,许可和清泉的书,意义特别重大,具有开创性的价值。长期以来的野蛮生长,终于开始走向规范分析了。

李志刚：

如果抽象出几个具体的价值和功能的话，是否可以概括为以下三点：

第一，要件事实是主导庭审的内在主轴。

第二，要件事实是合议庭和两造对话的内容基础。

第三，要件事实可以避免无谓的事实争议与法律争议，聚焦于案件的核心事实和法律问题，进而提升庭审效率。

朱兰春：

还可以补充一点，这也是规范法律人思维的主要分析工具。这方面的价值和功能更重要，因为它不是普通的方法，而是制造方法的方法。正是有了这个方法母机，每一个具体案件的进路才得以规范，这是典型的从一般到特殊，从抽象到具体。

李志刚：

朱律师提及的许可老师的《民事审判方法：要件事实导论》，清泉的《诉讼精细化：要件诉讼思维与方法》，再加上邹碧华法官的《要件审判九步法》，则分别从学理、律师和法官的视角，实现了要件事实这一思维工具在学理和诉讼实务中的奠基。

朱兰春：

我真的很佩服已故邹碧华法官，像他这样已经担任法院领导职务，还那样醉心研究专业，并总结出一套相对成型的民事审判方法，在法院系统绝对是凤毛麟角了，即便现在也是这样。星星之火，尚未燎原。所以，今天我们对这个话题的讨论，不仅有意义，而且很紧迫。同时，需要澄清的是，"要件事实"这个概念，以

097

前虽不存在,但并不等于"要件思维"也不存在。

李志刚:

朱律师提到"星星之火,尚未燎原",应该是点出了律师视角下,要件事实思维方法在庭审实务中尚有一些亟待提升的问题。

朱兰春:

事实上,法律思维本身就是"要件思维"。之前的问题是,在审判实务中,法律思维的规范性,更多体现在法律条文构成要件的规范性。"要件事实"的价值在于,将这种法律条文的规范性进一步下降至事实层面,从"应然"走向"实然",从价值走向技术。

李志刚:

以我个人既往的职业经历看,法官职业群体对要件审判方法的关注确实越来越多了,在学界的推动下,"请求权基础"的概念,也越来越多地被提及,但并没有形成一种全员普遍、全面学习要件审判方法的必要性和紧迫感。

朱兰春:

那是因为习惯视线还没有调整,尚没有把主轴从法律本身,真正转移到事实本身。这也是为什么我们的判决总是给人以飘忽的感觉,风格不定,思维不明,仁者见仁,智者见智,少有共识,更难得统一。

李志刚:

朱律师丰富的实战经验,对此应该会有更深入的切身体验。清泉撰书,也应该是基于一种实践的急迫性和必要性。而且清泉的书受到律师的普遍欢迎,说明律师界对这一问题的感受更为深刻。

朱兰春：

律师群体受市场端的利益驱动，对裁判过程和裁判结果显然比法官更为敏感。我的体会是，价值判断是没有办法统一的，能统一的只能是方法、技术。就此而言，要件事实是最值得研究的方法和技术。一旦锁定了要件事实，各方只能"认赌服输"，这比适用多少个法条，加上多少个法官寄语，都好使一百倍。

而且，一直以来，我还有个观点，中国的法院、法官、裁判，最终也要走向世界，也要与人家对话。没有一套能识别、可复制的裁判方法和技术，就无法摆脱"手工作坊"的小农经济状态，更不可能为世界法学、法律文明作出新的贡献。这个角度似乎始终没有人提，缺少这个顶层眼光，只在自家庭院里打转，不仅没有出息，而且也很难有真正的进步与提高。法学知识体系的自主，是在与外界的交流与对话中存续的。

李志刚：

这个视角很有前瞻性。那么，美国法官审理案件，会不会也讲要件事实？

朱兰春：

我没有读过美国原版著作，看了一些二手中文材料。我的感觉是，不能笼统地提这个问题，而是要先分清，是哪一个层级的美国法官。因为不同层级的法官，有着不同的制度安排和功能体现。就其传统来说，英美法系下，法官对案件事实的规范性分析，可能不如大陆法系的法官那么自觉。这方面可能还要听听许老师的观点,他的学术视野更宽广。

段清泉:

美国也有要件事实这个用法,不过由于法源不同,更多在证据法里使用。**不少人片面解读了霍姆斯的名言,他确实说过"法律的生命在于经验,而不是逻辑",但在书中,他也强调按照逻辑能够解决绝大多数案件,只是疑难案件如此。**

而且,美国很多大学的案例教学也是按照类似请求权基础鉴定式的 IRAC 模式来训练的,I 即 issue,就是争议的问题;R 即 rules 规则,我们所说的请求权基础、法律依据;A 即 analysis,围绕事实和规则分析规则的适用性;C 即 conclude,得出结论。图 4-1 贴出的就是一本很流行的证据法书中对要件事实的表述,essential element 字面意思就是必备要素、要件。

Diagram 3-1

EVIDENCE ⟶ FOC (EE)

The "evidence" refers to the witness testimony and exhibits presented in the courtroom. The FOC is a proposition of fact the jury can decide to believe, on the basis of drawing an inference from the evidence. The arrow represents an inference the jury can make. To be "of consequence" the inferred fact must either (1) itself be an essential element or (2) be one that a jury could rationally use in determining whether an essential element is more or less probable through one or more further inferences.

For an example of how a fact of consequence may require a further inference to connect to an essential element, consider the following:

Diagram 3-2

EVIDENCE ⟶ FOC ⟶ FOC (EE)

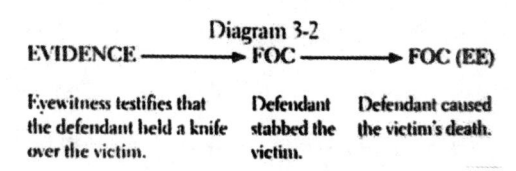

Eyewitness testifies that the defendant held a knife over the victim.　　Defendant stabbed the victim.　　Defendant caused the victim's death.

图 4-1　对要件事实的表述

4.2 要件事实在庭审程序运用中存在的问题：律师视角

李志刚：

由此看来，事实查明、法律适用，对应要件事实、请求权基础，是英美法系和大陆法系案件审理的共通语言，仅仅是表现形式不同而已。在我国，虽然不少法官没有特别的意识，但是实际上也在适用这套规则。那么，无意识的使用和有意识的适用，在具体的实践中有什么显著的差异呢？

段清泉：

包括法教义学在内，有意识的方法和知识总结不是为了刻板和教条，而是为了知识条理化，积累共识，提高效率，把注意力和讨论集中在真正的问题上，通过可论证可交流的理由促进纠纷解决。而不是无谓地争论，类似两小儿辩日一样从头再来。就像朱老师所讲，类案思维也是在要件思维之下归纳和总结的。

朱兰春：

日用而不察与有自觉意识，显然是不同的思维层次。用哲学眼光评价，后者可谓是理性的苏醒。不仅是具体观念的更新，更是法律观的更新。在这种新的参考框架里，以往熟悉的东西被重新看待，重新编排，等于跳出既往的思维窠臼，法学和法律的应用品格明显呈现出科学的品格。

邹碧华法官的《要件审判九步法》为什么影响那么大？一是

切中了司法实践的客观需求,二是大大提高了裁判思维的规范意识。以前很多自以为明白,但又说不清楚的东西,变成程式化、可操作、能检验的手册指南。

李志刚:

清泉提到,霍姆斯在书中也强调按照逻辑能够解决绝大多数案件,只是疑难案件如此——是不是指,在裁判方法上,简单案件与复杂案件可能有所区别?

比如,请求权规范检索,大部分简单案件,我像翻字典一样,知道大致排序位置,直接就朝那个位置翻了。按照要件审判九步法,要先选择声母、再找韵母,最后找到拼音页码,再找字。但大部分人直接按照总体排序规律,直接翻到那个拼音所在页码了,不一定要严格按照复杂规程。

段清泉:

人们一直夸大了训练的方法和实务的方法之间的区别,**要件审判九步法和要件诉讼九步法都是训练思维的培养方法,是按部就班的。实务操作中还有灵活机动、循环往复的适用,但不能因为实务处理的多样性、灵活性就否定方法的价值。**就好像学习驾驶,各种技巧,各种口诀,但是熟练之后,基本操作不能失误,其他的就根据下意识和经验来了。

朱兰春:

我们现在的这一套法律体系,并非本土内生,基本上都是移植而来。而大陆法系的这一套东西,归属于一个更大、更一般的文明框架,是受这个大框架的制约和影响的,与科学同宗同源。

不管是认识世界,还是认识社会,遵循的都是同一套认识逻辑。认知要有起点,有开端,并形成概念,在概念思维中,充分论证,按步推理,从开端到中点,再到终端,是一个严谨的思维过程。西方的科学就是这样一点点积累和进步的,法学、法律同样如此,《法学阶梯》的书名,本身就表明了这样一种普适的认知过程。这种文明框架的特质,落到法律领域,必然要求思维越来越精细化、技术化。

这与我们的文明传统是有很大差别的,我们讲究的是体验、感悟、升华,圣人讲的几句话,都是高度概括的,当然也是模模糊糊的,这是一种格言式思维,本质上是经验思维。我们在这种文化中成长,对此很熟悉,感觉很自然,就像时时在呼吸,但对此根本无感一样。我国司法领域中的直觉式、经验式思维之所以大行其道,还卓有成效,不能脱离这样一个文化传承的大框架。我们讨论这个话题,应该具有这种双重的大视野,才能看得比较清楚。

如果在整个民商事法律体系中,沿用的是人家的这套东西,但是在整体思维底盘上,缺乏自觉的、持续的训练和使用,机制的上下或内外的断裂,就是不可避免的,这套体系真正的优势就发挥不出来,就处在一种四不像的状态里,久而久之,甚至对这套体系本身都可能产生某种怀疑。

段清泉:

我们中华传统文化有自己优秀的地方,甚至有西方学者说中国哲学拯救二十一世纪,这主要是从文化、心理、道德等层面讲的,也就是孔子和苏格拉底道德哲学的那部分。但是亚里士多德、培根以降,逻辑和理性的部分还需多学习借鉴。

朱兰春：

如今无论在学术界，还是司法界，都有一种越来越大的声音，质疑西方法律体系知识的普适性，更加强调地方性知识、本土化意识，这不是没有深刻原因的。

清泉讲得很对，既然是学习人家，就要老老实实承认人家的优点，认认真真地学，而且要从根基处学。这个根基处，在我看来，正是我们自家的文化传统中最缺乏、最薄弱，但同时又是现代文明最需要的东西，这就是理性与逻辑。落实在法学和法律领域，就是在价值、理念之外，要注重实操，必须要讲方法、讲技术、讲操作。倡导和研究要件事实，意义就在这里。

西方谈只可意会、不可言传的东西，但务必注意，人家是在理性、科学的大传统、大框架里谈这个的，主流的仍然没变，波兰尼强调的"默会知识"，是支流，是补充，是完善。我们恰恰相反，我们的主流的东西，恰恰是"默会知识"，我们不能再满足于或局限于只可意会、不可言传的东西了，一切要摊开，要清清楚楚、明明白白，不要让人猜、让人悟，有话说在明处，有理也要论证。

其实，老百姓这方面的意识早就超越法学界和实务界了。这些年来，为什么一再强调裁判文书要加强说理论证，并一再出台各种文件，配套各类示范裁判，目的还是满足民众的强烈需求。

李志刚：

在执业实践中，如果没有特别强调要件事实、要件审判，直奔主题是否就会导致错判？或者说，是否只有在疑难复杂案件中才需要特别突出要件事实、要件审判?

段清泉:

要件事实在简单和复杂案件中都有作为。随着我国民商事法律的完善,学界和实务界也越来越强调解释论。立法者基于一定的立法理由选择了相应的文本和表达,我们应该尽最大可能尊重立法,贯彻立法,而不是动辄指摘立法,指点江山。

在简单案件中,我们按照要件去比对、涵摄就已经将立法的价值导向贯彻到具体案件中了。在复杂疑难案件中,要件事实理论结合民法上的评价性要件,发展出评价基础事实和评价障碍事实,可以为衡量性概念、评价性概念提供攻防依据,帮助大家尽可能考虑全面的事实,做出公允判断。

即使是完全疑难之处也不是拍脑袋,而是有理有据去论证。根据法律原则去类推具体的制度,你得说明手头的案子和现有的规定是如此之类似,并且没有区别对待的特别之处,所以要同等对待。对于目的性限缩等,你得说明两者是如此之不同,同等对待绝不符合原有的立法目的。也就是说,**要件思维只是一种方法,并不预设答案,只是让大家尽可能地思维更精细,论证更清晰**。从这个意义上说,就是让"公平正义看得见"。

诉讼是双方对抗的,你只给一个结果,必然有一方觉得不公平。而如果你不仅给出了结果,还给出了论证的过程,双方可以对这个结果进行推演进行复盘,通过衡量论证的质量来衡量结果的公平,这是理性理解的要求。

朱兰春:

对志刚提的这个问题,我是这么理解的。司法实务中,没有金刚钻,能不能揽瓷器活?可以肯定地说,一点没问题。大部分判决,从结论上看都是正确的,真正特别出格的,是极少数。但为什么社会各界还是有那么大的反应呢?其实就是只给结论,不给过程。症结就在于,不会说理,不敢说理,最后就是不愿说理,生怕说多错多。一句话,法官对自己的说理过程,没信心,没底气。拍脑袋多简单啊,但为何这样拍,而不是那样拍?为什么拍这里,而不是拍那里?为什么这里拍得轻,那里拍得重?要把这些东西讲清楚,就很不简单了。

就像以前看过的一个段子,汽车坏了,找人维修,工程师看过以后,在某处画了一道线,打开一看,果然是故障所在。报价1万美元,问其何故?回答称画线只要1美元,但知道在哪里画线,要9999美元。

李志刚:

如果庭审中,法官和对方律师并未按照要件事实、要件诉讼的思维模式/套路出牌,怎么办?

朱兰春:

从务实的角度,不管是否按此套路出牌,只要结果还算如意,过程也不必太介意,估计多数人都会是这种实用主义思维。但这只是就个案而言,对职业整体水准的提升,却不能摸着石头过河,应当摆脱凭感觉办案的粗放式经验思维。

律师之间,律师与法官之间,不仅有共同的法言法语,还有共同的思维运作规程,思维能像公式一样,有道工序,能随时复查,难道不是更容易对接、更容易聚焦、更便于解决问题吗?

李志刚：

这是理想状态下的。如果现实中，法官说，民诉法没有规定必须按照"要件审判九步法"规定推进庭审，我必须按照一方律师的要求，据此推进庭审进程吗？

朱兰春：

法官当然有权决定怎么审案，他不用这种要件审判方式，也没什么问题。实际上，要件事实的思维模式，听上去确实可能更烦琐，用起来好像也很麻烦，一点都不痛快，似乎慢得像蜗牛，结论也并不比直觉式的经验思维更高明，但有一点不能不承认，它让法律人的思维格式化了，所谓的严谨，不就是格式化吗？每一步都有出处，都有依靠，结论不是突然跳出来的，而是自然推出来的。这个思维过程的训练，才是最重要的。如果法官仍然躺在自己的思维舒适区，也能对付着过日子，但是，这与封建时代那些没有经过科学思维训练的判官，又有什么区别呢？现代社会是高度分工的文明社会，那种靠天地良心的自然法色彩的粗放思维，本身就是对法律专业性的嘲讽。稍遇争议较大的复杂案件，思维过程就说不清了。这里不妨引用陈康先生的一段话：

> 这本小册子里的每一结论，无论肯定与否定，皆从论证推来。论证皆循步骤，不作跳跃式地进行。分析务必求其精详，以免混淆和遗漏。无论分析、推论或下结论，皆以其对象为依归，各有它的客观基础。不作广泛空洞的断语，更避免玄虚到使人不能捉摸其意义的冥想

来"饰智惊愚"。研究前人思想时,一切皆以此人著作为根据,不以其与事理或有不符,加以曲解(不混逻辑与历史为一谈)。研究问题时,皆以事物的实况为准,不顾及任何被认为圣经贤训。总之,人我不混,物我分清。一切皆取决于研究的对象,不自作聪明,随意论断。

纵横不羁人士看到这方法的简略叙述,将要失声大笑说以下这类的话:"陈康笨拙得可怜,智力卑劣到这样的地步,竟然在构思和写作时,处处甘受束缚,以至于吐不出一句自由解说的话来。"这个判语不但符合实情,也正是我的理想,只怕不能完全做到。然而这些人忘记了:摆脱束缚,乘兴发言,是在写抒情诗,不是做实事求是的探讨。做诗和研究,二者悬殊,它们的方法也必然不同。[①]

看看当下的司法现状,我想各位可能都同意,半个多世纪前陈先生的这个想法和做法,今天不仅毫不过时,而且亟待发扬光大。

举个例子,较复杂的民商事案件中,经常要使用类推解释,这对法官是很大的考验,因为类推解释除了要考虑到实际案情、法律漏洞、立法意旨、价值权衡、适用结果等因素外,很重要的一点,就是分析、拆解法律的构成要件,以比较待决事实是否符合构成要件。

这既是对法律构成要件的分析,也是对事实构成要件的分

[①] 陈康:《陈康哲学论文集》,中国台北联经出版公司1985年版,第214页。

析，其中不仅包括对已决事实构成要件的分析，还包括对待决事实构成要件的分析，而所有这一切，本质上都是法律思维的规范过程。

中药铺柜子里，为什么分那么多的格子，哪种药材在哪个抽屉里，一清二楚，都堆在仓库里，临时去翻找，能不能找到，当然也能，但效率呢？准确率呢？可以作为营业的常态吗？

社会各界经常拿法院与医院相比。今天法院的繁忙程度，尤其是民事法官的繁忙程度，我看比医院也不相上下。人家的那一套格式化的、实践证明了的有效工作思维和工作方式，为什么就不能拿来借鉴呢？比较要在根处上，不能止于表面。

李志刚：

对于类推适用法律规范的情况下，是技术路径占主导，还是价值判断占主导，可能就有讨论余地了。

要件诉讼的方法，是否会制约类推适用？**因为严格意义来说，类推适用、法律漏洞，都不是依据法律规范的构成要件去做判决，而是要承担起立法者的角色，自行构建法律规范和要件事实了**，否则就可以直接判决不支持诉讼请求了。

朱兰春：

类推解释其实就是搭桥，正因为没有现成的规范，所以才要拟制。拟制不等于没办法使用要件规范，而是要件规范的强制适用，尽管这种强制适用是在价值判断的指导下进行的。否则，只比较价值判断意义上的法律规范好了，没必要就已决事实和待决事实进行比较了。

甚至可以极端地说，**只要承认法律思维是规范思维（价值思维本身就是规范思维之体现),就不能不承认所谓的规范思维,必须落实在具体的要件思维上,或者是要件法律,或者是要件事实,或者是要件程序。要件这个概念,可能是舶来品,但要件作为一种思维方法,可以说地不分南北,时不分古今,人不分中外,是普适性的人类特质。

不管是借鉴西方的法律体系,还是强调本土的地方性知识,只要想把道理讲清楚,说明白,就不能不把复杂的问题,切成构成法律最小单元的一个个模块。切的想法,切的对象,以及切的过程,当然更包括切的结果,无不是要件思维之实现。至于法官自身是否意识到,以及意识的自觉程度如何,都不影响要件思维之作用。

这就是我们的司法现状虽然不令人满意,但总体来说日子还过得下去的原因。

许可：

各位老师见解深刻,金句频出,很受教益。

目前确实需要强调要件事实思维,因为我们规范性的传统较为薄弱,但过分强调了,就会走向事物的反面。

段清泉：

图4-2更能反映证据性事实到要件的推理过程,这是美国最流行的证据法教材之一,[美]艾伦、库恩斯、斯威夫特著,《证据法:文本、问题和案例》(第3版),张保生、王进喜、赵滢译,高等教育出版社2006版。

有时候甚至需要更长的推理链条。例如，狱犯巴特勒作证说，管教官员们在奔向詹森的牢房时佩戴着防护手套。这个证据性事实与辩方关于狱警们先行殴打詹森的理论相联系。佩戴防护手套的行为所引出的推论是，狱警准备与狱犯有一场接触性较量，而不仅仅是去收餐盘；而如果狱警准备进行接触，他就会试图打人；而如果他企图打人，那么他就先动手打；而如果狱警们先动手开打，那么，詹森的使用武力和暴力也许是正当防卫而并不违法。这种推论链条由图3-4所示如下：

图3-4

证据性事实 (EF)	→	推断性事实1 (IF1)	→	推断性事实2 (IF2)	→	推断性事实3 (IF3)	→	要素性事实1 (FOC1)	→	要素性事实2 (FOC2)	→	要件 (EE)
巴特勒作证，狱警们佩戴者防护手套		狱警们佩戴者防护手套		狱警们准备进行接触		狱警们企图打人		狱警先动手打人		詹森作了自卫性还击		詹森使用武力并不违法

每一个箭头都代表了链条中的一个推断，这个链条起自证据性事实，导向一系列推断的事实，这些推断的事实与易于被证成的要素性事实联系起来，而后又与该案的要件联系起来。无论这个推理链条是长是短，重要的是记住，在不了解规制争端的实体法的情况下，案件中的要素性事实是不能确定的。

图4-2 《证据法：文本、问题和案例》（第3版）中关于
证据性事实到要件的推理过程

李志刚：

清泉提供的材料，可以说明，从证据到要件事实的证明过程，也就是要件事实的认定过程。

许老师提到"目前确实需要强调要件事实思维，因为我们规范性的传统较为薄弱，但过分强调了，就会走向事物的反面"。总体而言，我相信，要件事实的思维过程和方法，使得"诉讼精细化"过程更严谨。那么，在庭审实践中，有没有法官对请求权基础、要件事实这些思维工具表现出拒绝或者反感？

许可：

要件事实在中国法上一般被表述为"基本事实"，包括2023年修正的《民事诉讼法》第40条、第177条、第211条，典型立法例为《民事诉讼法解释》第91条。最高人民法院释义书明确指出，在司法解释起草过程中，曾经采取"法律要件事实"的表述，但考虑到我国民事诉讼法上使用"主要事实"或"基本事实"的用语而并无法律要件事实的表述，故修改为"基本事实"以与立法保持一致，也便于实践中理解和适用……本条的基本事实应当理解为要件事实，即实体法法律关系或者权利构成要件所依赖的事实。所谓过分强调了，就会走向事物的反面，主要是因为要件事实思维作为司法裁判思维，终究是手段，是达到裁判公正效率的手段，而非目的。

朱兰春：

请求权基础、要件事实等思维工具，虽然在学术界已经倡导多年，但在实务领域还是个新事物，邹碧华法官的那本书虽然很有影响，但毕竟也只是个人的审判方法总结，也并没有上升到被体制普遍认可的层面。可以说，2019年九民纪要发布前，法院系统中仅少量法官、零星判决能真正适用请求权基础的思维。至于更为学术化的要件事实分析，要比请求权思维接受得更晚，至今也不能说已经得到法官群体的普遍认可和自觉运用。鉴于二者在实务领域的兴起和运用只是近年来的新事物，还处于起步阶段，质效究竟如何，律师与法官均在摸索中，目前还尚未遇到或听说过，法官对这些思维工具有抵触的情形。

在司法实践中，要件事实是以"基本事实"的面目出现的，除了许可介绍的《民事诉讼法》规定外，最高人民法院还在适用民诉法的司法解释中，对基本事实作了列举式的定义，即《民事诉讼法》意义上的基本事实，是指用以确定当事人主体资格、案件性质、民事权利义务等对原判决、裁定的结果有实质性影响的事实。

最高人民法院的上述司法解释是2015年版的，《民事诉讼法》2021年修正后，2022年修正的司法解释，仍然原封不动地沿用前述内容，一字未改。

我长期跟踪研究最高人民法院的指导性案例，还发现一个较为明显的理论自觉现象。

最高人民法院建立的案件指导制度，从一般性的规定参照适用，再到对基本案情的类似识别，最后到对基本事实的类似识别，并明确基本事实的结构要素，这一连串的制度推进，可以看出在指导案例的适用理念上不断清晰和深化，有很高的学理价值和实务价值，非常值得总结。

有这样几个重要的时间节点，可以看出最高人民法院思维轨迹的转折。

2010年，最高人民法院《关于案例指导工作的规定》确定各级法院审判类似案例时，应参照指导性案例。

2015年，最高人民法院《〈关于案例指导工作的规定〉实施细则》规定，各级法院在基本案情和法律适用方面，应参照指导性案例的裁判要点。

这里首次出现"基本案情"这四个字，表明指导性案例的功能，已不再仅局限于法律适用的规则方面，而开始向法律事实扩张。

第三个重要节点,2020年最高人民法院《关于统一法律适用加强类案检索的指导意见(试行)》对何谓类案作出明确规定,是指与待决案件在基本事实、争议焦点、法律适用问题等方面具有相似性,且已经人民法院裁判生效的案件。《民事诉讼法》和适用司法解释里的"基本事实"在这里首次出现。

从原则参照到基本案情,再从基本案情到基本事实,可以看出最高人民法院审判思维始终处于过渡与进化中。

当然,我也同意许可的看法,要件事实思维虽然重要,但也不宜过分强调,否则就会走向事物的反面。不过,就目前审判实践的现状而言,要件事实思维存在的问题,主要还不是过度,而是不足。应当大力提倡,而不是注意纠偏。

整体而言,要件思维的推广与普及,还处于爬坡阶段,律师和法官的理论与实务准备,都还很不够。

显然,这与我国民事诉讼技术的粗糙传统,又是分不开的。为什么清泉力倡的诉讼精细化大有必要,也是看到了长期以来的弊端,有很强的针对性,这也是实务领域以后的发展方向。

从前面的回顾可以看出,最高人民法院蕴含在指导案例里的思维认知,每五年就上一个新台阶。我们法律人应当从中获得启示,不能说超越它,至少也要与它同步,这样才能在法学研究和司法实务中,真正做到同频共振,这对于律师群体与法官群体尤其重要,因为他们是要天天要上庭实操的。

西方有句谚语:上帝的磨很慢,但祂磨得很细。用这句话来形容诉讼精细化的必然性,真是再贴切不过了。

4.3 类案检索与要件事实

朱兰春：

我也注意到，近年来，北京和上海法院系统，都陆续推出"类案办案要件指南"的系列丛书，对较为典型的民商事案件，分门别类地列出审查要点，其中对案件事实的审查要点，就是必须查明的基本事实。简单说，就是要件事实。

为了指导这项工作，上海高院为此还专门出台了《类案办案要件指南编撰三年规划 2019—2021》，明确了要件指南的编撰方针是，系统梳理各类案件审理思路，统一裁判规则，提炼案件的审查要点。从已经出版的六辑指南看，列出的审查要点，主要针对要件事实。

我国员额法官十几万名，地域发展不平衡，很难想象法官群体水平的整齐划一。北京、上海法院系统的上述做法，给人以遐想和启发。这些发达地区得风气之先，完全可以先走一步，至少从全国范围看，让一部分法官的思维先规范起来，不断总结经验，逐渐影响大多数，就好比让一部分人先富起来的政策，先富带后富，最后实现共同富裕。

今天看到林来梵教授的一篇文章，其中一段话，对于反思司法实务中普遍存在的方法论思维欠缺，很值得法律人思考：

> 为什么中国发展不出现代法学，欧洲可以发展出现代法学呢？原因就在人家有方法论的自觉。这种方法

论最初是从神学当中学到了教义学的技艺,此后不断发展,提取出许多基础理论,建立了总体的分析框架,最后发展成为粲然大备的现代法学。而我们则没有这样的成就。我们有自己的法律体系,但"中华法系"这个概念还是日本人穗积陈重帮我们提出来的。为什么我们自己提不出来类似的学术概念呢?说到底还是因为我们没有法学分析框架。所以我们说,理论的研究分析非常重要。①

令人忧虑的是,整体而言,法官群体对理论研究的兴趣不高,律师群体就更加等而下之。大家都像算盘珠子一样,习惯于对号入座式的简单比附,缺少理论思考与总结,基本谈不上什么方法论的琢磨与自觉。上面出台个什么规定,下面就跟着动一动。我不知道许可对学术圈的感觉怎么样,但实务界总体显得机械被动。最高人民法院犹如高考的指挥棒,我们都是下面应试的那群考生。给人的感觉是,少数几个大脑,在替整个司法界思考;整个司法界,在坐等少数几个大脑在思考。长此以往,不管出台什么好的政策规定,总归边际效用是会不断递减的。

许可:

实现要件事实思维在民事审判活动中的广泛应用,根本的解决之道是法学院的教育,至少法律硕士的教育应当将要件事实思维作为教学和实践的重点。

---

① 林来梵:《问题意识的问题》,载何家弘等主编:《法学家茶座》总第50辑,山东人民出版社2019年版,第41页。

李志刚：

要件事实思维工具的普及，取决于两个方面：一是法学院培养时"预装"；二是实践需要推动。

目前，"请求权基础"在找法方面的功能，得到部分学者的重视，通过有留德经历的学者推广"鉴定式"案例分析方法，逐步普及。但"要件事实"作为一种事实查明和事实认定的方法，可能难以通过教学普及，仍需实务中体会。

在实践需要推动方面，如果说推动得不够，可能还是需求动力不足。没有它，也能办案。而不是非它不可，没它不行。所以，靠强推，也未必有好的效果。

关于指导性案例和类案规则总结中的"要件事实"，我觉得与案件审理中的要件事实思维是完全相反的两种事实模式。庭审中的要件事实思维，是演绎式的，要件事实是成文法规范给定的，法官和律师要做的，是比对和涵摄。指导性案例、类案归纳，本身相当于创设规则的"立法"。哪些个案事实应当纳入要件事实，并成为一项裁判规则，中间带有高度的立法意识，结果是创设新的裁判规范、立法续造。

从这个意义上说，我个人一直建议指导性案例、公报案例、类案裁判中的"裁判要旨"的提炼、案例选择要非常慎重。一个具体的个案事实，能否抽象成普遍规范意义的"要件事实"，虽没有经过立法程序，但要经过立法式的论证和考量，需要非常严谨。类案裁判，本身则可能是更大的"陷阱"。"众口铄金、积毁销骨"，与类案裁判规则的提炼有相同的逻辑——多数案件这样判，所以都应当这样判。这种要件事实的提炼逻辑，本身不具备正当性。

但指导性案例、公报案例容易成为法官业绩中的突出亮点,所以可能生成一种创新冲动。遏制、克服这种创新冲动,需要非常严格的案例审查机制和"裁判要旨"提升能力,甚至是立法论证。

许可:

严重同意。

李志刚:

类案指导可以成为律师预判裁判结果的一种思维模式和论证方式,但不应当成为法官裁判的论证模式——因为很多法官是这样判的,所以我也应当这样判——这与要件事实思维是背道而驰的。我们不是判例法国家,已决案件不能成为约束未决案件的依据。**案件事实的比照、裁判规则的提炼,也没有在法学院普遍推广,不具备共通的职业思维基础。**即使已决案件有九比一两种裁判结果,占一的,可能恰恰是符合法律本意的。

"类案裁判"背后的逻辑是多的就是对的,放弃了法律推理和法律论证,甚至可能是立基于错误提炼的"要件事实"之上。让法官把大量的时间精力放在"类案检索"和"类案比较"上,可能不是一个好的审判工作模式,至少其内在逻辑是经不住推敲的。

许可:

类案检索,现在成为司法实践中必须要经过的一道内部工作流程,但据我有限的了解,好像效果一般。具体原因不太了解,可能有时间精力的关系,也可能与类案检索结果在呈现方式上指导意义欠佳有关,也可能与这一制度本身的科学性有关。

4.4 要件诉讼思维:个案剖析

许可:

我建议,大家找一些实务案例,比较详细的那一种,我们分别从要件事实思维、法官一般的裁判逻辑等不同角度出发,实际考察一下差异在哪里?

尤其是几位老师,都是实务经验很丰富的。我研究要件事实,纸上谈兵的多。

李志刚:

非常好的提议。一个案件,多个视角,才能落地,才更"可见"。

段清泉:

个人感觉,要件事实是个科学的方法,是梳理思维的工具。即使官方没有强制的要求,自己在工作中学习使用也是没有什么障碍和问题的,更主要的还是个人的学习意愿。所谓法律依据,这样的说法太宽泛,他没有直指问题的核心并站稳立场。请求权基础的法律效果直接对应给付之诉诉争的诉讼请求,这样就站定了立场。借助于要件事实理论对证明责任的精确把握,就能防止双方和法官立场游弋。

比如,在(2020)最高法民申 6901 号再审申请人金隅冀东(唐山)混凝土环保科技集团有限公司、沈阳亿顺通混凝土有限公司与被申请人中国建筑一局(集团)有限公司、中国建筑一局(集团)有限公司沈阳分公司、辽宁瑞丰混凝土有限公司及原审第三人华晨宝马汽车有限公司买卖合同纠纷案中,就存在要件事实不清楚,从而本证、反证、推翻立场不清的情况。不清楚要件事实理论,不能对证明责任的分配了然于胸,不清楚本证、反证、推翻的各自标准,不经意间把败诉风险就转移给了你。如果对方承担证明责任的本证,我方提出反证只要拉低高度盖然性即可,为什么要求我方证明到推翻的程度?

李志刚:

(2020)浙01民终3982号,王某与隋某、孙某赠与合同纠纷一案,涉及打赏主播,配偶诉请返还的问题,是否有对比分析的讨论价值?

朱兰春:

可以。

许可:

我觉得也挺好。从要件事实思维的角度出发,最好能够直接以判决书为分析对象。

李老师选择的这个案例非常好,既涉及要件事实思维的应用,也涉及民事诉讼的其他问题。

从要件事实思维出发,首先需要解决的问题是,法官面对原告的起诉状,应当依序判断诉讼标的是什么?该诉讼标的是否具备诉的有理性?该诉讼标的是否具备诉的可诉性?

第一个问题是要件事实理论主要关注的问题,后面两个问题是从诉讼标的理论出发延伸的问题,但与要件事实思维紧密相关。除了上述问题,还需要考虑诉的利益,主要指当事人适格。

诉的有理性,主要考虑即便原告主张的事实都是真实的,该诉请可否在实体法上获得支持?如果答案是否,则不具备诉的有理性,在我国法上,目前可采用裁定驳回起诉的方式。诉的有理性,需要考察请求权基础,需要考察原告起诉陈述的事实理由与请求权基础的符合度。

4.5 一审裁判思路与请求权检索

李志刚:
具体到这个案件,许老师怎么看?

朱兰春:
现在这个案件的判决书,能否看出法官有要件事实的分析思路?我们可以先从一审判决分析。

许可:
从要件事实思维的角度,首先需要检索原告的请求权基础。当然,这属于法律适用,应由法官依职权检索,并不以原告起诉时陈述的理由作为唯一根据。

原告在诉状中认为,根据《婚姻法》等相关法律法规的规定,夫妻在婚姻关系存续期间所得财产,归夫妻共同所有。夫或妻一方非因日常生活需要对夫妻共同财产作重要处理决定,夫妻双方应当平等协商,取得一致意见,任何一方均无权单独处分夫妻共同财产。原告提出的这一法律依据,是否恰当?

具体而言,单纯从原告的诉请来看,第一个诉讼请求是确认他人之间法律行为无效,属于消极确认之诉。诉讼标的为他人之间法律行为之有效性。其法律依据是什么?以《婚姻法》为据是否恰当?

上述问题,既是原告代理律师在诉前就需要考虑的问题,也是法官在立案后需要考虑的问题。

《民法典》第301条规定:处分共有的不动产或者动产以及对共有的不动产或者动产作重大修缮、变更性质或者用途的,应当经占份额三分之二以上的按份共有人或者全体共同共有人同意,但是共有人之间另有约定的除外。

第1060条规定:夫妻一方因家庭日常生活需要而实施的民事法律行为,对夫妻双方发生效力,但是夫妻一方与相对人另有约定的除外。

夫妻之间对一方可以实施的民事法律行为范围的限制,不得对抗善意相对人。

第1062条规定:夫妻在婚姻关系存续期间所得的下列财产,为夫妻的共同财产,归夫妻共同所有:

(一)工资、奖金、劳务报酬;

(二)生产、经营、投资的收益;

(三)知识产权的收益;

(四)继承或者受赠的财产,但是本法第一千零六十三条第三项规定的除外;

(五)其他应当归共同所有的财产。

夫妻对共同财产,有平等的处理权。

这是我替原告检索到的请求权基础,请各位老师批评指正。

朱兰春：

我注意到,原告在起诉状中,除了援引《婚姻法》外,还特别援引了《合同法》。而一审判决却没有依据《婚姻法》,而是直接适用《合同法》。

原告在第一个诉讼请求中,对两被告之间的法律关系实际上已经给出了定性,即赠与关系。只不过原告将此种赠与关系,纳入存在交叉因素的婚姻关系中,在此框架内去具体评价赠与行为的效力。将原告的逻辑主线与一审的逻辑主线相比较,可以发现二者的视角是错位的。

原告是在婚姻关系的框架下,评判合同法意义上的行为效力;而一审是在合同法的框架下,评判婚姻关系对合同法意义上的行为效力,有无构成阻却？

两被告虽最终免责,但其抗辩理由——双方之间不存在任何合同关系,恰恰又未被一审采纳。这几方诉讼思路上的差异,值得认真揣摩。

我的认识是,一审将原告的诉讼标的固定后,基本上是围绕该诉求来展开裁判思维的。从思维的阶段性看,包括:(1)裁判的对象是什么？(2)原告的请求权基础是什么？(3)本案的要件事实是什么？包括无争议事实和争议事实各是什么？(4)各方的证据是什么？(5)认证的结论是什么？(6)裁判的依据是什么？(7)裁判依据的顺位关系是什么？(8)原告的请求是否成立？

关于要件事实部分,一审的用词非常精到:"本院根据原、被告陈述及对证据的确认,本院认定基本事实如下……"

李志刚:

这个案件事实比较简单,但涉及多个法律关系,很有"嚼劲",确实值得作为一个要件审判、要件诉讼的分析样本。

朱兰春:

我注意到,一审认定的基本事实,或者说是要件事实,比原被告双方陈述的,以及证据欲证明的事实明显要少。这一方面表明,一审选取了最低限度的要件事实;另一方面,被一审所摒弃的诸项事实中,是否还有要件事实的遗漏呢?

在我看来,至少还有这几个事实,也应当归入基本事实或要件事实,如果纳入裁判视野,不排除对案件的裁判方向有较大影响。

朱兰春:

第一,两人登记结婚时,均已30岁。至案发时,男方33岁,已是身心和认知比较成熟的年龄。第二,男方打赏的35万元,是在两个月左右的时间内。第三,男方作为抖音用户,在上述时间内,向多个女主播打款。第四,本案女主播仅是打款对象之一,换言之,男方在两个月左右的时间内,其打款总额不止35万元。

李志刚:

从一审判决书来看,原告一审的诉讼请求是:(1)判令被告孙某赠与被告隋某某人民币30万元(此暂定金额,具体实际金额以申请法院调取的抖音后台数据为准)的行为无效;(2)判令被告隋某某将受赠的人民币30万元(此暂定金额,具体实际金额以申请法院调取的抖音后台数据为准)返还给原告。

概括来说,就是处分(赠与行为)无效,并返还财产。

这里面没有特别提出"赠与合同"无效,其主张的事实和理由是《婚姻法》的有关规定,诉请的依据是《合同法》的规定。

从固定权利请求、确定权利请求基础规范的角度来看,分别要确认,原告到底是主张处分行为无效,还是赠与合同无效。

如果是主张无权处分,处分行为无效,请求权基础规范可能分别涉及许老师提到的《民法典》第 1060 条(家事代理)、第 1062 条(夫妻财产共有,平等的处理权)、第 301 条(共有物的处分)。

1. 如果选择第 1060 条家事代理的规定作为请求权基础,则应当结合《民法典》第 171 条无权代理的规定,产生无权代理的后果(对被代理人不生效力)。那么,审查的要件事实就应当围绕第 1060 条家事代理和第 171 条无权代理的构成要件确定。

2. 如果选择第 1062 条,只能解决共有财产,平等处理权,不能解决无权处理、无权处分的法律后果。所以,如果选择第 1062 条,即使要件事实具备,也不能支持其诉讼请求。

3. 如果选择第 301 条作为请求权基础,产生无权处分的后果,则需加上第 311 条,无权处分有权追回,但善意取得除外。

4. 如果主张赠与合同无效,则应当审查谁是合同当事人,财产应当返还给谁。但原告不是合同当事人,即使赠与合同无效,男方赠与的财产(无论是钱还是虚拟礼物)都应当返还给男方,而不是原告。

所以,原告只能选择以上的方案 1(第 1060 条无权代理对被代理人不生效力),或者方案 4(无权处分且不构成善意取得),其诉讼请求才有可能得到支持。

接下来，就遇到了实务中经常遇到的关键问题了，原告提出了具体的诉讼请求，但是，其诉讼请求的规范依据——请求权基础规范，是否应当由原告（及其律师）确定？还是说，原告及其律师可以模棱两可，因为他们也搞不清楚，"一锅混沌端上桌"，让法官选择请求权规范依据，来做裁判？

这个问题非常关键。因为如果由原告选定规范依据，法官只要审理是否符合该条规范依据的情形（要件事实、涵摄）即可。

朱兰春：

这四个事实，不是一般的事实，它反映出一个身心与认知已届成熟的已婚男人，在极短时间内如此频繁、巨额的支付行为，已不是正常状态下的普通消费，远超出通常理解的家事代理范畴，其对家庭大额共有财产的单方、隐瞒动用，如被界定为对外人的赠与行为，这已经不是一般意义的侵权了。短期内接受如此大额金钱馈赠的女方，案发时也超过30岁，对男方的上述行为意味着什么，可能会带来何种隐患，完全有能力作出足够的判断和预见。

李志刚：

如果原告模棱两可，法官要把可能的规范依据都审一遍，那么，要查明的要件事实就非常多。**更深层的问题是，法官要不要帮助原告找法——如果找了，是否有违公平，法官帮原告和原告律师找让被告必须承担责任的依据？**

所以，我的问题是，"赠与关系"是模糊的，需要明确的是，原告主张的是"处分行为"无效，还是"赠与合同"无效，这是第一步，然后才进入第二步，规范依据检索，第三步是要件事实查明。

126

朱兰春：

原告诉讼策略的失误之处在于，不应当在最关键的第一项诉讼请求中，对男方的打赏行为作出定性，其实根本不需要定性。而正是这个多此一举的定性失误，直接导致了被一审法官锁定请求权基础。

4.6 规范检索的主体：原告抑或法官

李志刚：

实务中的核心问题是，找法——请求权规范检索的工作，应当由原告及其律师来做，还是法官来做？朱律师的意见，好像是原告可以含糊其词，让法官在审判工作中帮助原告找法。

朱兰春：

这也不一定。司法实务中，两种情况都存在。有人就认为，原告及其律师是端菜的，法官是品菜的。菜没端对，自然不能支持。但也有人认为，让原告和律师承担选择请求权基础的全部风险，太过机械适法，也不完全符合我国国情，法官应当有所作为。

李志刚：

如果是这样，可能有几个问题：第一，对被告是否不公——法官和原告一起找法来拉被告承担责任；第二，审判效率低下，可能涉及多个条款，不同法律条款涉及多个要件事实，法官必须全部审理一遍；第三，法官找了 ABC 三个法律依据，作出判决，不支持，原告上诉，说，嗨，我的请求权基础是 D，所以一审判错了，应

127

该按照 D 改判,这不仅浪费了一审的时间精力,而且可能造成事实上的一审终审(因为一审和二审审的可能根本不是一个"法律关系")。

朱兰春:

你讲的这些情况,可能会存在,也确实值得注意。但是,这后一种观点,出现在多位大法官的公开著述中,而他们考虑得更深,包括我国各地区发展不平衡,当事人法律意识普遍欠缺,即便是律师,也不一定就能作出正确的选择,所以法院不能过于书生办案,应当秉持善意,正确解读当事人的诉讼本意。

李志刚:

存在的,未必是合理的。既然存在不同认识,就应当澄清差异背后的道理,并且作出更合理的选择。好,我们不谈宏观。就这个案件而言,在我上面提到的四个规范依据中,法官应当选择其中一个进行审理,还是把四个都审一遍?

朱兰春:

这与"拉偏架""拉郎配",还不是一回事。

李志刚:

既然原告也有律师,那么,找法的工作应当由原告律师(不能说原告律师也没有诉讼能力吧),还是应当由法官完成?如果说地域原因,那么,律师和法官大部分也都是一个地域的,通常不存在因为地域而产生的专业能力差异。

朱兰春:

原告找法启动,法官评判找法。具体至本案,原告的请求权基础已经固定,确认两被告系赠与关系。

李志刚:

如果您是本案的法官,在法庭调查阶段,是把四个方案的法条涉及的事实都查一遍,还是选择其中一个查?

朱兰春:

对于此种赠与关系,原告在婚姻法的框架下,给出了否定性的法律评价效果。

李志刚:

赠与关系,是以赠与的方式处分财产,还是存在赠与合同?如果赠与合同无效,返还财产的结果是返还给男方,而不是返还给原告。

朱兰春:

如果我来处理本案,第一个反应就是,原告提出的这个请求权基础,是否已经固定住?如果固定住,这个"靶子"立得是否准确?我会围绕这个思路,一点一点做后续的分析和判断。原告及律师其实很聪明,在诉讼请求中根本没有提及赠与合同,因为就不存在赠与合同,故他们使用的词汇是精心选择的"赠与行为"无效。

李志刚:

那么,原告方一直模糊处理,怎么办?

朱兰春:

既然确定是赠与关系,且又在诉状中指示了《合同法》依据,法官当然要顺着这个思路做判断。原告方可以模糊,但法官可不能含糊,否则的话,连诉讼标的都不清楚,接下来根本就不知道要判什么。行使释明权是必要的,行使之后如果仍处于模糊状态,表明原告根本不知道在告什么,只能驳回。

李志刚:

就此而言,仍然是视为原告选择了方案4,赠与合同无效。这个过程,仍然是原告的选择,不是法官把方案都查一遍,审一遍。

朱兰春:

是的,法官的选择是受当事人诉求性质制约的,当然前提是对其诉求性质,需要做出准确的判断。

从本案看,法官也确实围绕着原告提出的赠与关系,一步步检索请求权基础的要件能否成立。甚至法官还在判决中认定,本案虽没有书面赠与合同,但存在事实的赠与。这就把原告谨慎提出的"赠与行为",一下子捅破了。

李志刚:

一审法官是否应当要求原告提出诉讼请求的具体规范依据?

朱兰春:

直接将赠与行为明确为事实赠与,相当于双方以行为的方式完成了赠与合同,二者之间的法律效果是等同的。

李志刚:

判断赠与合同的效力,与判断处分行为的效力,二者的规范依据并不相同。前者是否有合同无效的情形,后者是无权处分是否被善意取得掐断。

朱兰春：

一审法官是否要求原告明确请求权规范，本案还看不出来，实务中有的法官也要求，但并不是必须，当然如果能明确，更有利于法官作判断。

李志刚：

如果不能，本案是不是要把四个方案都审一遍？

朱兰春：

在本案中，原告的诉求性质固定后，并不需要将上述四项逐一检索。法官集中考虑两个问题：第一，在不考虑婚姻关系时，赠与行为是否有效？第二，在考虑婚姻关系时，赠与行为的效力有无阻却因素？解决了这两个层次的问题，后续判断就不难得出了。

既然原告树起了明确的靶子，法官的任务就是，检查其投枪是否击中靶心。如果原告的请求权基础构筑在无权处分上，本案的最终效果很可能会有变化。男方的严重侵权甚至主观恶意，固然是法官考量的一个方面，更重要的是，女主播的善意证明，就成了本案的重中之重。举证责任当然还应当由原告发起，但作为被告的女主播，在这两个月内的主观状态如何，将不可避免地受到法官的审视。

特别是还有一个要件事实，一审已经作为基本事实认定，即女主播在原告事后交涉时，主动退回了 5 万元。这个要件事实的固定，将极大动摇女主播对其持有善意的自我辩解。但是，在原告选择赠与关系作为请求权基础时，这一切本可调动的有利因素,在既有框架下均无法发力。此时就算是法官对原告抱有同情,也只能是心有余而力不足了。这里我又想到了郎咸平诉空姐的那个案子,如果将这两个案件的代理思路与裁判逻辑作个比较,可能会有更多的启发。

许可:

朱律师的这个概括十分准确。其中裁判的依据,还包括了被告的抗辩基础。

实践中可能存在法官依赖原告律师进行法律依据的检索,但法律适用属于法官的职权。如果法官检索的结论与当事人不同,需要通过披露法律观点的方式行使释明权,防止裁判突袭。

李老师提出了一个理论和实务中都比较困难的问题。也就是法官释明权行使的边界问题。**法律适用固然是法官的职权,但原告必须提出相应的事实理由,包括法律依据在内。法官不宜仅根据原告提出的案情,帮助原告寻找恰当的实体法依据,对待被告的答辩也是如此。**

李志刚:

许老师所言极是。

这个案件当中,从一审判决书看,原告诉请的法律依据有点混沌,合议庭似也未明确和固定请求权规范依据,基本上把可能涉及的规范依据都审了一遍。如果原告诉请主张的规范依据是明确的,或者虽然混沌,但合议庭释明了,可能审理与裁判的思路会更加清晰。

许可:

本案在选择请求权基础时,存在一定困难。法官需要厘清多个法条之间的适用关系,得出适用于本案的法律适用模型。再根据这一模型,审查双方当事人的事实主张和证据证明。我们的基层法官,在没有律师强制代理制度的支撑下,有的时候确实要把所有可能的法律依据都要审查一遍,很辛苦。当然,本案是存在律师代理的,不过由于实体法规则之间适用关系的不明,律师采用了刚才朱律师分析的诉讼策略,确实也不容易。

李志刚:

这个案例可能也揭示了一个要件审判的功能:提高效率、精准对话。

当然,对律师和法官也都提出了比较高的要求:能精准提出请求权规范基础。如果没有,一种可能是没有意识到,另一种可能是意识到但不确定,律师就模模糊糊都拉上,法官也把可能用的都审一遍。

许可:

本案还是有一定的特殊性。直播打赏行为的法律性质(赠与还是消费),以及涉及夫妻共有财产处分的有效性问题。尤其是后者,在理论和实务中都有不少困难需要克服。一方面需要保护夫妻共有财产制度,另一方面还要维持交易安全。

李志刚:

第 1060 条规定了家事代理权,本案显然不构成。在此基础上,可能会转入两个规范的法律效果评价:一是无权代理的法律后果;二是无权处分的法律后果。

许可:

配偶擅自处置夫妻共有财产,如何平衡交易安全和另一方配偶的合法权利?

《民法典》第1066条规定:婚姻关系存续期间,有下列情形之一的,夫妻一方可以向人民法院请求分割共同财产:

(一)一方有隐藏、转移、变卖、毁损、挥霍夫妻共同财产或者伪造夫妻共同债务等严重损害夫妻共同财产利益的行为……

我的理解,立法者对此的立法倾向,可能是赋予当事人请求婚内分割共有财产的权利,以此平衡对外行为有效性与婚内另一方当事人利益保护。

李志刚：

第1066条只可主张婚内分割财产,并不能产生第三人返还财产的后果。

朱兰春：

由此可见,法官的思维边界及其方向,其实是当事人提前划定的。这让我想起那首著名的歌曲:"有一位老人在中国的南海边画了一个圈",二者似乎有异曲同工之处。

画的圈有多大,画得准不准,直接决定了案件的审理结果。

原告同时举示婚姻法上的无权处分,以及合同法上的赠与无效,本想把圈子画得大一些,没想到后一个主张吸引了法官的注意力,实际吸收、吞并了前一个主张。

看完一审判决,有个直感是,请求权基础相当重要,特别是在多管齐下时,你不划重点,法官就会帮你划,后果当然也由你来负。

另外，被告的抗辩基本上是失败的，却没有败诉，这也引起了我的注意。

许可：

实际上从一审判决"本院认为"的部分来看，法院实际上论证了赠与合同的有效性、夫妻处分共有财产的对外效力、一般法律行为的有效性等，可以说是全面论证，虽然论证过程比较简单。其中涉及的要件事实，有一些并没有体现在原被告的诉辩中，是否出现在庭审过程中并不清楚。

朱兰春：

被告提供了两个要件事实，却没有注意到彼此存在逻辑冲突。一是原告与抖音公司存在服务合同关系，二是原告交涉后，女主播自愿退回 5 万元。这两个要件事实，如何整合到一个更大的、统一的抗辩框架里，被告显然缺乏思考，也可能根本就没想到。就此而言，原告的圈固然画得不太准，但被告也只披了一件"破斗篷"，这种对阵情形，无形中赋予法官更大的自由裁量权。

法官的自由裁量权是怎么来的？这是一个重要的观察窗口，其实相当程度上是当事人主动赋予的，这可能也算是一个颠覆性认识。

此外，许老师还提到了打赏行为的法律性质问题，这方面也有不少争议，但总的来看，法院倾向于认定为网络服务关系，是一种包含对价的文化娱乐，属于精神消费的范畴。在与婚姻法中的家事代理、无权处分的冲突取舍中，如果没有特别的情形，如一方与女主播存在确定的不正当关系，那对前者的保护通常压倒了后者的主张。

这和以郎咸平案为代表的、将婚内财产赠与情人被诉无效或撤销的案件,还有很大的不同。一个重要的区别是,打赏女主播的背后,存在一个合法的经营模式,打赏是此种经营模式下的消费行为。有了这道"防火墙",婚内一方再想打破,难度可想而知。

许可:

打赏可能属于精神高消费,但是否构成挥霍共同财产,可以再进行价值判断。我个人倾向于构成,原告可据此请求分割婚内财产,以防后患。

朱兰春:

我也同意许老师的观点,不过,这就是另外一个案件了,也可谓是案中案。通过这个案件的分析,我又想到另外一个问题。

民商事诉讼圈子里,流传着案件结果测不准定律,有如薛定谔的猫。这种现象的存在,当然有很多因素。但是,**双方当事人的诉讼策略、方案、步骤、观点、依据,是否经过了全面仔细的打磨,没有留下供人发挥的冗余空间,是极其重要但又常常被忽视的。**

"篱笆扎得紧,野狗钻不进",这样才能最大限度地防患于未然,或出现苗头时,尽早消灭于萌芽。诉讼不仅是高强度的对抗,更是高难度的对抗,根本而言也是高技术的对抗。

总之,一招一式都要规范,因为法律本身就是最好的规定动作,是作为裁判标准的"理想类型"。要件事实思维为什么重要?就在于严格训练法律人的一招一式,动作不能变形,从知到行都要像个法律人那样,出庭就是考试,就是检验这个一招一式到底训练得怎么样。

许可：

是啊。要想有所预测，需要代理律师，尤其是原告方，把所有可能的法律依据（请求权基础）找全，并据此主张完备的要件事实，收集并提供有力的证据（善用申请收集证据制度）。法院需要根据原告的诉讼主张，建构合理的诉讼架构（各种诉之合并制度），并妥善行使诉讼指挥权，尤其是释明权，防止裁判突袭。最佳状态，是在庭审结束时当事人双方可以预测到裁判结果。任重道远啊。

朱兰春：

很多律师只注意到了案件结果的测不准，却没有深入分析这个测不准的诸多因素中，有没有自己日常中的一招一式是否标准、是否规范。如果用非标件去组装一台诉讼机器，制造一个诉讼产品，其结果极大概率也是非标件。此非标与彼非标之间，深藏着一种隐秘的内在联系。

许可：

朱律师总结得好，形象深刻。原告律师较为合理的思路，从我个人有限的实体法基础来看，可以尝试采用无权处分，即承认两被告之间属于交易行为（而非赠与行为），但被告二挥霍夫妻共同财产，未经原告同意，应属于无效。

《民法典》第311条第1、2款规定：无处分权人将不动产或者动产转让给受让人的，所有权人有权追回；除法律另有规定外，符合下列情形的，受让人取得该不动产或者动产的所有权：

(一)受让人受让该不动产或者动产时是善意；

(二)以合理的价格转让；

(三)转让的不动产或者动产依照法律规定应当登记的已经登记，不需要登记的已经交付给受让人。

受让人依据前款规定取得不动产或者动产的所有权的，原所有权人有权向无处分权人请求损害赔偿。

与李老师的思路类似。当然，需要论证在婚姻法的夫妻共有财产制度框架下，被告的打赏行为属于无权处分，难度极大。

朱兰春：

选择第311条构筑规范基础，这个思路确实更为妥当，同时可以把被告的打赏行为在时空上高度压缩至两个月，在辐射上继续扩张至其他女主播，双重凸显被告侵权行为的恶意性。女主播经交涉部分退款的行为，也要牢牢抓住不放，此举极大限制了其善意第三人的抗辩，等于击破了平台经营模式的外衣，而她本来是可以躲在外衣背后的。原告如选择这个思路，案件变数比现在要更大。

4.7 二审裁判思路与要件事实思维

朱兰春：

如果结合二审判决，可以看出原告在请求权基础的阐明上，有了明显的调整。

其在上诉状中，对此特别予以明确，现引用如下：

> 本案实质上是在无权处分基础上的赠与行为，包括赠与以及无权处分两个法律关系，而基本法律关系是无权处分，第二层次的法律关系才适用赠与，即先发生一个无权处分行为，再发生一个赠与行为，所以本案的基础法律关系应当适用无权处分。无权处分的合同或者行为，在所有权人追认或者同意前，效力存在瑕疵。

显然，一审下判后，感觉原告才如梦初醒，就之前的请求权基础的选择与适用，急忙打上补丁。

有意思的是，被告女主播在二审答辩中，仍坚持之前的抗辩基础，实际上是批驳了一审判决，尽管其获得了一审胜诉。现引用如下：

> 两被告之间没有直接的法律关系，被告二是与抖音公司建立了消费合同关系，被告一是与抖音公司建立了服务合同关系。因此，上诉人主张的与赠与相关的法律适用，并不适用于本案。两被告之间不存在赠与合同关系，二人是分别与抖音公司建立了合同关系，在抖音软件中进行消费行为。被告一是基于与抖音公司之间的合同约定，而从抖音公司处获得报酬。

此外，为了增加"杀伤力"，被告还诉诸案件处理结果，涉及对直播行业可能产生的社会与经济影响，并声称：

> 如判令返还，将给所有消费用户不正当指引，所有

已婚人士均能够以配偶不知情为由要求主播返还报酬，不仅造成极大不公正，也对网络直播行业造成毁灭性打击。

给人的感觉似乎是，法律要件不够，社会效果来凑。

被告的上述答辩意见，对一审的法律适用持明确反对意见。按照正常诉讼逻辑，那就也应该提出上诉，要求二审就法律适用错误予以改判。

显然，一审案件的结果，让被告采取了机会主义的务实做法，但并没有放弃原来的抗辩基础，而且论证得更充分了。相较于一审，二审新增加了一个认定，即被告已构成善意第三人，称本案适用善意取得的相关规定，这个细节值得分析。

这等于明确承认，本案的要件基础是无权处分，间接承认了原告在上诉中对法律关系性质的重新调整。但这样一来，二审中又给自己招致了新的风险。

既然将规范适用锚定在善意取得，本案是否符合善意取得的四个要件，就应当展开论证，但二审仅以"隋某某属于善意取得相对人"一笔带过，迅速湮灭了这个可能引爆的风险点。

至少在我看来，主观善意与否、对价是否合理，在引入高度压缩的时间因素，以及部分退款的事实后，都是大可商榷的。

通过二审判决，我也观察到一个较普遍的现象，二审在维持原判时，有时并不甘当原封不动的"二房东"，往往会在一审之外，发表新的意见，最后又回到原点。如果是对一审意见的纠正，但并不导致实质上的裁判结果错误，这种新的意见无伤大雅，尽管在当事人和律师看来，虽然可能更高明，但又根本没有意义。如果是另起炉灶,对一审意见作出新的论证,同时又复归一审结论,这样做是有很大风险的,除非法官看得特别准,虽千万人吾往矣,否则难免令人捏一把汗。说实话,有哪个法官敢说,自己的判决就是天衣无缝、唯一正确呢?

就此而言,我认为二审中的这个新意见,其实是处硬伤。简单一句话,关于善意取得,任何一方提出过这个问题吗?就此产生争议了吗?至少被告自己都没主张过、抗辩过,为什么二审突然凭空给其戴上一顶"善意取得"帽子呢?

许可:

是的。

李志刚:

一审和二审都应坚持"判"要对"诉"。不能自由发挥。一审原告规范依据混沌,法官不得不一一回应,事实上可以释明,有针对性地审。二审的审理范围,应当是上诉请求及其事实和依据。如果上诉请求混沌,二审又面临"一锅炖",逐个来一遍。

朱兰春:

本想画龙点睛,结果成了画蛇添足。

许可:

在被告没有提出相应抗辩的情况下,二审法院主动援用善意取得,是不符合辩论原则的。(只有出现在当事人辩论中的要件事实,才应当作为法院裁判的基础)

朱兰春:

两位老师说得对,本案不仅当事人和律师有混沌,一、二审法官也有混沌。一片混沌之中,更显倡导和推广要件事实思维的必要性、紧迫性。思维如果不规范,无论是诉还是判,不可能走出模模糊糊,判决不可能有真正的科学性和说服力。

许可：

而且被上诉人二审中没有提供新的证据,因此善意取得的几个要件,尤其是本案中最为核心的被上诉人为善意,以及服务价格之合理性,都没有得到充分的攻击防御。至于二审合议庭有否开庭审理,也不太清楚。

4.8　总结与愿景

朱兰春：

我们分析这个判决,不是攻击这个判决,而是以此为标本,分析一种司法现象,指出某种普遍偏差,归根结底还是服务于律师、法官和学者思维科学性这个目的的。

关于要件事实的讨论,表面看是庭审程序的规范,实质是法律思维的规范。既然承认法律思维是科学思维,法律人就应当在案件面前老老实实,透彻研究每一个法条,认真分析每一个要件。只有下过笨功夫,才可能有真功夫。

许可：

要件事实思维,以民事法律基本法理和基本制度为思维基础,是民商事审判的规范性裁判思维,有利于法官从实体法和诉讼法相结合的角度高效公正地处理案件。

要件事实思维不仅仅是法官裁判的工具,还是当事人、律师与法官进行对话的沟通工具。

段清泉:

表4-1是我总结的要件事实攻防表,是实体法和程序法相结合的一张表,法官和律师只有立场和工作分工的不同,没有思维和方法上的不同,这是实务法律人可以双向奔赴的一张图,**希望大家能在共同的逻辑和理性平台上用专业去对话,促进交流,实现诉讼精细化,让公平正义看得见。**

表4-1 要件事实攻防表

序列		法律要件负担方			反对方			法庭
攻防层次	要件划分	辩论	调查	陈述	陈述	调查	辩论	认定
		本论	本证	主张	自认/否认	质证/反证	质论/反论	认证/认为
责任成立攻防	请求	要件1	本论1	本证1	主张1	自认1	反证1	反论1	有/无争点
		要件2	本论2	本证2	主张2	否认2	反证2	反论2	有/无争点
	抗辩	要件1							有/无争点
		要件2							有/无争点
	再抗辩	要件1							
	再再抗辩	要件1							

李志刚:

诸位师友的发言,很有启发。

许老师是我国要件事实基础理论的奠基人,清泉是律师视角精细化研究诉讼策略的行家,朱律师有着非常丰富的诉讼实战经验。这种交流组合,使得我们能从理论和实务、不同法律职业的视角来观察和认识要件事实、要件诉讼、要件审判方法。

而针对配偶诉打赏主播返还案,则为我们清晰呈现了"要件事实"的思维方法在复杂案件中的运用,对于提高庭审质量与效率、完成法官与律师的高质量对话,有着不可忽视的重要意义。其中,也包含了对律师和法官在实体法和程序法方面的理论及实务经验要求。

以管窥豹,要件事实、要件诉讼、要件审判的理论和方法,在诉讼实务中确实是非常有价值的。民商事法律人有必要更深入地学习、理解和运用要件事实的方法,真正提升民商事诉讼、民商事审判的效能。

TOPIC V
对谈五

诉讼文书中的法官思维与律师思维

李志刚：

法官思维与律师思维的专题对话已经进行了四个专题，由宏观理念到微观操作，得到了诸多法律人的关注和反馈。

我们今天继续这个话题，并由庭审中的言词沟通，转入诉讼文书的书面表达。

5.1 法律文书与庭审言辞表达的差异性：法官视角和律师视角

李志刚：

与庭审发言相比，法律文书的表达在时间准备上更充分，也可以更精准、更精致。因此，更能体现法律人的专业能力、逻辑推理和文字表达。从法官视角看法律文书，可能有这么几个期待：

第一，精要。法官是诉状和代理词的主要读者，其以高效结案为目标，在此语境下，对诉状、代理词的需求仍然是精要。对判决书而言，虽然强调说理会让判决变长，但真正优秀的裁判文书在表达上仍然是精要的。长,并不意味着好,"清晰"和"精要"才是目标。换句话说,"精要"应当是法律文书的一个重要甚至是首要的价值目标。

第二,以"事实、规范与结论"作为贯穿法律文书全文的逻辑主线。无论是诉状、代理词还是判决,这种逻辑主线的一致性也能完整体现出双方律师的攻防和法官居中裁判的全过程。文书的重点,则是争议问题的攻防。从法官的视角来看,律师文书应当清晰体现观点和理由,裁判文书则应当就此作出全面回应。

换句话说,庭审对话是碎片式的,但法律文书是严谨的、完整的。

第三,法律文书是法官和律师最重要的作品。

诉状在内容和规范依据上的选择、代理词中的法理和逻辑,能充分体现律师的业务能力和"精准度"。裁判文书中对争议焦点的概括、法理和法律分析的力道,则能完整地展现出法官的功力。虽然他们的主要功用是解决纠纷,但法律文书却是最好的能力展现和证明。

朱兰春:

法律文书和庭审言词,虽然在表达目的上是一致的,但在表达效果上却差异很大。

除了你讲到的,庭审言词是碎片化表达,法律文书是完整化表达,更大的差异在于,前者是瞬时表达,后者是固化表达。

案件的认识、分析和判断是一个审慎的思维过程,需要深入研究,来回穿梭,有时还会几经反复,才能逐渐清晰和明确。这个思维过程,主要体现在对法律文书的研究和推敲上。

对谈五 | 诉讼文书中的法官思维与律师思维

不管什么样案件,都是始于法律文书,也终于法律文书的。没有起诉状,案件就不会发生;没有判决书,案件就没有结束。

很难想象,法官会长久思考律师在庭上的某段话,但代理词的某个观点,却很有可能为法官所反复思索。

在庭审中,法律文件的重要性,要远高于口头上的言辞表达。而优秀的庭审陈述,如实记录下来,就应该是严谨的法律文件。

不过司法实务中,对于这个问题,律师和法官的视角也有明显差异。

没有律师不重视法律文书的写作,当然文书质量高低另当别论。但相对于法官,律师更重视"说",这应该是不争的事实。庭审中,律师与法官的矛盾,很大程度上也源于"说"。律师最恼火的是,发言经常被法官打断,让庭后提交详细代理词。言下之意,不要再继续说了。

另外,从当事人角度看,如果一个律师不善于说,或者在庭上说得不多,辩得不够,哪怕律师很能写,也确实写了一堆文件,恐怕也是不会满意的。在当事人的直觉里,道理不是写出来的,而是说出来的。不是给阅读者看的,是给审理者听的。这个客观上的心理预期,也是律师不得不重视说,不得不多说,甚至车轱辘话来回说的重要原因。如果在庭审中,律师说得太少,可能自己都会感觉到压力:"是否显得太不卖力了?"

反之,站在法官角度,由于案件量过大,所以每个案件都恨不得直奔主题,希望律师拣重要的、关键的说,围绕法官想了解的、核实的问题说,而且是三言两语地说,直截了当地说,争取速战速决。如果觉得没说够,庭后提交代理词。至于法官是否看,是否

147

认真看，只有天晓得。

法官更重视的是什么呢？是律师提交的各类文件，他们更像一条"猎犬"，法官需要在这些书面文件中，反复地吸嗅，仔细地辨别，谨慎地判断。他们在庭审中希望律师说的，引导律师说的，允许律师说的，是为了更好地印证对书面文件的初步嗅觉。凡是无助于这个功能与目的的，都是对嗅觉的无谓干扰，在他们眼里，统统都是浪费时间。

你对法官的职业偏好，总结得很到位，就是这两个词：**高效，精要**。精要才能高效，高效依赖精要。在法官看来，无论是口头表达，还是书面表达，律师做不到精要，就是对自己高效的损耗，浪费宝贵时间。鲁迅说过，浪费别人的时间，等于谋财害命。

我有次在最高人民法院开庭，结束后法官特别要求双方律师庭后提交的代理词不得超过两页。还有一次，是在巡回法庭，法官当庭要求，法庭辩论时，每方发言不得超过5分钟。这些都体现了法官对于庭审效率的追求，几乎达到了极致。庭审发言或书面文件，如果不能打包成"压缩饼干"，甚至会被法官认为是律师能力不够的表现。

这里就潜藏着两种职业内在需要之间的矛盾。几乎没有律师能完全认同，庭审言辞与法律文件就应该搞成豆腐块一样，尽可能短小精悍，密度之高堪比金刚石。

在律师看来，精要的书面文件当然很好，但庭审陈述绝不能也搞成干巴巴的，饼干需要水分才能消化，发言需要充分才能说透。更何况，庭审又不是独角戏，不是自己说完便罢，而是攻防双方你来我往，反复辩驳，作为中立者的法官，就应当耐心听取双方观点，而不是随意打断，不停催促，一切都显得匆匆忙忙的样子。高效的庭审，并不等于匆忙的庭审，追求效率不应该是审理草率的借口。

这样看来，大致可以说，法官以书面文件为主，口头陈述为辅；律师以口头陈述为主，书面文件为辅。这是由两种职业的各自特点所决定的，也是产生张力乃至紧张的根源。

相对应地，你也可以观察到，律师的口才普遍比法官好，而法官的写作水平，又普遍高于律师。对不同表达方式的职业性倚重，为两大群体打上了各自鲜明的烙印。不过，就案件的客观效果而言，说重于写、说大于写，这个状态如不改变，对律师来说其实是吃亏的。更何况，说的质量本身如何，也很值得思考。说得多，不等于说得好。

律师没有案件决定权，司法权在法官手里，而他又是用另一套标准来衡量和裁剪案件的，律师若囿于职业惯性，缺少必要调整，等于以己之短去克别人所长，效果如何可以想象。

举例而言，虽然律师表面上都很能说，但真正到了庭审，能把案情结构梳理得清晰简练，令人一目了然，让别人听得懂，听得进、听明白，这种重构和再现事实的陈述能力，并不十分常见。可以做个思想试验，把律师在庭上看似洋洋洒洒的发言一字不落地记下来，让他再看这份文字稿，我想可能连他自己都不堪卒读。

李志刚：

就我的观察，**优秀的律师，发言精要，文书也精要**。记得有一次开庭，双方律师都是业务精湛的高手，法官问的问题，回答都是直奔主题，法庭辩论攻防，也是废话极少，句句打在要害。开完庭后,我们合议庭都为双方律师的精彩表现由衷点赞。而庭审表达能力强的,文书写作能力也必然不会差到哪去。庭后提交代理词,也是纯干货,很精当。

朱兰春:

是的,口头表达与书面表达是一体的。上面我讲的那种情况,就是写作能力不足的反映。律师说得多,写得少,率性表达过多,理性思考必然就少,这反过来又限制了口头表达能力的提高。好的律师,其实能帮法官很大的忙。

昨天听讲座,最高人民法院一位法官说,律师代理词写得好,他就直接抄。为什么不抄呢?反正与自己写的也差不多。

李志刚:

如你所言,这就是给合议庭帮忙,省去了大量"帮当事人概括"的时间,也帮法官精细厘清了案件的核心法律问题、观点和理由。

朱兰春:

这其实是对律师能力的最大首肯。所以,律师的口头表达与书面表达应当比翼齐飞,要像社会治理一样,两手抓,两手都要硬。

法官可以短于口头表达,因为本来也说不了多少话,他的长处也不在这里。滔滔不绝的法官,我好像还没怎么见过,不管是庭上,还是在生活中。

李志刚:

但是,能真正达到让法官抄的水平的律师并不多。优秀的法官,事实上也不会照搬照抄,而是站在中立的立场,概括、提炼、比较和评判。不过,"抄",确实体现了律师的文书水平得到了法官的认可。

朱兰春:

岂止是不多,简直是凤毛麟角。律师的整体专业水准,还是比不上法官的,更遑论最高人民法院的法官了。能遇到这样的律师,那简直是法官的幸福。

这样说来,**律师不仅要向法官学习,也要向本行业的真正高手学习,这可是看得见摸得着的业内人士**。补齐短板,优化长板,可能是律师一生的功课。短板就是写作能力,载体就是法律文书。长板就是口头表达,精要之前,首先要知止,知止才谈得上优化。这两种能力不是割裂的,是可以相互促进的。所谓"茶壶里有饺子倒不出",我是不太认同这种说法的,我很怀疑里面装的是不是真饺子。

真正有料倒的人,表达能力再差,也差不到哪里去。因为口头表达能力有限,反而表达内容可能更为凝重,效果也更为深刻。

同样,真正掷地有声的人,书面表达也绝不会差,因为人家的掷地有声,是经过思维训练与过滤的。这种思维训练与过滤,反映的是一个整体能力,绝不可能仅仅只体现在口头表达上。

所以,庭审言辞与法律文书,在表达方式、表达效果上固然有差异,但差异并不代表优劣高下,它们的功能各有不同,却是同频共振的,关键是能不能做到,以及反思为什么没能做到,何时才能做到?这一点对律师的紧迫性,要远大于法官。

我甚至有一个认识,法官减负的希望在律师,好律师才是法官真正的救命稻草。当然,这种观点可能有点激进,估计律师和法官都不太能认同,过于超前了。但金岳霖先生有句话说得好,理有固然,势无必至。我是在后一种意义上,秉持这种观点和认识的。

李志刚:

指望律师给法官减负,并不靠谱。因为律师有立场,容易把法官带偏。而双方律师都是高手,势均力敌,更是稀有。但毋庸置疑,**优秀的律师,至少可以高效清晰呈现核心问题和核心观点,而不是让法官做阅读理解**。

朱兰春:

你说得很有道理,律师如果能在法庭调查阶段,把口头表达提升至书面表达的高度,达到书面表达那样的效果,就是很大的成功,因为那就意味着,把事情说清楚,把证据摆清楚,把脉络理清楚。只要事实清楚了,道理往往就自明了。这也就是为什么法官特别重视法庭调查,而相对轻视法庭辩论的原因。就此而言,这两种表达随时转换的能力,达到并驾齐驱的程度与高度,才是律师的核心竞争力。

我们上海办公室的一位同事,非常注重法庭调查,很善用证据来建构法庭调查,不妨援引她的体会:

> 我发现有很多律师讲不好案件事实,讲得没有逻辑性,其实是因为证据编排得没有逻辑性,没有利用好一个个证据。这就好像在布置舞台的时候,如果我们想要布置一间教室,那么这个位置应该放张桌子,那个位置

应该放张椅子，另一个地方应该放块黑板，不然别人不会相信这是一间教室。如果在舞台布局的时候就没有布置好，那么整个故事呈现在别人面前的时候，不免会让人疑问为什么这里是一间教室而不能是一个礼堂。我很希望达成的状态是，我把教室布置好，当我展现给法官看的时候，不需要我开口解释，法官一看就知道这个场景是一个教室。所以，我觉得证据的课程很有用，我在这方面也确实有一种心得，我想如果我把它整理出来之后体系化地讲给大家听，会为他人带来帮助。

李志刚：

如果说当庭发言，无法按照律师自己的逻辑和思路展开论述和论证的话，那么，法律文书恰恰给律师提供了一个完整呈现自己观点和论证的机会。

从法官的视角来看，律师提交的法律文书，主要解决两个问题：

一是明确告诉法官，当事人想要得到什么样的结果，具体有什么样的事实和法律依据，用最简要的语言说清楚了就行。

二是按照自己的逻辑陈述的时候，对法官可能的关切作出必要的回应。

从法律文书的读者角度来说，如果三五页纸没有把最核心的问题说清楚，那三五十页的篇幅，也未必能说清楚。当然，反垄断等高度技术性的案件除外。

记得 2008 年我作为中国青年代表团成员到日本千叶大学访问，其间，校方安排我做一个五分钟的发言。我想当然地认为，到时现场直接说五分钟得了。但前一天晚上，主办方竟然给我发了一张八百字的稿格纸，让我提前把明天要讲的内容写在稿格纸上。我刚开始还比较纳闷，为什么要这么做。后来细想，确实有他的道理。首先，800字的篇幅，限定了实际的发言时间，避免超时。其次，先在稿格纸上对内容做了取舍，次日就不会侃侃而谈，不着边际，没有重点，或者时间快到了还没说到重点。

法庭规定律师的发言时限，本身也有类似之处，不是不让律师说，而是提示律师精要地说。没说够的，可以通过代理意见充分表达。**但代理意见也不是宏篇大论就好，也要精要。事实上，"精要"才是最难的，也是最重要的标准**，能够充分体现专业、逻辑、概括的综合表达能力。

朱兰春：

"如果三五页纸没有把最核心的问题说清楚，那三五十页的篇幅，也未必能说清楚。"这句话本身就很精要和经典！而且我还认为，即便是反垄断等高度技术性的案件，也并不必然除外。

这让我想到了前辈律师田文昌先生。众所周知，他是典型的大师级学者型律师。他认为，辩护词的基本要素是"语言简练，惜字如金"，明确提出"辩护词越短越好"。虽然他指的是刑事案件，但背后的基本逻辑具有通用性。不妨援引他书中的观点如下：

> 语言简练，是任何文章都应该遵循的行文风格，辩护词更是如此。文章是写给别人看的，应该以简明易懂为原则，而辩护词是为了说服法庭的，具有十分明确的目的性和目标性，更需要用最简明的语言把辩护的理由表达清楚。现实中，无论是学术论文还是辩护词，表达

的方式虽然各有千秋,但简练与烦琐的效果却是明显不同的。简言之,呈现给法庭的语文和文字,每句话都应当是有价值的,都应当与案件的定罪量刑具有紧密的关联性。多余的表达不仅没有必要,而且会冲淡主题。法庭在听取或者阅读辩护词的时候,既无兴致去品味写作的技巧和文字的美妙,也无精力去接受那些与案件无关的内容,更没有耐性去研究那些画蛇添足的解释和铺垫。实践中,有的律师为了充分表达辩护观点,不吝笔墨,不厌其烦地将辩护词写得很长,不仅语文烦琐,生怕挂一漏万,而且旁征博引,尽情发挥,以为越是全面细致就越能说清楚问题。有的辩护词长达数万字,有的甚至成了一本书。这种认识值得商榷。

辩护词究竟是越长越好,还是越短越好?当然是越短越好。准确地说,应该是在能够说清观点的前提下,越短越好,这个道理很简单。但是,难点在于对能够说清楚问题标准的理解是因人而异的。正是由于有人认为只有长篇大论才能说清楚问题,所以才会写出长篇大论的辩护词。

但是,这种认识忽略了两个重要的问题:一是精练的文字才更有分量。一篇水分很大的辩护词,不仅洋洋洒洒却不得要领,而且会由于废话过多而稀释了主要观点。只有榨干了水分的辩护词才会重点突出,更有分量。二是观点明确,表达清晰的辩护词才能吸引读者。一篇枯燥无味的辩护词,会使法官由听觉疲劳进而转向情绪抵触,这种抵触在屏蔽了那些无价值信息的同时,也可能会屏蔽掉其中有价值的内容。辩护词不仅仅是为了表达自己的观点,更不是为了自我欣赏,而是为了反驳对方并期待法庭认可。所以,辩护词必须超越自我,换位思考,以期望能够最大限度获得认同为原则。语言简练,惜字如金,则是实现这一原则的要素之一。简言之,在一篇辩护词构思完成之后,要反复阅读,字斟句酌,不惜删除每一句多余的话和每一个多余的字。当精练到无可挑剔的时候,才是最有分量的辩护词。

田老师的上述观点,与你的认识高度一致,所谓越短越好,就是极其精要。律师要做到这一点,需要理论、实务、经验的三位一体和长期磨炼。

就此而言,**法律职业的生命不仅在于逻辑,也不仅在于经验,更在于教训及其总结。**

5.2 诉状中的法官思维与律师思维

朱兰春:

这里讲的诉状,是广义的,不只是起诉状,还包括答辩状、上诉状、再审申请书等。拿到诉状,法官究竟是怎么想的?山东的审判业务专家梁春丽法官说过一段话,很有代表性:

> 作为一名法官,拿到一个案件时,习惯性想到的是

当事人之间的法律关系和法律依据，然后是当事人会提供什么样的证据，法律事实是什么，我的判决如何构思？

这段话不仅勾勒出民事法官的思维模式，也暗含了对诉讼文书的审查标准。律师制作的诉状，能否符合法官的通常预设，是需要突破的第一道关口。

从司法实务的反馈情况看，法院系统从上到下，对第一道关口的诉讼文件质量，普遍是不很满意的。先不说实质性内容，仅就文件的形式要件而言，法官思维与律师思维的差异就很大。整体而言，律师很少接受过严格、规范的专业文书写作训练，一路成长基本都是凭经验办案，认为诉状只要载明几个必备要素即可，心中并无范本与模板，写出来的文件一看就是野路子，五花八门，缺少相对一致的外在线条，充分反映出律师思维天然的发散性。

我注意到，最高人民法院非常重视诉讼文件的形式规范。为了统一民事诉讼文书格式，不仅为法院系统制作了《最高人民法院民事诉讼文书样式：制作规范与法律依据》（人民法院卷），还专门制作了《最高人民法院民事诉讼文书样式：制作规范与法律依据》（律师与当事人卷），主要用来指导律师如何撰写符合法院要求的诉讼文书，现在已经出版第 2 版了，可见重视程度。按理说，这应该是全国律协办的事，最高人民法院越俎代庖了。从正面理解，这是最高人民法院对律师群体的特别关照，司法为民嘛；从侧面去想，也可能是最高人民法院对律师诉讼文书的现状忍无可忍了，该出手时就出手。

但实际情况如何呢？至少我了解到的情况是，可以这么说，没几个律师认真研究和学习过这个专门为其量身定做的文书样式规范依据,甚至很多人都不知道、没听说过这个文件的存在,依然我行我素,跟着感觉和惯性走。

仅仅是泛泛要求,很难改变一个群体的积习,除非法院立案窗口有强制要求。举例而言,现在不少法院要求起诉状必须注明案由,不然就不给立案。材料被几次退回之后,律师的习惯很快就改过来了,说明没有压力就不出油。

文书形式的合规,不仅仅是一个制作规范性问题,本质上是法律思维的规范性问题,关乎律师思维与法官思维的对接度与匹配度,直接影响甚至决定案件的命运,这显然不是一个小问题。

所以说,对于法官思维的相对严谨与律师思维的相对发散,诉状形式是一个很好的观察窗口。

比诉状形式更严重的问题,或者说两大群体思维的实质性差异,更多体现在诉状内容上。据我观察,总体而言,对于各类诉状,律师是经验式写作,而法官是要素式审查。打个不恰当的比方,前者是草鞋没样,边打边像;后者是刻舟求剑,对号入座。

比如,对于诉讼请求,律师的重视度普遍不够,提出的诉求往往并不过关。**大多数人的工作习惯是,先想好了请求事项,再准备事实陈述与理由依据,很少事先站在法官的立场主动调整自己的思路与目光,并据此布局谋篇。**

李志刚:
你对诉状的现状和问题描述得非常客观,我也有同感。

诉状是启动诉讼的原动力,也是指引诉讼的引擎。因此,在民商事诉讼中,具有非常重要的地位和功能。法院的立案庭确定案由,法官庭审前的准备,完全依赖于诉状。**如果说诉状是命题,则庭审是答题的过程,判决是答题的结果。诉状的质量,对于整个庭审的质效、对裁判文书的质量,都有着不可替代的重要意义。**

《民事诉讼文书样式》中列出了诉状的样式,确实体现了法院对诉状的期待和指引。很遗憾,这项工作似乎没有相应的机构出来做。更为重要的是,法院是诉状的主要读者和使用者,诉讼和裁判本身就是检验诉状质量的重要途径。

从法官视角来看,对诉状的要求和期待并不复杂:告诉法官,你基于什么样的事实和法律,判决支持你什么样的请求。

问题在于,提出诉讼请求容易,但能基于单方掌握的事实,精准地提出符合相应规范依据的具体诉讼请求,并不容易。因为这本身就需要诉状起草人对案件事实和可能适用的法律有精深的研究和了解,并清晰表达。

欠债还钱的简单案件还好,多重法律关系交集、权利义务复杂交错、交易环节较多的案件,需要对庞杂的事实进行提炼,经由法律概念格式化,再转化为与法律规定相匹配的请求及判项,就需要有良好的法律专业能力和文字表达能力。显然,这对律师的要求也是比较高的。法律并未规定诉状写得不好,就要把案件拒之门外。如果遇到质量不高的诉状,那么,清晰呈现诉讼请求,寻求能够支持诉请的规范依据,并据此提炼要件事实,这些本来应由律师完成的工作,就会转嫁到法官身上。

因此,高质量的诉状,实际上是律师与法官高质量对话的开始。反之,诉讼效率将受到显著影响。

从律师角度看,一是可能怕"露"得太多,给对方充分的准备及辩驳机会,因而,诉状会显得高度"凝练"——这与庭审发言总觉得时间不够形成鲜明对比;二是可能自身对案件事实、法律关系、适用法律的认识也存有混沌,不如把程序先启动起来,把球踢给法官,后续再见机行事。

但总体而言,诉状是律师和法官的第一次"过招"。通过诉状质量,法官对律师的专业水准和表达能力,会有一个大致的评判。

从工作内容来说,法官则必须依据诉状提出的诉请、规范依据,来草拟庭审提纲,查明要件事实,评判法律适用,并最终体现到裁判文书当中。

朱兰春:

以诉讼请求为例,就我自己的体会来说,具体请求事项的提出,实际上是对全部案情充分掌握,且整体法律分析完成以后,在思维认知与判断已形成闭环的基础上形成的,犹如一个线头,由此可以抽带出整个线团。但是,要找到、找准这个线头,则非要把整个线团搞明白不可。是先有线团,再有线头,不搞清整个线团,是不太可能找准线头的。

但据我了解,很多同行并不是如此思考与操作的,总是很轻易,甚至很草率就确定了这个线头,导致诉讼请求与案件整体之间,也就是线头与线团之间,缺乏那种牵一发而动全身的关联,很容易被对方律师或法官作为薄弱环节锁定,将其从案件整体中切割开来,集中力量,一举击溃。线头错误一旦被抓住,整件毛衣立马会被扯散。即便在重大案件中,这种教训也屡见不鲜。

最高人民法院曾公布过一个典型案例,某公司与当地政府之间的土地出让权合同纠纷,原告公司方提出的主要诉求有两项:

一是确认合同有效,二是判令继续履行。粗看上去,似乎并没有什么毛病,完全是中规中矩。但终审判决支持了第一项诉求,却否定了第二项诉求,原因是土地出让合同政策发生了变化,原来的协议出让做法,已被招拍挂政策所替代,属于法律上不能履行的情形,故未予支持该项诉求。当事人费了九牛二虎之力,表面上看支持了合同效力诉求,但最后还是落得一场空,整场官司毫无意义。这就是属于胎里带来的先天性缺陷,后天是没法根治的。

李志刚:

确实如此。

诉讼请求虽然写在诉状的前面,但最终却是落在判决书的最后。诉讼请求是基于对法律关系、规范依据、个案特征的综合判断之后提出的,实际上是法官裁判思维倒推的结果,而不是基于诉讼目的先行锚定的。这两种诉讼请求的确定思路,可能会带来截然不同的裁判结果,疑难复杂案件尤其如此。

所以,虽然诉讼请求是律师给法官出题、命题,但只有在经过严谨验算之后的命题,才能更好地得到答题者(法官)演算出的预设答案。

朱兰春:

我也遇到过一个土地使用权转让合同纠纷案,一审即在高院,原告提出的第一项诉求是确认协议有效,第二项诉求是确认土地使用权归己所有。一个是债权关系,一个是物权关系,律师硬是没有发现两项诉求不兼容的问题,结果惨遭败诉。

还有另一个案件,一审也在高院,原告起诉后,先后三次变更、增加诉求,法院实在是忍无可忍,在判决书中直斥该公司"在未提出正当理由的情况下,第三次提出变更、增加诉讼请求的申请,属于滥用民事诉讼权利的行为,违反了民事诉讼的诚实信用原则,将导致诉讼程序过分拖延,故本院对该次变更、增加诉讼请求的申请不予准许"。

发人深思的是,这两个案件的原告代理律师均来自著名律所。一叶知秋,见微知著。律师群体在专业能力上的某些重大欠缺,可见一斑。

你刚才所说的,"诉讼请求是基于对法律关系、规范依据、个案特征的综合判断之后而提出的,实际上是法官裁判思维倒推的结果,而不是基于诉讼目的先行锚定的",这个判断太棒了!我想补充的是,**精准的诉讼请求设计及其判断,不仅是法官思维倒推的结果,也是律师思维倒推的结果**。没有之前抽丝剥茧、层层挖掘的考古工作,要想提出精准的诉讼请求,简直是痴心妄想。

我还有个观点,如果诉讼请求的设计质量不行,诉状中的其他部分质量也不可能好到哪里去。专业水准这个东西,也是一个整体,并不是可以随便分成鸡零狗碎的几块。某个方面不行,反映出的不是这个方面的问题,而是全方位、整体性的能力问题。

律师的这个全方位的、整体性的能力是如何影响法律文书的写作的,我们广州办公室的一位同事曾有专文论述,在业界广为流传,现援引如下:

> 具言之,法律文书写作从宏观层面要考虑思维导向和行为导向两个维度;而在具体写作过程中,要经由事实、案情、规范、认识、方案、文书等层面,通过思想和表

达进行三重转换,最终形成法律文书。从思维导向而言,在面对任何一个案件或法律争议问题时,首先进入脑海的是关于这个案件或争议的整体方向,这是一个什么样的案件?法律性质是什么?法律关系是什么?等等,这是一种关于案件发展的方向性思维,是宏观层面的观点。正是因为其是方向性的考量,因而需要尤其慎重,不能出错或偏离,否则后续所有的工作都将失去意义,甚至产生反作用力。沿着这种方向性思维,带着这些宏观问题,第一要务是针对性地去观察、整理案件事实,达到了解案件事实的目的。其次需要寻找大前提,确定相应的法律规范。再次需要锁定小前提,即通过筛排证据,取得需要的具体、关键事实。最后才是推导结论,并以该结论为中心,衡量法律风险。从行为导向来说,这个过程恰好相反,或者说是逆转的,在取得思维层面的结论后,在行为方面,首先应将推导出的结论置于基础性,可随时观察、思考的首要位置。其次要进行证据筛排,哪些证据是基础性证据,哪些证据是辅助性证据,哪些证据是需要剔除的?这些都要在思维层面后作出实质性的安排。再次是将这些固定的事实进行书面化,选择适当的语言表达方式和写作手法,在确定的体例、篇章结构安排下,将证据所体现的事实予以书面化,也就是写作小前提。最后是将锁定的事实装入规范,并完成推理,得出结论,即小前提归入。通过以上一正一反两个维度的推进,法律文书的基本构架就已形成。

"一正一反两个维度"的提法,与你对法官思维倒推特征的分析,二者颇有异曲同工之妙。

5.3 代理词中的思维差异与对话

朱兰春:

诉状之外,代理词是律师工作的又一出重头戏。

前面我谈到了辩护词、代理词的长短问题,这里我想侧重谈下此类文书的内容布局。

首先还是要明确,代理词既然是写给法官看的,律师必须充分考虑到如何不增加法官的阅读成本。包袱若太重,没人愿意背。同时,光靠减量,也是不够的,以质取胜才是王道。

律师都希望写出高质量的代理词,法官当然也希望能看到高质量的代理词,这说明他们终究是同一个法律思维,有着共同的需求。尽管需求可以产生供给,但并不保证必然会有高质量的供给。事实上,从法官群体的各种反映来看,高质量的代理词仍属稀缺品。

我研读过不少律师的辩护词、代理词,主要途径是各类公开出版物。从 20 世纪 90 年代开始,这几十年来出版过不少名律师的辩护词、代理词及案例精选,有的名律师如朱树英、朱妙春还连续出版数辑,形成系列。虽然案件类型各异,体例不一,篇幅不同,但我观察都有一个共性,就是能紧扣争议焦点写作。

换言之,这些优秀律师的代理词,都有一个核心,用古人的话形容,就是有"文眼"。全部内容都是围绕这个醒目的核心、独到的文眼展开的。有目的性、有针对性地论证说理，层层说理，对比说理，正反说理，把话说白，把理讲透，是这些优秀文书的最大特色。曾有法律人从方法论的角度，将其总结为"集中优势兵力，解决主要矛盾"。

华罗庚有句名言，把书读厚，再把书读薄，很适合移植到代理词的构思与撰写上。我的体会是，理解和解析案件要发散思考，总结和提炼案件要萃取精华。与争点无关的部分，在代理词中应果断切割。保留下来的精华部分，在压缩再压缩的前提下，观点务必明确，层次务必分明，逻辑务必清晰，依据务必准确，结论务必唯一，文字务必打磨。一份书面辩论文件，做到这六个"务必"，才算是合格产品。

遗憾的是，在法律文书的写作上，律师思维常常是粗线条的，轮廓勾勒有余，精心梳理不足，时有倾向语言，文字普遍拖沓。几乎很少见到那种命题式陈述，链条式推论，波浪式递进，以及浓得化不开的语言结构。

以我承办的案件为例，在代理一宗股权收购纠纷案时，双方对于协议中的"预计"一词如何理解产生争议，对方认为不属于其继续收购的合同义务，我方则认为上述观点不能成立。代理词中有一段文字表述，得到了仲裁庭的一致首肯，现援引如下：

> 无论是从合同所使用的语句语境、合同的有关条款、合同的目的、交易习惯，以及诚实信用原则等多个因素进行分析，协议所用的"预计"二字，都不构成对后续收购股权交易条件的变更和取代，双方整体收购的意思表示是清晰且连贯的，后续收购的时间安排是明确且有

约束力的。"预计"一词之表述,体现的是后续收购之时间性,而非后续收购之或然性。

如果法官从代理词中找不到希望摘取的案件要素,或者需要反复"打捞"才能勉强提取出极有限的"战利品",试想他还会有意愿、有兴趣阅读吗?至于采信,那就更不用想了。律师辛辛苦苦写出来的东西,就这样白白流淌了。自己技不如人,这又能怪谁呢?换作律师来审案件,面对如此品相的菜肴,恐怕自己也难以下咽吧。

不记得哪位国外学者说过这样一句话:如果你能思考、演说、写作——你绝对是致命的!

律师的代理工作,为什么很少有致命效果?这句话可供反思。

"平视世界"是现在的流行语。律师思维要想平视法官思维(其实最高要求是俯视),至少业务能力不能低于法官。代理词的制作,体现的不只是写作能力,而是综合能力。

关于代理词制作,还有必要说一个外观细节,虽然少有人注意,但这涉及视觉心理,也有启发意义。很多律师意识到,代理词的格式排版是门面,要有视觉上的美观,并将政府公文作为最佳参考格式。但是,仿照政府公文或裁判文书的格式排版,是否就会有最好的阅读体验呢?

对此,我不想简单地说是或否,但愿意与域外法律文件的格式排版作个比较。以前我在涉外律所工作时,第一次接触到域外法律文件,以及涉外仲裁案件文书,非常惊奇地发现,他们的文字表述格式,基本都是三五行字后,即单独成段,段与段之间,有明显区隔。一页文稿,分成多段,形式优雅,几乎没有任何阅读心理障碍,看到就想读,读来很轻松。更重要的是,每段话的意思都很明确,段与段的联结性、层次性和逻辑性,可谓一目了然。

这种文书结构,对我影响很大,以后我也照搬照抄,对于梳理思路,不仅大有裨益,而且成稿后,视觉上也赏心悦目。那种一个逗号写到底,或是满篇都是大团文字的材料,再看到就有心理障碍,有扑面而来的混沌感。没有愉悦的阅读心理,就不太容易产生阅读时的代入感。

当然,文书格式,言人人殊,这并不是最主要的,提到这个枝节问题,无非是想说明,哪怕是如此表面化的细节,也不应该当然溢出法律人的视野。如果律师群体,都能抱持这种想法要求自己,日积月累,那么我想,与法官思维的有效对接,"虽不中亦不远矣"。

李志刚:

将简洁清新的形式,归结为"六个务必",是对一份好代理词的标准的高度凝练和概括,而且已经体现了律师站在法官视角来思考代理词的写法,中肯且精到。

从法官视角来看,代理词有以下几个功能:

第一,把庭审中没有来得及说的话,说完说清说透。换句话说,代理词是庭审发言最重要的补充。庭审时间是极其有限的,但庭后提交代理词的时间是足够宽裕的。律师有足够的时间斟酌法庭提问,作出最妥当的回应。

第二,对争议焦点做清晰完整的阐释。如果说诉状是律师给法官出题,那么,法庭概括的争议焦点就是法官给律师出题,答题务必完整准确,言之有据。所谓言之有据,就是要件事实有扎实证据,法律观点有规范依据。争议焦点是裁判文书的主轴,也是法官写判决书的最核心内容。对争议问题的评判素材,来源于庭审现场发言和庭后提交的代理词。能不能说服法官,律师观点能否被写入"本院认为",在相当程度上取决于代理词的内容和质量。

第三,对案件整体和细节的最后一次书面陈情。指望通过私自会见和勾兑来说服法官,是很悲哀的。通过代理词完整陈情,说服法官,才是正当的,赢得也理直气壮。

第四,代理词是庭审笔录的重要补充,甚至是不可或缺的重要补充。不管书记员多么优秀,都不能指望书记员把律师发言完全精准地记录下来。因为这里不仅有高强度的文书录入劳动,还要有高超的概括表达能力——这样的书记员,可遇不可求。所以,不少法官庭后撰写案件审理报告,除了看庭审笔录、自己的庭审笔记,还会把代理词作为重要的庭审意见表达素材来源。

从这几个功能看,代理词的重要性,绝对不亚于庭审发言。

法官眼里好的代理词是什么样的呢?"六个务必"虽然形式清新简洁,但也是比较高的标准,是可遇不可求的。

好的代理词 = 完整(回应争议焦点的问题)+ 言之有据(事实证据和法律依据)+ 简洁。

好的代理词不用法官做阅读理解,干货按争议焦点的逻辑顺序清晰地摆在那,法官写判决随手取用即可。比这更高一个层次的好的代理词,是把立论和驳论的意见都写透了,法官可以整段粘到"本院认为"的部分,而且很踏实,站在客观中立的角度,也不会被认为是"屁股坐歪了",而是"理当如此"。法官眼中的形式美,除字体、排版、格式这些因素之外,最重要的就是标题、层次和主题句。可直接取用,而无须做阅读理解和完形填空。

所以,我一直有一个观点,法官办案,可能不一定特别依赖法官助理,因为优秀的法官助理,通常只是优秀法官的一段短暂的人生经历,很难长期稳定地伴随,但比较依赖双方律师——律师的代理词写好了,相当于打包到家的半成品菜,下锅即炒便是可口的佳肴,判决写起来水到渠成;代理词的质量不高,可能要从种菜养猪开始,佳肴出锅要投入相当多的时间精力,先去明确诉讼请求,再去逐一寻找和确认规范依据,再从庞杂的证据中自行梳理出故事脉络,最后才轮到斟酌如何裁判。判决书还没写,法官就累得筋疲力尽了。

朱兰春:

你的概括非常精辟,把法官对代理词的思维说透了!

更奇妙的是,之前至少听五个最高人民法院的法官说过,律师不要让法官做阅读理解和完形填空,根本没那么多时间,也没那么多精力!今天又听到这句话,看来这不仅是法官群体的共通思维,也成为他们的通用语言了。

这个比喻很形象,我也完全同意。虽说"种什么样的种子,开什么样的花",但律师绝不能把代理词搞成"大大的花园",让法官在里面"挖呀挖呀挖"。

另外,你说得也很中肯,用"六个务必"来要求代理词,标准可能确实偏高,对法官来说,属于可遇不可求的"高富帅",那我就降一个档次,每个律师至少应当做个言之有物、言之有据、认认真真、踏踏实实的"经济适用男",只要态度端正,完全可以做到。而且我认为,如果"经济适用男"能成为律师群体的主体,那我国的法治程度至少也算是"小康"了。

5.4　判决书中的思维呈现

朱兰春:

最高人民法院审管办刘树德法官2023年出了一部新书《裁判文书说理原论》,二级大法官胡云腾和法学名家龙宗智教授分别作序,均有醍醐灌顶之语。胡云腾认为,**裁判文书的说理,说的是当事人之理,重在保障当事人说理,是法官对当事人所说之理作出判断。**

以往谈到裁判文书,讲加强说理论证时,针对的主要是法官,似乎这只是法官的事,又似乎是法官在说自己的理。鲜少强调裁判文书的首要功能,是评说当事人之理,保障当事人说理。二级大法官论事断文,确有不凡穿透力,令人耳目一新。

这个观点最具价值和震撼之处是对裁判文书的重新定位,即应当呈现双方当事人,主要是双方律师的各自之理,应当呈现律师思维与法官思维的差异与对话,而绝不能只是法官在自说自话。而这正是当下裁判文书的通病,法官不是在评理,而是在说自己的理,与双方律师之理没有交集。

这让我想起复旦大学杨严炎教授在学术界和司法界产生很大影响的那篇论文《论民事诉讼中的协同主义》,在法院职权主义和当事人辩论主义两种司法模式之外,提出了新型司法模式,强调法官与双方当事人,主要是双方律师,三方之间是协同关系,本质是对话关系,对话应当规范,规范也是为了对话。这是三方之间的平等对话,而不是传统消极的双方当事人辩论主义。

昨天看到某律师在微信公众号上的文章,虽然没上升到理论高度,但其间蕴含的经验之谈,与大法官和学者的观点不谋而合:

> 笔者深深以为,律师的对手不是诉讼对方,而是端坐在法庭之上的听审主办法官,无论作为原告还是被告的承办律师,要做的事就是揭露出诉讼对方的破绽,还原案件的事实,给出明确的法律适用,一般诉讼的输赢结果就会立马浮现,效率高的,当场下判,令人叫绝。更高明的法官会不失时机地促成双方和解,或者让双方积极庭外和解,春风化雨般释法说理,口吐莲花,聪明的诉讼方也乐得趁机下台,案结事了,皆大欢喜。这就是明谙事理,换位思考、灵活变通,促成案件取得多赢良好的司法效果。

龙宗智教授的序言,标题是一个隽永深刻的命题,《裁判文书是司法理性的终极表征》。大家就是大家,开口直抵本质。他认为,裁判文书作为一种"对抗与判定"的结构,应当是司法理性的集中体现,而司法理性不只是裁判者的单方理性,而是一个包括诉的提出与回应、程序的展开、心证的形成到作出裁判的法行为过程。换言之,是各方理性的汇流与碰撞,经充分攻击防御之后的一锤定音。对于这个最终的一锤定音,他特别提示,说理要有分寸感,并借易中天先生所言,"中国人思维中最缺两个东西,一个是逻辑,另一个是证据",强调裁判文书应当承载更普适的功能,即倡导和培育民众讲逻辑、讲证据的习惯。

上述大法官、学者和律师所述,凸显出当下裁判文书的最大弊病,即缺少各方实质性对话,思维与思维之间没有实质性沟通。既不触类,岂能旁通?既不旁通,何能服人?

刘树德法官在他的书中,特别以证据审查为例,梳理了裁判文书普遍存在的五大不足:

第一,要素不全。遗漏重要说理要素,不能全面反映证据认定的过程。第二,争点不明。采用简单归纳说理方式,论证难以实现理想效果。第三,逻辑不清。证据认定过程欠缺推理逻辑或逻辑模糊。第四,繁简不当。说理论述资源分配不合理,难以反映案件特点与争点。第五,论证不足。对关键证据或争议证据的认定过程论证不充分。用一句话概括:各说各话不交流,自说自话不自洽。

我还注意到,最高人民检察院机关刊《人民检察》杂志,刊登了一篇专论法律文书的文章,题目是《法律文书是法律人的名片》,对法律文书提出五个定性判断,虽然针对的是检察文书,但仍不减其普适性。这五个定性判断如下:

> 法律文书是人民感受公平正义的直接载体;法律文书是提升业务能力的最佳途径;法律文书是培养责任意识的有力抓手;法律文书是保障办案质量的基础;法律文书是提炼办案思维的结晶。

作者王勇是江苏省苏州市工业园区检察长,曾牵头制作《起诉书制作规范指引》，对法律文书的现状有深入了解。他的深刻感受是，法律文书的写作本身就是对证据、事实、法律适用进行梳理、总结的最重要的过程。不断地对法律文书进行锤炼，自然对证据、事实和法律适用的思考会愈加深入，能力也会不断提高。他还特别强调了裁判文书查明事实的重要性，这也正是当下裁判文书中的又一通病。

> 无论是刑事案件的办理，抑或民事、行政监督目的的实现，首先需要做的便是查明案件事实、还原事实本初面目。因此，在相关法律文书中，应当把事实讲清楚、讲明白，全面、完整展现事实面貌。在认真归纳事实、运用证据的过程中，自然就能把案件的要件和情节充分展现。如果法律文书求快、求简，不能全面呈现事实，必然会忽略很多需要被法律评价的细节，导致案件质量瑕疵甚至错案。

某位最高人民法院法官也曾说过，实务中90%以上的案件事实查清即可下断，并不需要多么高深的专业法律知识。而真正疑难复杂、存在重大法律争议的案件，其实不到5%。他紧接着又说了一句，但最容易、最经常出问题的案件恰恰又在这个90%的部分中。

这说明了什么？我个人认为，原因可能多样，但绝不仅仅只是法官自身审判能力不足的问题，法官纵有三头六臂，也无法掌控和改变案件事实的供给侧。他能够做到的，只是对事实供给侧的评价性影响。而他能否充分保障当事人说理，保障律师的说理

173

权,又是影响事实供给侧产出效能的最重大因素。

对于案件事实,是允许双方充分攻防,挖地三尺,还是限于办案压力,浅尝辄止？不同方向的需求,引导不同效能的供给;而不同效能的供给水平,又决定了质量各异的终端产品。

正是在这个意义上,胡云腾大法官在刘树德法官的书序中明确指出,**裁判说理既包括裁判文书说理,也包括裁判活动说理,两者都很重要,不可偏废,裁判文书说理好不一定就能取得好的效果。**

我的体会是,所谓裁判活动说理,就是在个案中,法官要高度重视律师意见,尊重、理解、吸纳律师思维,接受、平衡、比对双方思维,同时不断调适和修正自己的裁判思维。用老一辈革命家陈云的话说,就是交换、比较、反复。不唯上,不唯书,只唯实。司法的亲历性,内在地要求眼见为实,见多识广。多看、多听、多问,不仅自己问,也让双方互相问,如此才能识得透,判得准。这样说来,调控出水量的大小,真正的按钮,还是掌控在法官手上的,法官应当善用、用好、用足这个调控权。

俗话说,要想公道,打个颠倒。**律师与法官之间,如果都能经常换位思考,并据此调整各自行为,即便司法模式意义上的协同主义不一定实现,但个案中的诉讼协同一定会明显增强。**获得十足尊重感的律师,产出事实的积极性必将大大提高,由此导致的一个必然结果是,裁判文书作为案件质量的主要载体,相较于当下,一定会有较大改观。

至少,在有起点、有次序地识别可能存在的法律问题上,法官的负担将大为减轻,判断的准确性将大为提高。

有底气的法官，在为自己的裁判正当性辩护时，从来不会东施效颦，生搬硬套杰克逊法官的名言："不是因为我的判决是正确的，所以它才是终局的，恰恰相反，我的判决之所以是正确的，是因为它享有终局性。"

我们还可以把认识的层次再稍微提升一下，争取把这个问题说透。从本体论的角度看，法官的裁判意见也不过只是攻、防、审三方意见之一种，并不天然高于、优于攻防双方。之所以应当被采纳，不仅仅是因为法院地位作保障，而是攻防双方充分展示之后，经由反复地审视，得出的优于、高于、大于各方的单一意见，这是理性的论证与判断，是理性力量的胜出。换言之，裁判不是独断的，而是批判的。正是裁判过程中的讨论、诘难与辨析，为裁判文书提供了正当性和合法性。

既然说到这个程度，不妨把视野拓展到法学以外。裁判文书中广被诟病的对话不够、驳辩缺失、说理不足，不只是司法自身的问题，其实还有更深层的人文传统背景。我们立足于这个大的历史与文明框架之中，可能会得出更深邃的启示。

西方文明的传统特质，自苏格拉底以降，公认是对话式的，无论是苏格拉底的论辩术，还是中世纪经院学派的逻辑论证，都如出一辙。发展至康德，更是振聋发聩。

> 我们这个时代的判断力已经成熟。我们这个时代再也不肯听任虚假知识愚弄了，它已经向理性提出要求，要求理性担负起重新进行自我认识这一最艰巨的任务，要求理性设立一个法庭，对理性的合法权益予以批准；反过来，还要对一切毫无根据的僭妄主张，不凭强制

175

命令,而按理性的永恒法则,一一予以批驳。这个法庭不是别的,就是纯粹理性批判本身。

而中国文明的传统特质,借用顾准的观点,是"史官文化"。李斯的"以法为教,以吏为师",是史官文化的内在逻辑结论,没有穷根究底的辩驳精神,"格物"永远也登不上台盘。

其实,瞿同祖先生早就说过,法律是社会的产物,与社会现象是不可分割的。因此,研究法律不能将法律视作一种孤立的存在,而忽略其与社会的关系,研究法律必须放到社会中去。

正是基于这一学术立足点,瞿先生得出如下判断:

> 秦汉以至晚清变法以前二千余年间的事实,是可以熔于一炉来认识的,这种态度实基于一基本信念——认为这一长时间的法律和整个的社会经济一样,始终停滞于同一的基本形态而不变。如此前提是对的,则我们或不妨忽略那些形式上枝节的差异,而寻求其共同之点,以解释我们法律之基本精神及主要特性。如其中并无矛盾冲突之处,则此方法是可采用的,同时也证明了中国法律制度和中国的社会,在此阶段内,果无重大的变化。①

显然,公共讨论、平等对话、彼此辩论、相互诘难,这些都是我们这个古老文明的稀缺品。社会生态层面的结构性缺失,不可能不影响并传递到诉讼中,中国老百姓几千年来的怕讼、厌讼心理

---

① 林端:《由绚烂归于平淡——瞿同视教授访问记》,载《当代》2000年第5期。

是有深厚的历史积淀因素的。

律师与法官,虽同为法律人,但也是这个民族的成员,被这个民族的传统文化孕育,虽然西方的法律体系与制度已移植过来,但支撑这套体系与制度的、隐藏在其背后的人文传统、文化精神、民族心理,特别是推理论证的思维模式,却不可能随着成文法的移植而当然移植,只能靠自己一点一滴积累与提纯。

就此而言,不管是什么样的律师,也不管是哪一级的法官,在自身的提升上,在法治的道路上,都还有遥远的路要走,没有任何的理由骄傲自满,更没有任何的理由彼此贬低。

顺便再说一句,很多人瞧不上隔壁的邻居印度,无非是觉得人家的经济发展慢,还没有完全脱贫。但眼界开阔的人一定会注意到诺贝尔经济学奖获得者、印裔经济学家阿马蒂亚·森的名著《惯于争鸣的印度人:印度人的历史、文化与身份论集》,也一定会惊异地发现,原来在这个国家中,自由表达、充分宽容的精神源远流长而又深入人心。印度发达的因明逻辑,更是比肩古希腊逻辑。惯于争鸣,构成了印度人绵延不绝的历史。

前段时间,我特地向同事们推荐了《印度公司法精要》一书,仅此一窥,深感印度公司法制度设计之先进,我们不能再坐井观天了。如果到现在还为自己的一点点进步沾沾自喜,还将律师思维与法官思维对立起来,仍抱持着传统的厌讼心态,甚至还追求所谓的无讼状态,那简直太可笑了。"无讼"这个提法本身就是反历史、反文明的,是对理性论辩的逃避。

在2023年出版的国家社科基金项目成果《制度与机理:司法现象研究》中,作者提出了一个重要观点,引发了我的强烈共鸣:

司法制度本身是一种理性论辩的机会和平台。不言而喻,这种理性论辩的机会和平台,是由一份份具体的裁判文书搭建起来的。每一个案件都应该贯穿理性论辩,每一次庭审都应当是理性论辩。理性论辩既发生在不同的律师思维之间,也发生在律师思维与法官思维之间。只要论辩是充分的,过程是理性的,不管对抗如何激烈,作为理性论辩的最终结晶,裁判结果都是两造所能接受的。

李志刚:

就这个话题,你在理论上做了非常多的思考和提升,值得学习。

我从实务的视角,谈点问题和建议。

第一,律师视角的裁判文书。

裁判文书是对律师专业能力和劳动付出的核心评价指标。这种评价指标虽然集中体现在裁判结果,但却贯穿诉讼全程。"能赢"是律师的第一诉求,通过裁判文书看出来"怎么赢",则更能体现律师的付出过程和价值。反过来看,**律师又会以裁判结果和裁判文书展示的诉讼、论辩过程,来评价法官水平的高低**。

所以虽然穿上袍子都可以是法官,但通过庭审以及裁判文书展示出来的法官专业能力水平的高低,律师心里也会有杆秤:不会基于法院行政级别和法官等级,想当然地给法官划出三六九等,而是根据裁判文书展示出来的专业能力和职业素养给法官贴上高下优劣的标签。

认真负责且优秀的法官珍视出手的每一份判决以及其中的每一个字——既出于对法律职业的尊重,对公平正义的追求,也有对自己羽毛的爱惜。也可以说,法律文书是法官最重要的作品。法官不需要在庭审过程中滔滔不绝地展示专业和口才,但会通过裁判文书中的精当论证体现能力和水准。当然,裁判文书也就成为了律师评价法官的重要依据。

这种法律职业共同体的同行评价,更值得珍视。多年前,有个专门研究判决的资深律师对我说,虽然我们一直研究你们院的判决,但并不是每个判决都值得我们研究。通常,主要是那几个法官的裁判文书更有价值,更值得研究。这说明,裁判文书虽然都盖上鲜红的院印,但也带有浓厚的法官个人色彩,是极具风格的法官个人作品。这种鲜明风格,主要体现在裁判文书展现出的内容、结构、法律逻辑推理以及法理解释论证。

第二,法官视角的判决书。

(1)写判决是法官的饭碗。没写过判决的法官,不是法官。不以写判决为主要工作内容的法官,也谈不上是现任法官。判决是法官的产品,也是法官最重要的作品。

(2)判决书应当反映庭审的全过程和各方意见,这是判决书的基本要求。在我履职写判决的时候,桌子面前至少摆三份文件,庭审笔录及双方的代理意见。围绕争议焦点,逐一加上各方观点和理由,再表述本人的评判。这种内容上的"对抗+判定",也体现了"律师思维(预设立场)+法官思维(中立立场)"在判决书中的甄别与融合。

(3)判决书的首要功能是纠纷解决。法院通过诉讼程序吸收不满,通过裁判文书给出理由。裁判文书在定分止争的同时,本身即承担着对双方当事人特别是败诉方律师和当事人的说服功能。

(4)判决书是法院向社会提供的公共产品,有强烈的评价和指引功能。因此,虽然判决是针对个案的,但社会公众通过代入感,会对判决形成社会评价,这种评价经由当事人、律师或者媒体的放大,可能形成现实或潜在舆情,成为制约裁判结果的外在力量。

(5)判决书是法官与律师、当事人、社会对话的主要方式。这个对话过程体现为"各方分别认为 + 本院认为"的说理和"判决如下"的结论。当事人和律师对败诉结果的接受程度,与法官的倾听(裁判文书对各方意见的展现)及回应(法官倾向性结论的理由呈现)密切相关。社会公众对裁判结果的接受程度与"假设我是当事人"的裁判结果导向密切相关。

基于裁判文书的上述功能,我们可以发现,**判决书既是法官的个人作品,又不只是个人作品**。说它是个人作品,因为它将法官的责任心(说理程度)和业务能力(法律逻辑和论证)以署名方式大白于天下。说它并非个人作品,因为它以法院开头,以"本院认为"发言,以"国徽院印"收尾,处处体现司法权威和法院对社会问题的评判。这些制度化特点,又内化为撰写判决书过程中法官思维的内在逻辑。

我清晰记得,曾经有一位浙江高院的院长说过:"我一直对法官说,你们个个都是法院院长,因为你们个个在判决书上写的都是'本院认为'!"

这些制度化特点也外化为当事人、律师和社会公众对判决书的期待:它是完整展现庭审过程和各方意见的,没有刻意隐藏或者忽略；它是详陈自身观点和论证理由的，不是坐台盖章就必然获得了权威性和正当性的；它是法律和法院参与社会治理的重要载体，既要解决个案的定分止争，又对社会传达出重要的法律评价和行为导向。

概言之，判决书虽然是个案产品，但又承载超越个人的司法责任和社会功能。判决书虽然由法官写就，但反映的是包括律师庭审发言和书面陈情在内的全部诉讼活动。每一份判决都是社会现实的见证，也是法律人介入社会治理的见证。借用德沃金的名著《认真对待权利》来结束本次对话：

认真对待判决书！

TOPIC VI
对谈六

仲裁中的法官思维与律师思维

李志刚:

诉讼和仲裁是最重要的争议解决方式。二者既有共性,又有不同。从从业人员数量、案件数量来看,诉讼占绝对主导,仲裁占比较小。但随着市场化程度的提升,仲裁也进入了持续的高速发展期。但与此同时,我们也看到,对仲裁员、仲裁思维的研究并不多。因此,有必要对仲裁和仲裁员的思维问题给予更多的关注和思考。

6.1 仲裁员来源与仲裁员思维

李志刚:

之前的5个专题,我们主要围绕法院诉讼开展。第6个专题,我们把话题聚焦到商事仲裁。

作为两种重要的商事纠纷解决机制,仲裁和诉讼有一定的可替代性,也有一定的差异性。从法官思维和律师思维的视角看,可能有这么几个内容值得关注与讨论:**一是从仲裁员的来源看,**

律师和法官是仲裁员的两个重要来源,二者的职业思维可能会对各自的裁判风格产生一定影响;二是仲裁的市场化机制与商事诉讼的国家公权力模式对裁判过程的影响;三是仲裁裁决与商事判决的理念差异与影响。

朱兰春：

仲裁员是仲裁机构最重要的主体,也可以说是最重要的资产。目前看,大致来自四个群体,执业律师、离任法官、法学教授、其他领域的资深专业人士。像贸仲、海仲这样的国家级仲裁机构,以及部分发达地区设立的国际仲裁院,仲裁员队伍还有一个重要的来源,即包括我国港澳台地区在内的域外仲裁员群体。

人员结构的多样化带来的一个明显特征,就是思维方式的多元化。同样是处理争议解决,仲裁机构为什么比法院显得更有生机、更具活力,这是非常重要的原因。不管是什么样的单位,人的因素永远是第一位的。各领域高素质人士的汇集,又会给其中的每一个人带来前所未有的头脑风暴,彼此加持,相互赋能,形成良性循环,这是仲裁机构所特有的。

而且,我还发现一个有意思的现象,担任仲裁员之后,无论是律师还是法官,和之前相比,整个人都有了较大变化。简言之,律师比之前在法庭上更积极、更自信、更放松了,而法官则比之前在法庭上更平和、更宽容、更谦抑了。一句话,前者不那么畏畏缩缩,后者不那么咄咄逼人了。这种角色转换后的微妙变化,很耐人寻味。

在一个新的领域里,确切地说,在一个新的机构里,他们都像换了一个人。树挪死,人挪活。感觉他们挪了地方之后,不再是、至少不完全再是原来的自己。人是环境的产物,诚哉斯言!

借用最高人民法院倡导的穿透式思维,拨开既往的职业面纱,也许现在的自己才是更真实的自己。人不仅是所处环境的产物,也是所处环境不自觉的代言人。

李志刚:

仲裁机构、仲裁员,都是市场双向选择的结果,这可能是"职业身份转换"和"行为导向转变"的主要原因。另外,也体现出"自组织""自治性"本身也是"善治"的一种可能。

朱兰春:

是的,仲裁机构和人民法院,一个是民间自治组织,一个是国家审判机关,它们遵循着各自不同的制度逻辑,其日常的运行轨迹,也不可避免地形塑着其中的每一个人。

而最重要的形塑莫过于思维的形塑,尤其是各具特质的法律思维。到什么山唱什么歌。在法院的地盘上,必须守法院的规矩;到了仲裁的地盘上,也必须按仲裁的规矩办,这是不以个人意志为转移的客观规律。人适应环境的能力或潜力几乎是无穷的。

不过,相对而言,在这个新的领域,律师的适应性普遍要强过法官。不管以前是多资深的法官,担任仲裁员以后,在对新工作机制的反应上,比律师似乎要慢半拍。毕竟,以前在法院平起平坐感是在法官之间,尽管有行政职级的高低,但大家内心都是接受和认可的,并不觉得有异样。

但在仲裁机构,仲裁员来自五湖四海,不管你以前是什么身份,在这里大家都互称老师,彼此客客气气,办案有商有量,一律平起平坐,没有领导,没有核心。就算是首裁,也绝没有一言九鼎的特权。这对于长年受体制影响,法律意识、社会意识和自我认识已完全固化的法官来说,其实是一个不小的心理转换。

以前,律师对自己高度尊重,法官也习惯了这种毕恭毕敬。而现在,谁也不比谁特殊,谁也不比谁优越,大家身份相同,要说心里没一丁点落差,那就太矫情了。必须承认,在现行制度框架下,离开了法院,就意味着失去了某种特权。大家都明白,这种特权远不限于狭隘的审判权。在仲裁庭里,法官身份的仲裁员不可能再有以往的决定权,只能作为一个普通的仲裁庭成员发表意见,而且很可能会遇到律师身份的仲裁员的反对意见。大家必须反复讨论,充分沟通,绝不能以势压人,卖老资格,甚至连一点这样的端倪都不能露出,那只会让自己与仲裁机构的氛围格格不入。这个心理调适过程,尽管必须,但并不会舒服。

当然,有的法官角色转换意识很强,能迅速适应新的环境,很快找到新的定位。一起共事时,基本看不出人家身上有什么官气。

李志刚:

仲裁机构和当事人有权选择仲裁员,这种选择和评价机制,对仲裁员形成了一种软约束,且办案数量与收入成正比,这与法院管理、法官评价、业绩考核完全不同。而更根本的动力,可能来自当事人对仲裁机构的选择。市场机制的约束,能让当事人得到更多的尊重,而无须仰视法官。如果仲裁结果的公正性和效率能得到保障,可能更多的纠纷会流向仲裁机构,而不一定坚持去法院爬大台阶。

朱兰春:

你说得对,是机制造就了新人。我曾和多位前法官组成仲裁庭,合作过程中,也很认真观察他们的一举一动。不管我做边裁还是主裁,尽管他们比我年长,但对我都特别客气,从来没端过任何架子,讨论案件时都是用商量的口吻,对我提出的意见,他们都很认真听取,一时不能确定的,还表示回去后会反复思考。其中有位资深法官,给我留下很深的印象。她之前长期担任中院副院长,在当地司法界颇有声望。但在办案过程中,她特别谦和,非常尊重其他仲裁员的意见,裁判观点几经讨论,即便自己的某些意见被否决也毫不在意,真让人打心底里佩服。

李志刚:

这个例子里面既有个性,又有共性。个性方面,即使在法院,也是有的法官谦和,有的法官威严。总体而言,博学自信的,通常更为谦和。仲裁委的特定场景,使得"原法官"和"现律师"成为同一个仲裁庭的成员,原来的诉讼场景下法庭的台上台下,变成了现在仲裁庭的平起平坐,这种转换和对比,必然更为明显。

朱兰春:

不管是在哪里,真正有底气、有实力的人,待人说话大都温文尔雅、轻声细语。因为自信,所以无须大声嚷嚷。

6.2 市场化的商事仲裁与国家化的商事审判

李志刚:

除了上述心态和气质方面的差异,在法律思维方面,"原法官"可能也会有显著的转换和区别。比如,近些年,商事审判在对待合同效力的问题上体现出比较强的无效认定倾向。这背后,可能有一种比较强的国家干预和管制思维。**仲裁作为民间纠纷解决机构,有更强的自治性,在合同效力上,是否要体现出一种相对宽容的裁判理念?**

朱兰春:

思考这个现象,可能还要深入法律思维的层面。法官作了仲裁员之后,思维的带宽明显增大了。仲裁与诉讼之间,背后的法理念有很大的差异。包括法院在内的任何公权力,都带有不容置疑的强制性,只能在其划定的航道上,按照规定的速度行驶。在公权力的眼里,国家利益、集体利益是压倒一切的。任何商事主体、商事活动,都不能触犯这个大前提。至于商事主体之间的纠纷,按照中国传统的诉讼观,均是"民间细故"而已,对它们的处理,长期停留在自然经济状态下的"欠债还钱"的法律观。

对秩序的重视、对维稳的强调,高于对利益的保护、对创新的鼓励,是中国商事法律的一个突出特征。置于这个历史幕布下,有些东西会看得更清楚。以我对最高人民法院的长期观察和研究,三十年来,商事审判对于合同效力的态度已是几经浮沉。

其中,1999年和2019年是两个重要节点。以1999年《合同法》颁布为第一个节点,在此之前,对于合同效力的认定,最高人民法院基本上是否定大于肯定。在此之后,合同自由的理念渐入人心,对于合同效力的认定,最高人民法院基本上是肯定大于否定,尽量促成交易进行,以至于一度都有种声音,当然这种声音也是从最高人民法院内部传出来的,认为对于合同效力的肯定,有点失之于过宽了。

李志刚：

商事仲裁和商事审判就同类法律问题是否应保持一致的观点，还是说，有必要显示理念上的差异？

朱兰春：

对这个问题的判断，必须结合这两个节点，才能看得更明白。2019年的《九民纪要》是第二个节点，在此之前，对于某些合同效力的认定，最高人民法院已经开始收紧，突出地表现在金融审判中，标志性事件是出台了最高人民法院《关于进一步加强金融审判工作的若干意见》。该意见明确提出要落实第五次全国金融工作会议精神，服务和保障金融稳定发展，紧紧围绕服务实体经济、防控金融风险、深化金融改革三项任务，引导和规范金融交易。《九民纪要》公布后，这个收紧的态势更加明朗，特别是明确提出了"穿透式审判思维"，将涉及金融安全、市场秩序、国家宏观政策等公序良俗的规定一律界定为"效力性强制性规定"，违反之均无效。

但是，同样是上述时期，仲裁对合同效力的认识并没有像法院那样，有明显的起伏趋势和转换拐点，与法院保持一种明显的距离，而且是自觉地保持。所以，从长时段看，仲裁对商事合同的效力认定，一向持有宽容、宽松、宽厚的"三宽"态度，看不出有大的起伏，基本熨平了波峰与波谷在另一系统的震荡。

当然，由于仲裁的保密性，无法看到大样本的裁决书，但从贸仲、北仲等代表性仲裁机构出版的著述以及各种公开论坛披露的信息，包括仲裁员群体的内部沟通等综合情况看，上述判断还是符合历史发展的客观事实的。

6.3 差异的根源与表现

李志刚：

仲裁机构的民间属性、自治属性，可能带来的裁判理念的差异，是值得关注的点。当然，是什么，可以通过现象进行描述；为什么以及应该是什么样的，仍然值得进一步思考和探讨。

第一个层次，仲裁和诉讼都是基于法律——《民法典》及其他民商事基本法；第二个层次，为什么基于同样的法，会产生不同的价值取向，以及是否应该有不同的价值取向？第三个层次，法院是否会通过司法审查程序，以违反公序良俗为由，将诉讼中的商事审判理念传导到商事仲裁，因而也形成一种强化管制、更多地认定无效的倾向？

朱兰春：

仲裁机构的民间和自治属性，当然是一个重要原因，但除了这种国家与社会的两分认识法之外，我想还有一个更深层的重要因素，那就是不管哪家仲裁机构，"眼睛"都是始终向外的，而不是向内的；是向前看的，而不是向后看的。所谓"眼睛"向外、向前，就是自觉追随国际仲裁界的潮流，努力把握商事争议解决的世界方向。

其中，中国贸仲、海仲两家中字头的国家级仲裁机构起到了特别重大的作用，产生了特别显著的影响。其他地方的仲裁机构在陆续组建时，无不是以这两支国家队的动向作为自己的发展模本。

很早之前，我国仲裁界就流传着一个学术观点，那就是在我国现行的所有法律中，理念最先进、设计最完善、条款最齐备的法律当属《海商法》。因为《海商法》是与国际接轨最近的一部法律，同时也适当兼顾了国情，也可以说是在当时条件下，最为现代化的一部国内法。

李志刚：

涉外仲裁和国内仲裁，基于国内司法约束、外部观瞻的影响不同，在裁判理念上是否也会体现出一种差异性？

朱兰春：

具体做法上，当然会有所不同，这种因地制宜的变通，从各家机构的仲裁规则即可看出。但是，国际仲裁界的先进理念、通行做法，通过这样那样主动和自觉的接轨，深刻影响和改变着国内仲裁界，这一点无分涉外仲裁和国内仲裁。

我想，仲裁机构对于合同效力的认识，之所以能长期保持相对稳定的态度，并不必然随国内环境的各种变化而变化，与这个方面的因素长期存在是息息相关的。

至于法院是否会通过司法审查程序，以违反公序良俗为由，将诉讼中的商事审判理念传导到商事仲裁，也形成一种强化管制、更多认定无效的倾向，至少目前还看不出这个苗头，而且我判断，就算是想做到，也不太可能做到位。

《仲裁法》确定的仲裁司法审查原则及其规定是对这种企图最大的法律屏障。无论是公序良俗，还是社会公共利益，都有极为严格的适用条件，以此撤裁或不予执行，个别案件中或许可能，但以此作为某种理念的推行,进而变成一种趋势,则根本行不通。原因无他,世界潮流浩浩荡荡,历史车轮滚滚向前。

同时,最高人民法院为公序良俗和社会公共利益的解释设置了极为严苛的适用条件,本身已表明了司法态度,无意也无力推行某种随政策变化而起伏的实用理念。

中国的仲裁机构为什么在国际上有公信力,也是以接受、承认和参与一整套仲裁理念所确定的法律秩序为前提的。同时,还必须看到,这一整套理念所确定的法律秩序,我国法院在符合国家利益的前提下也是接受、承认和参与的。最高人民法院每年那么多的涉外判决、裁决的司法审查,就是这种接受、承认和参与的具体形式。

就此而言,如果从内设机构的角度看最高人民法院,不仅有专门对外交流的国际合作局,其民四庭无疑也是最国际化的审判庭,这显然是与其业务范围息息相关的。目前设立的两个国际商事法庭,显然又把这种国际化、现代化的审判理念和审判设施,推广到了更大的范围。

从某种意义上讲,这也把仲裁机构带到了更为广阔的舞台上,由此获得了更多的发展空间。这对仲裁员群体,不能不产生巨大的影响,让他们或是身不由己,或是主动拥抱时代的蓝海。

所以,诉讼与仲裁的差异可以从国家权利与民间属性的角度来认识,这也是大家最熟悉的视角。但这还远远不够,并没有揭示出二者差异的实质。就本质来说,二者的差异是法理念的差异。

6.4 一裁终局与两审终审

李志刚：

一裁终局和两审终审是裁判结果终局性的根本差异。

诉讼法上"两审终审＋审判监督程序"的制度设计给当事人提供的救济，相对而言是比较充分的。问题的另一面就是终局性带来的效率远不及于仲裁。

朱兰春：

相较于不稳定、不确定的诉讼程序，我认为，一裁终局恰恰是仲裁的最大优势。

李志刚：

从这个意义上来说，仲裁结果的公正性要求是极高的，背后支撑的，是仲裁员的高素质和公正性。

朱兰春：

是的，仲裁员的素质，是仲裁机构公信力的灵魂。

此外，对于商事案件的当事人来说，选择漫长而低效的诉讼程序，无异于另一场重大商事灾难。

李志刚：

换一个角度说，只有仲裁员的专业素质和公正性远高于法官，才足以支撑一裁终局的程序设计。

但现实中也存在两种不同的声音。

一种声音：正因为一裁终局的高效性和自治性，才保障了仲裁的优势，因此，应当减少对仲裁裁决的实质性审查，特别是基于社会公共利益、公序良俗这些内涵高度抽象的规范依据否定仲裁裁决的效力。

另一种声音：如果说两审终审尚不足以保障绝对的司法公正，也不能神化仲裁员和仲裁结果的公正性。因此，有必要强化对仲裁的司法审查，以保障仲裁结果的公正性，以及对于法律适用效果的一致性。

朱兰春：

目前来看，第二种声音很难获得制度上的支持。经过这么多年来的探索，司法与仲裁的基本格局已经固化了，对仲裁的实质性审查已经限缩到极个别案件，不构成整体制度上的挑战与突破。

此外，我还想说的是，司法公正的保障与案件两审即终审之间并没有必然的关联性。那种希望通过审级的增加来提高司法公正保障度的想法，是典型的"面多了加水，水多了加面"的"摊大饼"思维。

事实上，观察最高人民法院近年来的工作报告以及发布的司法统计数据，就全国法院系统看，二审上诉率是呈下降趋势的，再审改判率更是长期保持极低水平，并没有太多异动。

李志刚：

复审与公正，确实是一个有意义的话题。多年前，法院设审判监督庭的时候，我曾提出一个问题：是把最优秀的法官放在前端程序的民商事审判庭，还是后端程序的审判监督庭？放在后端的理由是：审监庭的法官，是法官的法官，水平最高，才能在后端纠错；放在前端的理由是：如果前端是最优秀的法官，在前序审判程序审对了，根本就不需要后序比他水平低的法官来纠错了——这里面其实有一个悖论假设。

关于二审上诉率和再审改判率的问题，与司法公正可能有一定相关性，但也不能绝对化。 比如，以发改率为考核指标形成的对前序法官的巨大压力，可能会反过来抑制后续程序的发改意愿（尽可能不要为难前序同仁）；而再审改判率则受到收案数量大造成的巨大结案压力、审查以书面方式为主，以及再审法官的行为偏好的影响。比如，有人统计，有的法官再审驳回率连续几年是百分之百——显然，这并不等于经其审查的案件正确率也是百分之百。

对仲裁机构和仲裁员而言，市场选择与声誉机制可能是更好的公正保障机制。如果出现较大程度的"公正偏移"，那么，仲裁机构和仲裁员的声誉必将受到负面影响，进而直接影响仲裁机构的案源与生存。

所以，虽然仲裁机构和仲裁员也会出现一些负面事件，但"仲裁公正""仲裁腐败"似乎很少成为一个话题。专业性强和公正度高的仲裁机构越来越多地受到市场和法律人、商人的认可，受案数持续攀升，美誉度持续提升，成为越来越多的公司在纠纷解决路径上的重要选择。

朱兰春：

说到审判监督，相较于地方法院，最高人民法院的审监庭组建较晚，2000年才成立。首任庭长纪敏的讲话曾刊于最高人民法院主办的《审判指导与参考》上，有几句话我至今还记得。他说，肖扬院长和审监庭领导班子谈话时,要求审监庭法官的水平要高于其他业务庭,要成为法官的法官,才有监督的底气和资格。为了保障审监庭的工作,解决怕得罪人的问题,最高人民法院还特别规定,审监庭不参与全院统一考核,而是单独考核。

一年之后,2001年9月,纪敏庭长在全国审判监督工作座谈会上坦承,目前法院判决确有错案,这篇讲话后来也公开发表在最高人民法院主办的学术刊物上。①

回顾最高人民法院审监庭成立至今20多年的情况,我从外部观察得到的总体感觉是,对于向下监督指导,还是做了大量工作,特别是党的十八大以后,纠正了一批社会关注度很高的错案,张氏叔侄案、呼格吉勒图案、聂树斌案、王力军无证收购玉米案、顾雏军案,等等,就是明证。2018年,习近平总书记在民营企业家座谈会上,专门表扬了最高人民法院,原话援引如下:

> 我多次强调要甄别纠正一批侵害企业产权的错案冤案,最近人民法院依法重审了几个典型案例,社会反映很好。②

但如果"眼睛"向内,对于本院审理的案件监督,特别是审查后的改判案件,最高人民法院审判监督庭公布的案例其实非常稀少。就我看到的公开材料,感觉大致平均下来,每年最多也就一

---

① 纪敏:《抓住机遇 振奋精神 开创审判监督工作新局面》,载最高人民法院审判监督庭编:《审判监督指导与研究》2001年第3卷(总第3卷),人民法院出版社2002年版,第58页。
② 《为民营经济发展提供有力司法服务和保障》,载中国日报网,https://China.chinadaily.com.cn/2018-11/08/content_37222825.html。

两件。

当然,这肯定与最高人民法院审理的案件质量本身就很过硬有关,申请再审的可能较多,但真正能进入审监程序,特别是最后再审改判的案件才寥若晨星。

再审改判的本院案件,一定是特别重大疑难或者有很大社会影响的案件。我印象较深的两起案件,一个是早年的,另一个是近期的。早年的那个案件,是个公报案例,且经过最高人民法院审委会讨论决定,但最后还是被改判了。近期的这个案件是"百亿北京黄金地块案",最高人民法院审监庭撤销了本院二审判决,维持了北京高院的一审判决。

所以,你刚才讲到前端监督还是后端监督的定位问题,至少在最高人民法院层面看,似乎目前还不是一个悖论。就能接触到的公开样本看,我们只能推定,前端审判与后端审监的水平都很高,后端审监的工作量还不饱和。

但是,如果结合你提出的发改率考核指标再来看案件的实际审判质量,可能会有另一番不同的感受。

李志刚:

对于仲裁一裁终局的问题,不少市场主体有顾虑,仲裁机构也在为消除这种顾虑做努力。

朱兰春:

我在一些会议场合与最高人民法院诸位法官交流时,他们的一个普遍心态是很值得留意的。谈到向最高人民法院申请再审的案件,不少人都提到,现在申请再审的成本太低了,导致申请的随意性很大,最后只能驳回,而且往往是成批、大批地驳回。为此，他们甚至还有点制度的忧虑，因为如此大量的再审申请被驳回，造成的客观效果与社会观感并不完全是申请质量过低，而是审监程序在空转。

当然，还有一些其他因素导致审监的错案纠正功能难以正常发挥，如纠错程序太多、阻力太大等。

我注意到，6月19日晚上7点半，最高人民法院官方微信公号上发布了一条新闻，通报审判质量管理指标体系新鲜出炉。根据报道，新的审判质量管理指标体系分为质量、效率、效果三大类，将一审裁判被发改率、生效案件被发改率等质量指标作为首要评价标准，防止以往出现的唯指标、唯数据论英雄，对指标设置从严把控，该合并的合并，该取消的取消。

希望新的指标管理体系对于案件质量的评查和提升为基层法院实实在在地减负，有较大的推动作用。这也算是大兴调查研究之风以来，最高人民法院积极释放的新鲜空气吧。

相较于法院，仲裁机构的案件质量就像是对待合同效力的态度一样，我感觉总体上也是很稳定的。

这也可能与仲裁的保密性有一定关系，缺乏社会关注度是因为缺乏明显可见的"易燃物"，所以不好泛泛比较。社会科学的研究难就难在这里，相关的影响因素太多，很多难以定量分析，只能在有限掌握的范围内作出相对性判断。

说仲裁机构的案件质量稳定，绝不意味着就是一片净土，没有任何非议。这个世界上没有净土，如果有，也只在陶渊明那里。事实上，有的仲裁案件，甚至闹出过比法院案件更大的舆情影响。

197

比如，有主流媒体就曾报道过，①深圳仲裁委的某个案件被当事人指责依据字典裁判，一怒之下将仲裁委的牌子摘掉，并换成"深圳枉法仲裁委员会"字样的牌子，该换牌事件当年轰动全国。同样在深圳，此前还发生过一起类似事件，深圳市劳动争议仲裁委员会的牌子被一个不满的申请仲裁方拆走，徒步一个多小时将其带回家中，该事件当年也引起社会的广泛关注。

具体案件处理到底有没有问题，这里姑且不论，但这么恶劣的事件，至少在法院系统还闻所未闻。

无疑，极端事件的发生，无论对法院还是仲裁机构，震撼都是巨大的。对于以身试法者，除了要坚决绳之以法外，也以另一种方式警示所有裁判者，案件质量大于天，案件的公正公平审理是裁判者的底线，底线就是生命线。

讨论至此，回过头来，再比较诉讼和仲裁这两种争议解决方式，很容易看出一些较大的反差。

我一直有种认识，不知准不准确，也许存在认知偏差，就是我国仲裁员群体的整体素质要高于、优于法官群体。相应地，仲裁机构的办案质量也高于、优于法院系统的民商事审判。

举例而言，最高人民法院首例对赌案件审结后，创设的"股东之间可以对赌，但与公司对赌则无效"的裁判规则一时被各级法院纷纷援引。而打破这一认识界限和裁判禁区的，就来自仲裁机构的裁决，认为股东与公司之间的对赌并不必然无效。在无损于公司和债权人利益的情形下，可以认定为有效。

---

① 《深圳仲裁委"换牌风波"：仲裁委被指靠"字典裁案"》，载中国新闻网，http://www.chinanews.com/gn/news/2008/08－11/1343270.shtml。

显然,此案仲裁庭对商事活动与交易的认知以及对法律边界的把握与适用比法院更高。实践证明,这一认知被越来越多的企业家和法律人所接受。最高人民法院从善如流,在《九民纪要》中吸取和采纳了仲裁机构的上述观点。

我国的仲裁员群体,特别是中字头(中国贸仲、中国海仲)、国字头(多地的国际仲裁院)仲裁机构里的仲裁员,无论是品行操守、专业素养,还是社会经验,都是业内精英。用世俗的标准来衡量,不管是经济地位,还是社会地位,都是引人瞩目的成功人士。

就像西方一些国家的法官都是从成功律师转型而来一样,我国的仲裁员群体都是在其行业内功成名就后,被各仲裁机构遴选出来的。虽然国情不同,但跨界与流动的方向、方式如出一辙。既然如此,在办案效果的横向可比性以及案件质量的普遍公信力上,也就不难理解其间的某种一致性了。

有次仲裁委会议期间,曾在中级法院担任过领导职务的某前法官对我说,做了仲裁员后,经常与各方精英人士一起办案,各种头脑风暴,弥补了自己的知识盲区,也让自己如鱼得水,甘之如饴,那种业务探讨带来的智识上的愉悦,真是无比舒畅。他还特别说,这种感觉在法院是很少有的。就他个人而言经年累月的高强度工作,以及来自各种看得见和看不见的压力,早已将法官的办案乐趣剥夺得一干二净。每天匆匆忙忙,想的就是怎么才能尽快完成任务,早点把这个案件推出去。

众所周知,法官离职做律师,前赴后继,见怪不怪;律师转轨做法官,少见多怪。即便是极有限的几个出律入法的宣传个例,你会发现,或者从此如泥牛入海,业内再无此君任何音讯;或者某日又听闻离开法院,前往高校从事教学与科研,能够成为"知名法官"的凤毛麟角。总之,并没有形成所谓的"鲶鱼效应"。

6.5 仲裁的自治与自主

李志刚:

就仲裁和诉讼的差别而言,我个人观察,有这么几个特点:

第一,仲裁程序的选择上,体现出自治性和效率性的统一。比起诉讼的多重复审,仲裁一裁终局对当事人可能是一种冒险。所以,通常而言,首先,当事人对一裁终局有类似于愿赌服输的心理预期,否则不会轻易选择仲裁。其次,当事人可以相对自由地选择仲裁机构。这种自主选择的自由,通常是建立在当事人对仲裁机构的专业性和公信力的认可之上的。否则,理性的当事人不会去冒这个险。而一裁终局,则是效率性的最佳体现,大部分不用再纠缠于诉讼中的多重复审程序。

第二,仲裁庭的选任体现了更强的自主性,能使得当事人的意见得到更为充分的尊重和体现。法院的合议庭组成人员是法院指定的,当事人没有发言权和选择权,只有要求回避的防守型权利。但仲裁庭不一样,当事人有选择仲裁员的充分自由,这个选择过程本身就代表了当事人的程序性参与和决定。当事人可以选择自己信得过的仲裁员审理自己的案件。在此前提下,对裁决结果的不满程度会大大降低。被选择的仲裁员,虽然不是一方当事人的代理人、利益代言人,但基于此种信任,会在仲裁过程和仲裁结果中更加注重对选任方的合法权利保护。对信任回馈以审慎,能有效提升当事人利益与法律适用的结合、程序利益与实体结果的妥当性。

而被当事人选任、被当事人和仲裁委反复选任,本身就是对一个法律人的最高褒奖,这种褒奖所带来的自我激励远超越领导表扬、行政级别提升和物质待遇盈收。

诉讼程序则不一样。法官与双方当事人都保持足够的距离,甚至要刻意避免对任何一方的立场站队。所以,同样是败诉当事人,对合议庭的不满与对仲裁庭的不满,程度上可能也会有所差异。

第三,仲裁庭的庭审过程能体现更强的包容性,更多地吸收当事人的不满。与法院不同,市场化的仲裁委并不存在案多人少的问题。对每一个仲裁员而言,通常也不会出现几十件、数百件的积案。因此,仲裁庭和仲裁员都愿意花足够多的时间来倾听各方的意见,无须频繁打断当事人及其代理人的发言。而诉说和倾听的过程,本身也是一个重要的吸收不满的过程。更为重要的是,仲裁委作为市场化的纠纷解决机制,本质上是当事人购买的一种公共法律服务,这种服务体验会形成重要的正面或者负面宣贯效应。

"服务好、受尊重",才能赢得纠纷解决"市场"的份额,形成良性循环。

第四,仲裁委对仲裁员的管理和服务,对仲裁程序的持续优化,对个案仲裁结果的妥当性考量,形成持续提升仲裁美誉度的推动力量。诉讼虽然本身也是一种公共法律服务,但其本身是一种法定的、垄断的纠纷解决方式。当事人本身无权直接评价法官和法院,人大代表如果不是当事人,其评价本质上是间接的、隔膜的,难以像当事人那样感同身受司法提供的这种"公共服务";如果其本身就是当事人,可能又会因为利益介入过深,或者直接基于自身的输赢来评价法院和法官,这种评价可能也难以绝对客观。但不管怎么样,除非选择了仲裁,否则,哪个法院管辖是相对确定的,哪个法官审理这个案件是不可选择的。除非实时、直接影响人大代表的表决结果,否则法院和法官通常不太会刻意关注当事人对庭审体验和裁判结果的评价。

仲裁委就不一样。当事人选择特定仲裁机构,是基于对其专业性、公信力和效率性的信任,如果没有"购买"到令人满意或者认可的相应服务,不仅其本身不会再选择仲裁或者这家仲裁机构,而且会将这种负面评价带到身边的整个法律圈。"好"的服务体验,则是对这家仲裁机构和仲裁员的最优免费广告,也会将正面评价传导到身边的整个法律圈、朋友圈。

在这种市场机制的作用下,我们看到,越来越多的仲裁机构在提升仲裁员队伍的专业性、公信力以及仲裁程序的便捷性和效率性上,付出了诸多努力,取得了显著成效。国内有代表性的三五家仲裁委在法律圈里已经形成了非常好的口碑和美誉度。案源已经不是问题,在国内和国际的影响力上也不断提升。

从仲裁委对仲裁员的选拔和动态管理看,仲裁委有优中选优的权力,有聘后多用少用的权力,也有到期不再续聘的权力。这些权力的行使,对仲裁员的素质和行为形成了潜在的约束。

朱兰春:
在现行体制下,要想在本职岗位上做出成绩来,法官的各种付出与仲裁员相比要大得多,也复杂得多,困难得多。

6.6 仲裁裁决的观点是否应当和法院保持一致

李志刚:

就对赌协议的裁判观点而言,我倒不认为是仲裁庭对法律的认识比最高人民法院技高一筹。对赌协议的法律评价问题,本质上是合同法与公司法的边界问题。就此问题,各级法院有不同认识,学者也有不同看法。仲裁庭的意见可能也只是若干种不同观点之一。《九民纪要》认可股东与公司对赌的效力,未必是从仲裁庭的裁决意见学习来的,只能说是阶段性的司法观点和倾向性意见,并不意味着有仲裁庭这么裁过,这种观点就是对的,法院就直接"抄作业"了。由这个话题,其实可以引到一个更具普遍性的问题,这就是:仲裁庭的裁决观点是否要和法院的观点,特别是最高人民法院的观点保持一致?

就此问题,我的认识是:第一,不存在谁必须服从谁,谁一定对、谁一定错的问题。法院和仲裁庭都是法律的执行者,对争议观点的评判,应当回到对法律本意的理解以及法理的论证上来。

第二,从理念上看,法院作为国家机关,可能会显示较强的公权力属性,体现出一定的管制性倾向——尽管如此,商事审判与传统民事审判、行政审判、刑事审判仍应当有所区别,体现出更强的自治性、宽容性和谦抑性(就此内容,我在《商事审判理念三论:本源、本体与实践》一文中曾做过讨论)——而商事仲裁,则应当更加淡化管制思维,体现出更强的契约自由、意思自治的理念。

特别是在合同效力的问题上,不应动辄适用公序良俗的高度抽象概念,否定合同效力。在对赌协议效力的问题上,本身不是公权力管制的问题,而是公司法法理和合同法的边界问题,这另当别论。

第三,对仲裁裁决的司法审查也应当秉持相对开放、包容和谦抑的态度。允许必要的、基于不同认识的裁决结果和法律适用空间,而不是拿着公序良俗、社会公共利益原则随时套用。

第四,正如面对争议问题,法院判决有类案不同判的结果一样,对于商事审判和商事仲裁,在个案中存在不同的裁判观点也无须感到意外。最为重要的是民商法律人共同体愿意保持谦逊和耐心,共同讨论、研究和分析法条法理,寻求法律适用和法理论证上的共识,最终实现这个共识。换言之,不仅在不同法院、不同法官那里能得到同样的判决结果,而且选择仲裁时,在不同的仲裁机构、仲裁员那里,也得到相同的裁决结果。我想,这应该是可欲可达的共同目标。

朱兰春:

你对诉讼和仲裁的比较很全面,让我也有更深的体认,它们之间确实存在很大差异。此外,我还想再补充谈两点:一是仲裁制度的一裁终局,二是法官与仲裁员的思维差异。

对于仲裁的一裁终局,不要说当事人,就连一些律师都认为风险很大,感觉像一锤子买卖,与诉讼相比,缺少足够的救济渠道,总认为选择仲裁太过冒险。

多年来,这种类似于谈虎色变的集体心理像流行感冒一样,弥漫于法律圈子内外,不定期地发作,言者振振有词,听者频频称是,已经成为一种值得研究的法律社会学现象。

黑格尔尝言,存在即合理。只是,要真正认清这个"存在",恐怕还是要绕到"存在"的背后——究竟是什么在支撑着这种存在?辨认并分析这个根基性的支撑,一度是我反复思索的问题。

直到某一天,在去拉斯维加斯的旅游大巴上,来自台湾地区的女导游向我们介绍这个著名赌城时,无意中提到,在美国其他族群眼里,海外华人的印象是好赌,闻之我突然有种破壁感,积郁已久的问题意识一下子被唤醒,霎那间有了通感。

现在我可以谈谈对这个问题的认识了。不过首先要声明,按照希腊哲学家对知识的分类,我所谈的只是意见,不是事实。至于事实是什么,那是很难研究和界定的,尤其是比自然事实复杂千万倍的社会事实,更是难以捉摸,颇有点像康德所说的"物自体",几乎属于不可知的领域。我愿意仿效维特根斯坦,对无法言说之事保持必要的沉默,仅就自己的感觉谈一些个人体悟。

简单说,两个深层因素导致中国人迷信诉讼程序的"多",而抵触仲裁程序的"一"。

第一,公平与正义,是一直以来最稀缺的资源,即便是现在,仍然没有从根本上改变供给不足。

中国人对打官司并不陌生,但对作为完全舶来品的仲裁,却还处于"试用期"。在这样一种民族性格与心理的积淀里,一裁终局内含的正义与公平作为一种常态化、制度性的预设供给,尚没有经过严格的测试与考验,还缺乏可资信赖的信用记录。信心比黄金还宝贵,大浪淘沙,沙里淘金,仍是社会大众的普遍观感。

中国人厌讼怕讼,但凡被迫打官司,不是搏命就是争财,兹事体大，容不得半点闪失，宁可多一份保险，也不要冒一份风险。透过历史与现实的棱镜，一裁终局的仲裁劣势，与其说是法律制度的，不如说是社会心理的。

就此而论，仲裁案件若闹出重大事件或曝出丑闻，其冲击要远远大于法院，对仲裁事业的伤害几乎是致命的。为什么你说仲裁公正、仲裁腐败很少成为一个话题，原因就在这里，因为它对仲裁机构的"核打击烈度"，完全是毁灭性的。

仲裁机构为什么特别看重仲裁员的素质要求？原因也在这里，因为这是仲裁机构得以存续并发展的生命线，这样的极度敏感性与普通百姓打官司的忐忑心态其实也差不太多。

第二，当一种资源的供给始终处于紧缺状态时，命运的无力感与不甘心必然滋生铤而走险的赌徒心理。奋力搏一把，也许下一轮就会翻盘。所以，谁赢了都不许走，只要赌局在继续，输者就有希望。

一裁终局的制度设计，不亚于赢者即刻离桌，让输家永远失去了再赌一把的可能性，而这是很难被处于历史惯性中的人们所普遍接受的。所以，你说得特别好，当事人如果对一裁终局没有类似于愿赌服输的心理预期，是不会轻易选择仲裁的。

在这方面，诉讼程序的"多"，就显示其绝对的优势，特别是这个"多"，还不会止于"二""三"这样明确的、有限的"多"，几乎还可以继续向前延伸。所谓终审，只是字面意义上的，就实操层面来看，也确实是字面意义上的。只要能够延伸，一切皆有可能。相对于仲裁程序的"刻薄寡恩"，现行诉讼制度设计与实操之间的二律背反，不是绝对的优势又是什么？！

再说到法官与仲裁员的思维差异,我认为现在的研究还很不够,多数人仅泛泛谈诉讼与仲裁的差异,却没有深刻意识到,诉讼与仲裁的实质性差异是通过法官与仲裁员的思维差异表现出来的。诉讼与仲裁的差异,不过是法官与仲裁员思维差异的物质外壳而已,法官与仲裁员的思维差异才是诉讼与仲裁差异的活的灵魂。

法学不是数学,法律问题也不存在绝对正确的最优解,这已是常识。然而,在特定情形下,法律问题又确实存在,也应该存在次优解。而这个特定情形,对于判断和获得次优解特别重要,甚至可以说起到决定性作用。我理解的这个特定情形,就是那种开放的、对话的、探讨的、驳辩的具体氛围与制度环境,所有共识的形成之前都经过意见烈火的反复试炼。以规则为基础的认知秩序和法治秩序,正是在这种具体氛围与制度环境中逐渐成形并不断巩固的。

我为什么特别强调仲裁与诉讼之间的差异不仅是法理念层面上的。我国的仲裁制度更接近、更亲近这种滋养它成长的具体氛围与制度环境。说白了,它天然携带了法治观因子,这把种子撒到哪里,就会在哪里开花。至于是否茁壮成长,那当然还需要其他元素,但理念本身是可以穿透现实条件的外在约束的,它不仅不那么在乎限制它的外在现实条件,反而还要一点一点地渗透它,甚至是改变它。

李志刚:

仲裁裁决书的保密性,在一定程度上限制了仲裁裁决的公知性和影响力。

朱兰春：

是的，但这并不意味着，外界对仲裁裁决就彻底一无所知。我不妨也试着推论一下。最高人民法院的上述判决作出后，引起各方面的极大关注。正是在这个大背景下，仲裁委的裁决才显得标新立异，同样也引起各方面的高度关注。我相信，其中就有来自最高人民法院的关注。假如最高人民法院真的没有关注到这个异类的裁决，那我认为，这与最高人民法院的地位太不匹配了，这显然又是很难想象的。

至于学术界和地方法院对于该类案件有不同认识，这也毫不奇怪，因为一向就是如此，并不只是体现在这个案件上。但不妨想象，是学术界和地方法院的不同认识对最高人民法院的影响更大，还是仲裁委的生效裁决对最高人民法院的影响更大、更为现实？

李志刚：

就对赌协议而言，体现了与公司对赌有效的典型案例，学界和实务界通常认为是江苏高院于2019年4月3日作出的(2019)苏民再62号"华工案"判决。这份判决细致阐释了认定与公司对赌有效的理由，故受到高度关注并产生了广泛影响。

仲裁裁决书的保密性，很难让裁判结果周知。所以就目前的观察来看，真正产生重大法律适用影响力的裁决书，并不多见。就我有限的审判工作经历来看，也很少见到因为仲裁裁决的意见和结果，而最终影响司法裁判结果的。在这方面，裁判文书公开是其产生重要影响力的信息基础。

朱兰春：

需要说明的是,该案的裁决书当然是保密的,但该案的裁判观点却是脱敏之后被公开报道的。就此而论,我认为更合理的判断是,学术界、地方法院、仲裁委,甚至是最高人民法院里的少数意见派,均对《九民纪要》的诞生产生了复合性影响,尽管各自的影响因子已不可考。这里涉及的更有价值和意义的问题,正是你所指出的,就是仲裁庭的裁决观点是否要和法院的观点特别是最高人民法院的观点保持一致。

李志刚：

法院系统的金字塔结构是上级法院判决产生影响力的科层基础,司法审查的程序后置是其影响力的终局性基础。

朱兰春：

正因为仲裁制度没有科层制的基础,所以,你提出的这个问题的实质触及了仲裁机构裁决的独立性。就我国现行的争议解决的制度框架而言,至少在商事案件领域,仲裁机构裁决的独立性是弥足珍贵的,也是不可替代的。

李志刚：

关于这个问题,可以用三句话来概括:**仲裁过程和仲裁结果的私密性限制了其裁决结果的可见范围;仲裁机构的平行性难以产生纵向影响和约束力;司法对仲裁裁决的后置审查影响了其观点的终局性。**

朱兰春：

仲裁裁决与法院判决之间,确实不是谁高谁下的问题,而是彼此瞭望、互相启发、主动补充的关系。

李志刚：

如你所言，仲裁机构仍然是商事审判的重要补充，甚至可以成为一种外在的竞争力量和推动力量。虽然仲裁裁决是私密的，但仲裁机构的倾向性法律观点可以是公开的。

朱兰春：

这才是最关键的作用，而这个作用的发挥，无疑是仲裁员群体集体智慧的体现，正是在这个意义上，它确实与法官思维有较大的差异。这种思维方式和思维内容上的差异性，也可以说是仲裁机构、仲裁员独立生存的特有标志。

李志刚：

事实上，一些仲裁机构通过研讨会、学术刊物等方式发声，特别是对可能存在的争议问题，发出自己有理有据的声音，可以给当事人提供不同的选择可能。**从专业背景看，仲裁员和法官都有民商法专业背景，对争议的法律问题，按理说，应当有更多的共识。但是，自治性偏好和管制性偏好确实可能产生不同的裁决/审判理念，进而对争议问题产生不同的倾向性观点。**

朱兰春：

你说得非常到位。其实，这种客观上的差异性不仅可以为当事人提供不同的选择，从实务的角度看，简直就是一种"诱惑"。只要仲裁庭能封死程序漏洞，一旦作出裁决，实体上的翻盘何其难也！从发展的眼光看，这又是一种健康的、积极的、正面的"诱惑"，经济生活乃至社会经济的活力就是这样一点点激发出来的。

活力就是财富,让创造社会财富的源泉充分涌流,正是党的政策所确定和倡导的。

李志刚:

从科斯提出的"思想市场"的视角看,这也可能成为一种商事纠纷解决的机制、理念和观点的市场和竞争。在竞争和市场选择中,实现更大的共识和具体裁判观点的优化。

李志刚:

从宏观的视角看,仲裁机构和仲裁事业在我国的发展,也可以视为商事纠纷解决机制市场化的一个缩影——其产生、发展和进步本身也是市场化程度提升、自治性提升的一个重要标志,也是缓解法院商事诉讼案多人少的一个有效途径——特点在于,这个过程是自发的、渐进的,甚至也是不可逾越的。如果这是大势所趋,那么,不同角色的法律人,也可以从中找到方向感。

朱兰春:

如果放在国际化的大背景下再认识这种市场化,就更有历史感和方向感。比较仲裁与诉讼的差异时,自觉把它们嵌入这个国际化乃至文明秩序的框架下,认识的高度与深度才会有所不同,并可能激发出更多的洞见。

李志刚:

微观上,我国头部的仲裁机构及仲裁员以及与仲裁司法审查相关的法官,在这个历史进程中可以发挥相当大的推动力。在现实生活中,我们也看到了我国非常有代表性的几个仲裁机构,在理念、机制和操作细节上为此做出的探索和努力。因此,我个人对我国仲裁事业的发展,也持较为乐观的期待。

朱兰春:

我完全认同你的判断。虽然波普尔否认存在历史规律,但他从不否认知识的批判性增长,而且一再呼吁通过知识获得解放。**商事争议解决机制的良性发展,离不开法官群体与仲裁员群体的共同推动,而把他们联结在一起的内生力量,不仅仅是共同的法治理想,更有共同的知识纽带。他们处理商事争议案件的过程与互动,就是在清除一切束缚社会发展的障碍,就是在通过知识获得解放。**

TOPIC VII
对谈七

仲裁裁决能否适用司法解释

李志刚：

仲裁能否适用司法解释，一直是一个既敏感又重要的问题。说其敏感，是因为民商事司法解释主要是指最高人民法院在审判中对法律适用问题的解释，其对仲裁并不具备当然的约束力。仲裁是否适用，并不好直接回答。说其重要，是因为抽象的立法和复杂的现实之间有相当大的解释空间，而司法解释在相当程度上减少了这种法律适用的恣意性。

那么，仲裁到底能不能、应该不应该适用司法解释呢？

7.1 观察与观点

李志刚：

上一个对谈涉及仲裁，引发了仲裁界诸多法律同仁的关注，并希望我们就仲裁中的一些具体问题，再做一次对谈。有鉴于此，我们拟就近期仲裁界关注较多的这几个问题，再做一些对谈。如司法解释在仲裁中的适用问题；审判会议纪要对仲裁的约束力;金融管理机构的规章对仲裁合同效力的影响;非法律背景仲裁员能否及是否适合作首裁;对近年最高人民法院公布的撤销仲裁典型案件的评析,等等。

关于司法解释和法院审判会议纪要对仲裁的约束力问题,二者有相关性。本质上,讨论的都是法院系统的裁判规范对仲裁的约束力。就此问题,我有以下几个基本的认识:

第一,从规范依据本身的法律地位来看,法院的司法解释和审判会议纪要都不属于仲裁必须遵循的裁决依据。

民商事司法解释是最高人民法院就法院系统在审判工作中对法律适用问题所作出的解释(此处不讨论检察院的司法解释问题)。制定主体是最高人民法院,适用场景是法院的审判工作。人民法院虽然对仲裁裁决有司法审查的权力,但其审查的内容范围极其有限,并不包括裁决的法律适用。

作为与民商事审判相平行的争议解决方式,没有任何法律、行政法规规定,仲裁裁决必须适用司法解释。而审判会议纪要本身并不是司法解释,严格说,只是法院系统内部非正式的裁判掌握尺度,更不属于仲裁裁决必须遵循和适用的法律规范。

第二,虽然仲裁裁决适用司法解释和审判会议纪要于法无据,但鉴于其重要性、专业性和特殊性,其必然会对裁决的法律适用产生重要影响,甚至成为不得不参照适用的规范依据。这里面有几个原因:首先,由于法律规定本身比较概括和抽象,个案事实纷繁复杂,必然存在法律层级的规范依据供给不足的问题。如果没有仲裁裁决的专用规范,那寻找法律规范细化的替代品就不可避免。其次,司法解释或者审判会议纪要虽然不是法律,对仲裁裁决没有约束力,但其制定者是最高人民法院,起草人本身具有较高的法学理论水平、丰富的审判实务经验,起草过程进行了广泛而充分的调研,最终形成的成果在法理上和实务上具有极高的可信度。因此,如果仲裁机构没有自己的高质量法律适用细化规则,那么,参照司法解释必定是一个省时省力,也更有公信力的"法律解释路径"。

审判会议纪要与司法解释的差别在于,其制定程序更加简化,甚至不少观点并不特别成熟,具有"摸石头过河"的探索性质。因此,对仲裁庭而言,其参照的价值就更低一些。

第三,正是由于司法解释和审判会议纪要由最高人民法院制定,因此,其也必然具有公权力机构的角色定位和审判理念的选择。比如,一定程度上的管制思维,以及比仲裁更强的干预思维。那么,在海量的司法解释、会议纪要当中,是不是每一条规范都应当、适合、值得在仲裁中适用,就有进一步思考和甄别的必要。比如,近几年出现的合同无效的司法审判倾向,是否应当成为仲裁庭的必然、主动倾向,就值得斟酌和深思。

第四,正是在这个意义上,仲裁庭有必要重新审视司法解释、审判会议纪要在仲裁裁决中的适用问题。我个人的建议是,应当坚持必要的独立性和自主性,而不是依附性。

独立性是指仲裁庭作为与司法审判平行的纠纷解决机制,能够意识到司法解释、审判会议纪要是法院在司法审判工作中应当适用的规范依据,但不属于仲裁庭必须、应当适用的规范依据。

自主性是指仲裁庭能够自主地甄别和判断哪些是可以参照适用的——因为这些规范依据既细化了法律规定,又符合法理,有利于精当解释法律、准确裁决纠纷;还能判断哪些规范可能不是特别适用于案件的裁决的——比如规范本身对法律的解释未必精当、在法理未必妥当、在理念上未必与仲裁的价值取向相符。

当然,能做到自主性的前提,是你能站得比司法解释、会议纪要起草人更高,在某些专业领域比起草人研究得更深,你才有能力做出自主的判断和斟酌。既然我们的仲裁员是从离任法官、资深律师、专家学者中优中选优遴选出来的,而且不少仲裁员真的是长期深耕、精研某一个细分领域,那么,仲裁员和仲裁庭的自主性就不是妄言,而是可欲的。

这种专业性、自主性,以及仲裁庭更为开放包容、鼓励自治的理念,本身也可以生成一种与民商事审判竞争的力量,形成对纠纷解决机制引流的一种深层动力。如果达不到这一点,看不出司法解释、审判会议纪要可能存在的问题,也挑不出司法解释、审判会议纪要的毛病,那么,参照司法解释、审判会议纪要的观点进行裁决,可能算是一种更为安全的法律解释路径。

第五,说到底,仲裁裁决是否应当适用司法解释、审判会议纪要,除非有法律明确规定,否则,仍应回到"什么是法律的本意"这个原点上来。

仲裁裁决应当适用法律,司法解释及审判会议纪要是法律解释多种方案中的一种,如果这个解释是对的、符合法律本意的,就可以参照,或者说,也是应当参照——因为这就是法律的本意;否则,就无须适用,因为其与法律及法理不符,不遵其裁判,才有可能是正确(准确地)适用了法律。概言之,仲裁裁决应当一断于法,而不是一断于司法解释、审判会议纪要。

第六,当仲裁庭不采用司法解释、审判会议纪要的时候,仲裁庭、仲裁裁决书实际上要承担一种更重的论证义务(或称负担、责任),即为什么被法院广泛采纳并适用的司法解释、审判会议纪要的观点,其实是错的,而本仲裁裁决采用的另类不同法律解释观点,却是正确的?

7.2　仲裁界的主流观点

朱兰春:

仲裁裁决是否适用司法解释,在仲裁实务中,这是一个较敏感的话题。这也许与仲裁案件的保密性要求有关,仲裁界很少公开讨论这个话题。而且,大多数仲裁员的态度非常审慎,不愿过多披露自己的立场与观点。当然,这并不妨碍他们在仲裁实务中,以各种方式表达自己的价值取向。而且,据我有限的接触和阅读范围看,对这个问题的价值取向已经形成相对稳定的主流意见。

在仲裁界很小众的媒介上,曾有资深业内人士极难得地谈及此话题,现援引如下:

> 主流的观点是,司法解释不当然为仲裁所适用,但仲裁现实中均需要予以重点关照。司法解释不当然为仲裁所适用,原因有四。
>
> 其一,我国 1994 年《仲裁法》以及其他任何法律,均未规定仲裁必须适用司法解释。
>
> 其二,不管 1981 年全国人大常委会《关于加强法律

解释工作的决议》,还是 2007 年最高人民法院《关于司法解释工作的规定》,均规定司法解释是法院在审判过程中对于法律具体适用的规定,并不涉及仲裁。

其三,国家工商行政管理总局 2004 年《关于行政机关可否直接适用司法解释问题的批复》(工商标字〔2004〕第 14 号)规定:"司法解释……对各级司法机关如何适用法律具有约束力。行政机关在办案时可以参考有关司法解释,但不宜直接适用司法解释。"行政机关如此,仲裁亦然。

其四,我国主流仲裁机构的仲裁规则均规定,"作出仲裁裁决所适用的法律"均只使用了"法律"一词,并强调仲裁裁决应当依照事实和合同并结合交易习惯作出,并不包括司法解释。

至于仲裁现实中均需要对司法解释予以重点关照,一是因为仲裁裁决需要接受法院的司法审查,而法院需要遵照司法解释,因而仲裁有适用司法解释的必要;二是我国仲裁脱胎于行政和司法,比如,很多退休法官都可以作为仲裁员,所以将司法解释引入仲裁是其必然;三是我国立法不够精细化,客观上司法解释在造法,所以如果仲裁不适用司法解释而只适用法律,在某些具体问题上的确会无所适从。

这里稍稍要补充的一点是,2021 年 6 月,最高人民法院发布了修改后的《关于司法解释工作的规定》,将上述规定的适用范围,从"审判"进一步扩大到了"执行",而且在原来司法解释的四种形式之外,又增加了一种新的形式。这五种司法解释的形式分别是:解释、规定、规则、批复和决定。也就是说,虽然司法解释的范围扩张了,形式增加了,但还是局限于法院系统内部,和以前一样,仍不涉及仲裁。

两相比较,不难看出,上述对仲裁界主流意见的概述,与你的观点是高度吻合的。当然,既然有主流,也就有支流。有时候,支流反而比主流更醒目、更喧腾。看看大自然,江河岸窄处,必咆哮怒下。

事实上,仲裁界也确实有一种较为激进的声音,坚决认为裁决不应适用司法解释。而且据我了解,持这种观点的仲裁员也确实在其裁决中,尽量避免援引司法解释,知行可谓高度合一。他们的理念其实并不复杂,概括说来,就是严守仲裁与诉讼的边界,牢牢扭住仲裁法的定位不放,对仲裁的独立性看得特别重。

7.3　形式上用与实质上用

李志刚:

这里面有个形式上用与实质上用的问题。

形式上用,是指作为裁决依据,在裁决书中直接援引。实质上用,是指虽然没有直接原因,但对争议问题的法律观点,与司法解释的观点是一致的。形式上,可能会存在仲裁独立性/平行性的担忧。在情理上能够理解,法理上也有道理(司法解释只是法院的审判中适用法律的规定)。实质上,对法律解释出现争议时,如果没有比司法解释的观点更优的解释,采纳解释的观点,并无不妥，无须因为某种观点是司法解释的观点，就刻意避开，通过选择反派意见以特别证明仲裁的独立性。

仲裁在实体法解释上的独立性，应当是立基于对法律和法理的精深理解，能把司法解释作为法律解释的一种分歧观点来审视，并且择善而从的主导性。支撑这种判断能力的，是仲裁员较高的法律专业能力。

所以，无论是从仲裁一裁终局的程序设计来看，还是从仲裁裁决的法律适用来看，仲裁员的专业能力都应当是比较高的，人品是非常公正的。如果达不到这样的能力和标准，则莫若由法官按照司法解释、走审判程序，以确保结果的专业性和正当性。

概言之，仲裁员的能力和品性，既是仲裁机构的安身立命之本，也是仲裁的公信力之基。

7.4　仲裁的独立性

朱兰春：

不刻意避开司法解释，以特别证明仲裁的独立性；仲裁在实体法解释上的独立性，应当是立基于对法律和法理的精深理解，能把司法解释作为法律解释的一种分歧观点来审视，并且择善而从的主导性。这两句话真是太精辟了！

对这个话题，仲裁员群体中有不同的声音和选择，也是好事。仲裁委能接纳这种少数意见和裁决方式，更是件好事。我留意观察过，持这种较激进观点的仲裁员，既有高校教授，也有执业律师，而且都是比较有个性的人。我讲的这种个性，还不仅仅是心理学层面，更多的是指法律思维层面。换言之，他们对这种观点的坚持，与他们较突出的法律性格、较自信的法律判断、较深刻的法理认知有很大关系。

说实在话，我是很欣赏他们这些少数派的。任何一个群体，要想保持创新的活力，都需要一点离经叛道的精神，其实这就是你以前讲的"思想市场"。而且，我一向也认为，要想做好一件事，有时还非得矫枉过正不可，因为传统观念太大了，就像鲁迅说的，死的往往拖住活的。

他们为什么对仲裁的独立性看得那么重？就是因为现在能获得一个制度性的独立平台，很不容易，要好好维护它的独立性。

这种对独立性的自觉追求与极力维护，其实就是仲裁员主体性的苏醒与张扬。拔高一点说，体现的正是人的主体性思想。众所周知，人的主体性思想是康德哲学的重要组成部分，也是康德哲学的精髓和灵魂。当然，理解仲裁员，不必非得是哲学家，但有了哲学的目光，则更容易理解仲裁员。如果站在这个角度看他们，那些看似激进的观点，又无不顺理成章。关于这一点，或许他们自己都没如此自我总结过，可能还是旁观者清吧。

就我自己而言，我在裁决中也是主动回避适用司法解释的，因为不管司法解释的条文有多么高明，这种适用，本身就是在连接和通往诉讼，导致仲裁与诉讼的混沌。

李志刚：

当事人及仲裁机构对仲裁员的选任，是这个"市场"的重要机制。仲裁独立性、自治性和自主性，本身也构成对民商事审判的一种"竞争机制"。只要这种市场和竞争存在，就能形成一种潜在的优化动力。

朱兰春：

这两种不同机制的连接、通往和可能的混沌（哪怕是想象中的混沌），是仲裁员所不愿意见到的。同为争议解决机制，诉讼与仲裁之间，越界容易，划界很难。在这种心态下，有时把"孩子"和"洗澡水"一起倒掉，也是很有可能的。

尤其在一些较具争议的案件里，有个性的仲裁员对司法解释更是抱有审视的态度。在他们的潜意识里，我国司法解释的实际功能和客观效果对商事主体往往更多的是捆住，而不是善意的松绑。在他们的眼里，陷入争议漩涡中的商事主体，正是一个个被缚的普罗米修斯，亟待解绑。

就拿商事合同的效力来说，仲裁圈子里压倒性的，甚至条件反射性的普遍认识，是绝不轻易否定。不管外部刮什么风，这种认知都非常稳定。有时新推出的司法解释，已经传导出比较明显的信号与倾向了，但到了仲裁这个领域，其冲击力都会被这种思维特质大大缓冲下来。所以，不跟着司法解释走，甚至在形式上都进行自觉的区隔，我想不出除了仲裁，还有哪个机构能这么干，敢这么干？尤其是还能长期这么干？

李志刚：

这就是仲裁本身的真正价值，也成为当事人选择仲裁的一个正当理由。而且这种并行的机制，本身既为各国通例，也为我国立法所包容。

朱兰春：

还有一些学术功力很深的仲裁员，早就对司法解释的实际造法功能本身持批评态度,尽管他们很少公开评论,但对其裁决风格的影响,是可以想象的。案子若落到了他们手里,处理结果的可预期性自不待言。

我国立法的这种包容体现了时代的进步。不知怎么回事,这些年来,我自己也有点变化,就是发现哪里有少数派,就感觉到很兴奋,还有点如获至宝的感觉。一个直观的感受是,从少数派的身上,通常能学到更多。看似偏激的选择,其实深入进去,都有合理的因子。

我从不否认,司法解释确实是法律精英的集体智慧,但我认为仲裁圈里的少数派更厉害的是,人家之所以敢从形式上区隔,并非一定要来个剑走偏锋,而是不唯形式论,更重实质论。司法解释条文背后的东西,才是他们关注的重点,而他们也有能力探测并评估这个重点,并根据探测和评估的结果决定自己如何行动。

比如,有的法官动不动就调整违约金,因为有司法解释在"撑腰"。那么,法官的商事思维就一定比商人更高吗?真的未必。有几个法官做过生意,开过企业,混过商界?违约金的过高过低,看似有一般性的公式,但那都是制定条文的人坐在办公室里划出来的,根本就是主观臆断。为什么超过20%就是过高,18%就不算高?二者的实质性区别在哪里?这些从理论上都说不清楚,就是人为画了一条线。

仲裁员的草根性、民间性,与其专业性、独立性,二者会产生很奇妙的融合,就是对当事人意思表示的天然亲和与绝对认同。

在仲裁员看来,商人可以一掷千金,同时也必须一诺千金。

223

一掷千金与一诺千金,是一个整体,不可能剥离开来,就像娶了一个美女,不可能只要优点,不要缺点。所以对他们的行为要求是统一的,你不能赚了就吹牛,亏了就反悔,自己白纸黑字签的东西,不管到什么时候,你都要认账。商海中没有什么绝对的公平,一切都在流动中。如果老是拿着公平的尺子到处量,时时处处都讲究什么公平,随意打破商事承诺,那真是把自己当成天生的公平老爷了,看似案牍劳形,疲于奔命,却出力不讨好,管了很多不该管、管不了、也管不好的事。

在不少仲裁员的思维里,调整违约金不是个小事情,简直就是"特洛伊木马",绝不能轻易动,否则会地动山摇。**诚信就是公平,诚信本身就是最大的公平**。如果轻易调整违约金,看似可能更公平了,但它带来的危害是,今天能轻易调整违约金,明天也能轻易地调整其他内容,最终会把好不容易才建立起来的一点诚信,从争议机制的层面悄悄瓦解。正是这种极具远见的卓识,使得仲裁中的违约金调整,远比在诉讼中更困难。

7.5　民事思维与商事思维、法官思维与仲裁思维

李志刚:

就此,法院系统也存在商事审判理念和传统民事理念的区分,并强调克制对商事交易的规制冲动。我在《从经济审判到商事审判——名称、制度、理念之变》及《商事审判理念三论:本源、本体与实践》等文章中予以论证和呼吁。这种区分在商事仲裁领域特点更为鲜明——纠纷解决的民间性与国家公权力、双方均为

缔约能力平等的商人与双方可能存在缔约能力差异的民事主体。

就此,我觉得差异性的存在可能也不一定是坏事,它本身可以构成商事仲裁的特色、风险与责任的可预期,由此实现案件的分流。如果都一样了,仲裁的特色和优势反而淡漠了,存在的意义反而变小了。

朱兰春:

你的这几篇文章很有影响,最关键的是理念先进,而且提出的时间也很早,同时又是在体制内发声,这是相当不容易的。

此外,我也注意到,2023年第16期的《人民司法》杂志刊登了李建伟教授的《民法典合同编通则司法解释中的商事规范研究》,对《民法典》合同编通则司法解释的征求意见稿未能充分体现出民商分立的现代思维提出了尖锐的批评意见。比如,他对征求意见稿第68条第1款提出质疑。该条规定:"对方以合同约定不得对违约金进行调整为由主张不应予以调整,经审查不调整违约金将导致显失公平的,人民法院对该主张不予支持。"对此,他认为:

> 该特约排除条款的规定,对商事合同的关注度还是不足,不应当将商事合同中的排除违约金调整条款一概认定为无效。一个公认的理由是,商事主体的风险预判能力、预见能力决定了其是最合理的自身利益决策者,承担违约金是理应承担的商业风险,并与违约金的惩罚功能相契合。值得强调的理由还有:(1)商事交易中当事人预先通过违约金条款确定收益与损失,此时违约金已然被纳入当事人交易决策的考虑成本之中,法院过分介入违约金条款势必影响当事人的商事交易预期;

（2）违约金的高低是商事主体参与市场竞争、作出商业决策的谈判条件之一,应尊重商事主体的决策。亦有法官将该种情形界定为适用惩罚性违约金的情形,认为商事主体相较于普通民事主体具有的特性决定了惩罚性违约金在违约方为商事主体时的可适用性,即当商事主体在可预见的情况下约定数额较高的违约金时,应当予以尊重并且适用。也有民法学者指出,在商事交易领域,若事先排除特约是因充分磋商而形成,特别是明确约定双方均事先放弃申请酌减的场合,应尊重其效力,以维护合同机会利益、合同对价利益的实质安排。

李志刚：

如果换个角度看,这里面除了有法官思维和仲裁思维的差别之外,可能还有民事思维和商事思维的差别。更大的知识背景和文化背景是传统民法实质公平的强大惯性有余,对商事交易风险负担机制的认知不足;法律与司法的父爱主义浓厚,而对意思自治、风险自担的市场机制的不信任或者是不能足够尊重。

仲裁的存在、仲裁的差异、仲裁的独立,避免了法院对法律解释的垄断,为商事纠纷的解决提供了别样的选项和可能结果,给市场上的商人多了一种不同的选择。

朱兰春：

其实法官思维和仲裁思维并不是空中楼阁,它本来就是各自所处环境的产物,**商事思维来自对商事活动的认同与顺应,正如民事思维也是对民事活动的认同与顺应一样。**

正如你所说，在两种争议解决机制并存的情况下，并存本身就是差异，也应当有差异，这种差异不是人为的，更不是刻意的，而是各自依赖的外界事物运行规律的机制性体现。

看了李建伟教授的上述评论，再结合他的仲裁员身份，你不难想象，如果他来处理商事争议中的违约金调整，会是什么样的裁决结果。毫无疑问，不要说民法典合同编通则的司法解释尚未出台，就算是出台了，以他公开显示的学术逻辑和价值取向，大概率是不会适用司法解释的。

前几天，我还看到一篇文章，对普通法下的唯一救济条款分析，也很有启发。

> 所谓唯一救济条款，是指某些情况下，合同可能会设置专门的条款来限制一方违约时另一方可获得的救济。该条款允许当事人在合同中设定具体救济和赔偿方式，规定在一方违约的情况下受害方只能获得该条款所约定的救济，即合同约定的救济是排他的唯一救济，当事人不可以主张更多救济。这种条款通常用于保护一方的权益，避免其承担过度的违约责任风险。而唯一救济条款的一种常见形式，就是违约金条款。该条款允许当事人在合同中约定一定金额的违约金，并且约定违约金是受害方可以获得的唯一救济。[①]

这种普通法下的常见约定背后所体现的商事意识，显然很容

---

① 康飞、岳世召:《普通法下的唯一救济条款分析》，载全球工程经营公众号，最后访问日期2023年6月26日，https://mp.weixin.qq.com/s/ICztmfrYJFpccZFldgdV_A。

易被仲裁员接受。但按法官的思维惯性,可能就要审查其合法性了。如果再有司法解释的加持,那法官否定起来更有底气了。这就是诉讼与仲裁在裁判理念上的差异。

7.6　多数派、少数派与独立派

朱兰春:

现在有的仲裁机构也出版一些脱敏处理的裁决书汇编,我经常有意识地把它们和法院的裁判文书比对,尤其与最高人民法院的裁判文书比对。我看得越多,越有种奇特的感觉,两种文书显示出来的整体差异,以及背后仲裁员与法官的思维差异,显示他们好像是两个不同的法律物种,脑海里几度滑过一本流行读物的书名,《男人来自火星　女人来自金星》。

现在想想,其实一点也不奇特,因为他们本来就栖息在各自不同的领地里。一方水土养一方人,这里的人,当然也包括法律人。法院体系里,也有仲裁员思维特质的人,正如仲裁机构里,也不乏法官思维的人。但在他们各自的领地里,这都是少数。

这样看来,仲裁员不愿被司法解释所束缚,主要的动因不是主观的,而是客观的,是特定的水土所决定的。橘生淮南则为橘,生于淮北则为枳。这句话体现的不只是自然生态,也同样适用于法律生态。

当然,作为法律职业共同体,也不能过于夸大仲裁员群体与法官群体的思维差异。

事实上,对于司法解释的态度,在大多数仲裁员那里,都是

"口上无而心中有",就算是在裁决书中做到形式区隔的仲裁员那里,也绝不是对司法解释视而不见,弃之若敝履的,只不过这种"口上无而心中有"隐藏得更深,表现得更隐晦而已。这种二律背反的情形,颇有点"多情却似总无情,唯觉尊前笑不成"的意味。

  作为个体的仲裁员,当然可能会对司法解释从立意到条文,进行某种程度的反思甚或批评,但不大可能超越司法解释背后凝聚的集体法律智慧,更不要说司法解释本身具有的权力象征了。换言之,司法解释既是智慧高地,也是权力高地,没有仲裁员会完全忽视,也不可能完全忽视。

  那么,这种对于司法解释欲迎还拒的独特现象,究竟该如何解释呢?根据多年来的观察,我认为,正是仲裁的独立性导致司法解释适用的特殊性。反映在裁决书中,是曲折的,而不是笔直的;是隐性的,而不是直白的;是神似,而不是形似。理解了这一点,就真正理解了仲裁界的多数派,也理解了仲裁机构为何坦然接纳少数派,更理解了为什么同一个仲裁圈,多数派与少数派可以长期共存,荣辱与共,相辅相成。

  一句话:他们都是仲裁的独立派,都是仲裁机构独立性的共同拥趸。

TOPIC Ⅷ
对谈八

案例检索中的法官思维与律师思维

李志刚：

近年来，案例检索在民商事诉讼实务中迅猛发展。最高人民法院出台案例指导制度和类案检索制度后，案例检索甚至成了法官和律师天天都要用到的必须技能。这和以前以案例的学术研究为主的案例检索相比发生了重大变化。同时，也成为案例检索的三个运用场景：律师、法官处理个案和学者的学术研究。三者在出发点、着眼点和结果呈现上各有不同，但方法和路径大致是相同的。我们这个主题对谈的目的就是希望减少分歧，寻求共识，提升案例检索的效率，特别是通过案例进行对话的效率。

今天，我们非常荣幸地邀请到了湖南师范大学法学院的黄文旭老师，共同就案例检索这个话题进行对谈。黄文旭老师是法学博士、博士后，曾经在上海市第二中级人民法院工作过，也是中国大学 MOOC《大数据与法律检索》主讲人。

就我有限的观察看，法官的案例检索，通常是为了解决疑难问题，寻求一个可资参照的论证对象，也就是从其他既有判例中，寻求正解，降低错案的可能性。律师有立场预设，因此，主要侧重于单边案例的搜集，旨在说服法官，采纳己见。学术研究中的案例检索通常侧重于从分歧的裁判观点中发现问题，据以作为学理研究的基础样本。

朱律师和黄老师怎么看？

8.1 法理与逻辑

黄文旭：

我先谈一下案例检索的法理与逻辑。**不管是最高人民法院推出的案例指导制度还是类案检索制度，其背后的法理都是法律的确定性和可预见性，或者说是对法律适用统一的追求**。从最高人民法院的文件标题《关于统一法律适用加强类案检索的指导意见(试行)》也可以看出来，类案检索的目标是统一法律适用。不管是判例法国家，还是成文法国家，都追求法律的确定性，这是法律最核心的价值。

朱兰春：

司法形势的变化很快，现在对法官来说，案例检索不再是可有可无的自发行为了，已经有了制度的硬约束，对于疑难案件，更是每案必检。

黄文旭：

是的，至少最高人民法院的文件规定了法官应当进行类案检索的情形。当然，在实践中，对于疑难案件，法官也不一定能做到每案必检。一方面是因为法官案件太多，不一定每个案件都有时间检索，另一方面是法官对类案检索的必要性还是有不同的认识。

李志刚：

案例检索的法理和逻辑，是案例检索运用的原点。就此，并非没有歧见。一个基本的逻辑前提是：从类案中寻找正确答案，以实现裁判的统一。但问题是，类案就能提供正确答案吗？如果存在分歧类案判决，可能是一九开、三七开或者五五开，那么是否应当按照类案裁判结果的比例确定"正确答案"？如果是，那么，"积毁销骨""众口铄金"可能会成为类案结论的实质逻辑。如果不是，选择按照少数派的观点作为"正确结论"，正当性又在哪？

可能还有第三条道路。虽然检索了类案，但该咋判咋判——仍然按照法律解释方法、法律漏洞填补的方法推导裁判结果——如果是这个逻辑，那还有必要花费大量时间精力去检索案例吗？

以上是从纯粹的法理视角或者法官视角来看的，而如果从律师视角看，案例检索很有意义：一是预判结果胜诉概率；二是以案例检索的同向结果说服法官，暗示法官避免错判。

但从根本上说，**在案例检索的法理和逻辑上，我们需要回答：法律适用的逻辑，是归纳的（根据检索结果确定），还是演绎的（按照法教义学的解释方法求解，无须查看他判）？**

黄文旭：

同一位阶的类案冲突时，多数派不能当然代表正确答案，但一些法院的文件中确实又规定原则上参考类案中的多数派。比如，上海二中院《关于建立类案及关联案件检索报告制度的规定（试行）》规定，一般情形下参照多数意见，拟作出的裁判结果与检索所得同类及关联案件的多数裁判观点一致。如果出现一些特殊情形,拟作出的裁判结果应当提交专业法官会议讨论,必要时按程序提交审判委员会讨论。

与案例检索有关的法理和逻辑,除了归纳与演绎之外,还需要回答一个问题:法律适用到底有没有正确答案?或者说,法律适用有没有唯一正确的答案?有一种观点认为,法律适用是有一定的空间的,在一定的空间内就都是正确的,类案不同判也是正常的,是因为法官的理解不一样,不能说哪一种判法是错的。《民事诉讼法》将"适用法律确有错误"作为应当再审的情形,说明法律适用是有对错的。

朱兰春:

研习法律的时间越长,越有种体会,其间的影响因子太多,很难用一根或几根粗线条的东西,就能全部贯通,得到一个简洁正确的答案。

因为社会生活中的人,从个体到群体,从意识到行为,从利益到价值,从环境到选择,从历史到现实,所有这些因素,都不分彼此地纠缠在一起,实在是太复杂。相应地,法律尽管看上去是一种规制,但绝不仅仅是规制,里面浸透的内容太多了。所以,法律及其裁判,更多体现出亚里士多德所说的,是理论智慧与实践智慧的调和。至于怎么调和,那就要看法官的人生智慧了。

黄文旭:

关于类案能否提供正确答案,或者说类案是否一定正确,这是一个很重要的问题,也是部分法官不重视类案的原因之一。在类案存在裁判分歧的情况下,到底应该参照哪一类案,就成为法官必须解决的问题。特别是在最高人民法院的类案存在冲突的时候，地方法院的法官就很为难。

其实，对于类案裁判分歧的问题，通过类案的效力位阶基本能够解决，对于指导性案例或最高人民法院类案裁判冲突的情况，最高人民法院也建立了法律适用分歧解决机制。只有同一位阶的类案，不同观点类案的占比才有意义。对于不同位阶的类案，当然是位阶高的类案优先，位阶低的类案即使数量非常多，也不如一个位阶高的类案。

朱兰春：

看到媒体报道，以做法律实证研究知名的白建军教授在2023年7月召开的第八届"中国法律实证研究年会"暨第三届"比较视野中的法律、法院与法官"学术研讨会上作了主旨发言，题目就是《作为实践理性的法律》。他认为，法律虽然有许多标签，比如，规则、规范、行为准则、底线、秩序、统治阶级的意志的体现，等等。其实，法律还有一个标签，可能被我们忽视：法律是一种实践理性。显然，他的这一观点，打上了西方两位德先生的鲜明烙印：亚里士多德和康德。

回到志刚提出的问题，法律适用的逻辑，究竟是归纳的还是演绎的？我注意到，问题背后的预设是单一的，即或是归纳的，或是演绎的。因为只有这两个选项，所以才存在"二选一""选边站"的疑问。

如果从理论理性和实践理性的视角来看，答案就是综合的，也可以说是含混的，即法律适用的逻辑，既是归纳的，也是演绎的。单独说是归纳的，或者单独说是演绎的，可能都是错的。任何法律,哪怕是原始社会的法律,都是社会生活的反映,而生活从来都不是"一刀切"的,里面当然有逻辑,但又远不止于逻辑,影响因素非常丰富。

美国学者霍贝尔的名著《原始人的法:法律的动态比较研究》已经实证地揭示,就算是原始社会,也有它们自身的法,尽管在我们眼里可能粗陋不堪,难登大雅之堂。他的研究结论,对于我们认识法律本身,进而延伸到案例研究,以及更深层次的法律适用的逻辑基础有非常大的启发。他认为,法律与社会文化不可分,必须从社会文化中研究法律,法律是无法从全部人类行为方式中截然分割开来的。因此,我们需要首先仔细地俯视和勾画社会和文化,以便发现法律在整个结构中的位置。我们必须先对社会运转有所认识,然后才可能对何谓法律以及法律如何运转有一个完整的认识。法律是社会规范之一种,如其他社会规范一样,是选择的产物,而选择从来不是偶然和随意的,总有某些选择的标准左右或影响着选择,这些标准就是公理、价值。

为什么最高人民法院大力推行类案检索制度,还搞了许多配套规定,但实务效果并不如预期,反而始终有种或低或高的杂音?就像志刚所说的,关于案例检索的法理和逻辑到底是什么,仍然存在歧见,背后的原因就在这里。只要还有人试图单线条地看待法律、区分法律,这种认识上的分歧,就永远不会消除。

美国大法官霍姆斯的那句话都快被法律界说烂了,法律的生命不在于逻辑而在于经验。其实,他的本意是,法律的生命既在于逻辑,也在于经验。但以往人们过于看重逻辑,反而导致对法律认识和把握的偏差。

如果留意观察近年来的司法实务,可以看到一个不是太明显但又很微妙的现象,那就是各级法院的法官对于律师提供的案例检索报告,越来越不感兴趣了。解释这种现象,不能想当然地认为这主要源于律师的特定立场。这种因素固然存在,而且始终存在,但不是唯一因素,很可能也不是主要因素。我的粗略感受是,法官群体对类案检索的敏感度下降了。更直接地说,出于或深或浅的司法直觉,对构成类案检索的法理与逻辑基础,在认知上发生了确定性的位移。

回过头看,很多东西为什么刚出来的时候轰轰烈烈,时隔不久就复归沉寂?根子还在于把事情看得太简单了,想得太浅显了,没有真正把生活与经验背后的法理与逻辑搞明白。当然,也可能是一万年太久,时不我待,难以从容研究吧。

黄文旭:

这个现象不限于类案检索制度,很多司法文件也仅仅就是停留在司法文件上,实践中不一定能得到落实。相对来说,类案检索相关文件还算落实得比较好。

朱兰春:

如果从类案检索的角度看,至少有两个现象是不能忽视的,一是供给严重不足,二是检索出于自发。

可能有人会不同意,裁判文书网上的各类文书总量已经上亿,你还说供给严重不足?这是又犯了思维粗放的老毛病。成堆的东西在那里,最多只能说有个仓库,如果精心爬梳,可以从中提取类案规则,但并不代表类案规则已经是现成的,可以直接使用。既然不能拿来就用,麦秸垛堆得再高,又有什么意义?

黄文旭：

虽然指导性案例应当参照的是裁判要点，但类案检索不限于指导性案例，类案的价值也不仅仅是提取后的裁判要点或裁判规则，类案运用有意思或者有挑战性的地方在于类案相似性的判定，这和简单适用提取后的裁判规则是不一样的。

朱兰春：

2023年第6期的《法律适用》刊登了广东高院梁展欣法官的文章《案例应用裁判方法探微》，对此问题有更深入的思考，颇值注意。该文认为，类案相似性应当是实质性类似，即事实类比与规则类比的融合，二者又统一于争议焦点，因为确定争议问题具有起始的意义。对于待决案件中的事实问题和法律问题，需要同时作出类似点判断和差异点判断。前一判断具有方向性，后一判断具有校验性，两者之间需要进行分量比较，最后通过价值判断来确定类比结果。

相对于个案的技术性操作，我更关注类案检索的宏观面。虽然最高人民法院，包括各高级法院、中级法院，也在不停地发布指导性案例、指导案例（千万不能小看这个"性"字，一字之差，适用效果上却是天壤之别）、典型案例、参考案例、参阅案例、年度案例，以及各种各样的专题案例，比如，"一带一路"案例、生态保护案例、反家暴案例、公益诉讼案例、十大这个案例那个案例，等等。但把它们全部加在一起，也不可能满足庞大的全国法官需求市场。毋宁说，相对于庞大的全国法官需求，目前类案裁判及其规则的供给，只是杯水车薪，几乎是象征性的。

黄文旭：

对法官来说，是否要把类案的供给限制在各类"典型案例"，这本身是一个需要讨论的问题。最高人民法院类案检索指导意见规定了类案检索的范围，除了各类"典型案例"，还包括本院和上级法院的类案。虽然不同类型的类案参照效力不一样，但不能因为"典型案例"不多就说类案供给不足。

朱兰春：

黄老师的观点有一定道理，这就不得不提到第二个现象，就是出于自发的检索。而当检索主要依赖于法官的自发行为时，实际上检索的意义就不可避免地发生变化。尽管法官自发检索有其外在制度要求，但检索指向的泛化，足以抵销任何制度的力道，因为根本无法控制法官如何检索、检索到什么，以及是否真的检索。换言之，就算拿出吃奶的劲，跑了九十九公里，能否胜利在望，还是取决于这"最后一公里"。官方语言中，最常见的词汇之一就是"瓶颈"，这个"最后一公里"，就是卡住制度预设效果的瓶颈。据律商联讯（LexisNexisr）的一项调查显示，诉讼律师平均43%的时间用于法律检索。如果调查结果确实可信，那可以推论，法官用于法律检索的时间，可能连3%都不一定有，因为他们已经在拿出吃奶的劲，投入到堆积如山的案件里了。

黄文旭：

这一判断基本符合实际情况。虽然制度要求法官对某些案件应当进行类案检索，但法官不检索也不会有明显的不利后果，再加上法官案件太多太忙，在多数情况下没有时间去检索类案。

朱兰春：

供给严重不足，时间极其有限，大批案件要办，三重压力之下，相信任何一个法官的理性选择，必然还是回归到老路上，检索当然不能完全没有，但恐怕不能真的当饭吃。如何断案，没有捷径可走，还得埋头苦干，钻到每一个具体的、活生生的、压在手上的案件里。基本事实、适用法律、案件程序，一个也不能少。四级法院职能定位改革结束前，大量的案件压到下面。试问，基层法院的法官能有多少时间和精力进行案例检索？

李志刚：

对于类案分歧问题，文旭老师提出的解决路径是，通过类案的效力层级来解决。现行制度给出的方案也是如此，且对于最高层级的分歧案例，也建立了分歧解决机制。应当说，这个类案分歧解决制度的逻辑是完整的。但是，制度设计仍然主要立足于实然的分歧类案的解决，并没有从实质上回答以下问题：

（1）为什么对于分歧法律问题的观点而言，多数派的裁判观点是正确的，上级法院的裁判观点是正确的？

（2）仅仅是在结果上减少了差异裁判观点的产生，而没有解决为什么被采纳的法律观点是对的。

（3）仅仅能从数量上和审级上发现分歧裁判观点，而没有解决为什么法理上是正确的裁判观点。

更为深层的问题是：

（1）**如果不进行案例检索，我们就不知道对法律问题存在争议和分歧了吗？**合议庭的合议制、审委会疑难案件讨论制、二审终审制，不就是为了解决分歧法律问题而设定的内嵌制度吗？这些制度能否发现和解决法律问题的分歧,哪一种是效率更高的法律问题分歧解决机制?这个问题也包含了朱律师对"基层法院法官有多少时间来做案例检索"的疑问。

(2)现行制度中,有疑难法律问题的请示和批复制度设计。与抽象法律问题的请示和批复制度相比,目前的案例检索、案例指导制度对于发现分歧法律问题、解决分歧法律问题而言,何者是更优良高效的制度?

(3)中国既有的法学教育、法律训练和法律思维传统,在多大程度上培养了法律人的案例类比、案例裁判规则的提炼能力?换句话说,基于判例比较研究的类案检索制度,有多少法律教育、法律传统和制度体系背景?

黄文旭:

我打断一下,中国传统法学教育的重点在于法律解释和法律适用能力,三段论或者请求权基础方法是大家比较擅长的,但类比推理能力是大家较弱的。判例法国家的法律人会接受大量"案例区分/判例区别"技术训练,但中国法学院缺乏相关课程,以前缺乏,现在依然缺乏。在非判例法的制度前提下,类案检索制度能有多大收益?我认为,不管是判例法国家还是成文法国家,都追求法律适用统一,或者说追求法律的稳定性和可预见性。在成文法的德国,也有参考判例的制度。在以成文法为主的 WTO 争端解决制度中,也会大量参照以往判例以维持条约适用和解释的统一。

李志刚:

我国不是判例法国家,在这一制度前提下,要花费多大成本才能达到理想的案件类比能力和要求,能够取得多大收益?更为关键的是,花了这么多时间精力成本所得出的检索结论,是当然的正确结论,还是说必须另行经过法教义学的检验和论证,才能作为正确结论?如果还必须经过最后一道法教义学的检验,才能获得"正确性"和"正当性",那为何要让这么多法官花如此多时间去做案例检索,直接把分歧观点提交法教义学论证和检验,岂不更优?

黄文旭:

对于检索到的类案结论是否当然正确,是否要另行经过法教义学的检验,是否可以不做类案检索,直接提交法教义学检验的问题,我可能要说一些外行话。我对法教义学没有研究,只提出我的疑问,是否法教义学可以得出唯一正确的答案?如果是的话,所有法律人把法教义学学得足够好,就不存在类案不同判了,就可以完全实现法律适用统一了。我认为这是过于理想化的,不同的人用法教义学可能会得出不同的结论,这也是决定了成文法制度下,类案检索确是有必要的。

李志刚:

朱律师所提及的"基层法院法官对律师提交的案例检索报告越来越不感兴趣了",这个现象的背后可能也有着深刻的实践理性。除了律师的立场预设之外,还有这几个因素,可能影响导致基层法官对此并不太感冒。

第一,你拿出一个上级法院支持你的观点的"判例"(说实话,我本人高度反感在我国现行法律制度下滥用这个词,因为我国不是判例法国家,不存在有法律效力的判例,只有上级法院和其他法院的判决以及经过特别程序盖章认证的指导性案例和公报案例,并没有判例),对方可以拿出十个相反的反面案例——根据谁拿的判决多、层级高,就判谁赢吗?更何况还有同级与上级法院之间的矛盾判决?

第二,一方或者双方拿出来的检索案例的裁判结果,所给出的理由大部分并不会超过双方律师、合议庭法官对分歧法律问题的论证理由。既然如此,大费周折,动辄动用大量数据库,从成千上万份判决中检索出"类案",意义何在?"太阳底下没有新鲜事"。并非必须通过花费这么多的时间精力做案件检索,才能找到这些观点和理由。

上述所有疑问,可以概括成一个问题:是否所有争议的法律问题,只有通过案例检索才能高效精准地解决分歧?

当然,这些疑问的目的不是要彻底否定案例检索,将其说的一文不值,而是说,如果要求各级法官普遍运用案例检索去解决问题,在法理上是欠缺的,在逻辑上是含混的,在成本收益上更是低效的。但对以下几个方面,案件检索仍然有其意义和价值:

(1)最高人民法院和高级法院通过案例检索,发现分歧法律问题,通过集中研究论证,给出倾向性意见,实现法律适用统一。但需要注意的是,即使在这种情况下,抽象的裁判要旨(规范条文)仍然是指导下级法院的本质和核心,而不是案例。抽象出了好的、有意义的裁判要旨,案例的使命就完成了,无须让下级法院法官去研究这个案例本身。否则,二者将陷入逻辑上的矛盾和循环。

(2)学者研究争议法律问题,需要案例检索。通常而言,学术研究的是类案法律问题,而学者深度参与的案件有限,和裁判者、司法实践有较大距离,通过案例检索,可以有效缩短距离,全面、整体地观察和研究司法实践的裁判观点和论证路径。

(3)律师可以通过案例检索预测胜诉概率,并以正面案例影响法官裁判方向。

除此之外,唯独让年审案件逾百件、千件的基层法院法官去做案例检索,甚至必须做案例检索,并且附上案例检索报告,可能是与法理、现实不太相符的。

黄文旭:

不能因为存在相反的类案,就否认类案检索的意义。对于谁拿的判决多、层级高,就判谁赢的问题,实际上就是类案的效力位阶问题。一个有效运行的类案检索制度,必须有一个自上而下的类案效力位阶,就是要谁的类案效力位阶高,就判谁赢,才能最终实现法律适用统一。对于同级法院特别是最高人民法院的类案冲突问题,可以通过法律适用分歧解决机制确定应当参照的类案。

类案检索的目的,并不是检索出双方律师或者法官之前没想到过的论证理由,而为了统一法律适用标准,解决法律适用分歧。那么,是否只有通过类案检索才能高效精准地解决分歧?是否只有抽象出的裁判要旨有意义,案例本身无意义?裁判要旨实际上和司法解释条文内容相近,如果只有裁判要旨有意义,那多发布司法解释就行了,类案检索确实意义不大。

朱兰春:

志刚对类案检索的法理与逻辑思考,以及由此引发的疑问,按我的理解,有点像休谟式的问题,即是否能从事实推出价值?这种思维方式转换过来就是:在先的、多数的、上级的类案,为什么就必然是对的?从"先、多、上",就能得出"对"的结论吗?一个裁判之所以是对的,从根本上讲,难道不是取决于其自身的法理与逻辑吗?

这是个极有质量的疑问,仅凭这一点,就超出了大多数法律人尚处于朴素阶段的类案检索思维。

在此,我先举示两个法官的最新研究成果,然后再谈谈我的一点思考。

上海市第一中级人民法院研究室副主任凌捷近日撰文《案例检索的技术应用与完善》,专论司法实务中案例检索的技术、应用与完善,他提出两个很重要的观点:

第一,案例检索实效不佳,很多法官在审理案件中尚未将其作为主要的审判工作手段。案例检索的工具手段没有得到很好的实现,主要原因在于成文法国家的法律传统导致对案例的重视度不足、案例检索的法律思维训练尚不充分,以及法律检索工具的便利性尚未得到进一步的开发和运用。

第二,除了最高人民法院规定的四类案件必须强制检索外,法官之所以会自发案例检索,固然是出于防止裁判冲突,但更多的是超越狭隘个案的司法经验借鉴,侧重于裁判方法,而不是裁判结论。

这个判断很有价值,现援引如下:

> 从传承司法经验角度来看,除必须要进行案例检索的案件及部分简单案件外,更多案件中法官会进行

案例检索的原因在于获得已决案件的司法经验。在案件审理过程中，有时法官会对事实的认定、法律的适用处于纠结的状态，这时除了需要对案件事实与法律适用进行再思考外，通过案例检索的方法，了解其他类似案件、类似法律适用的司法裁判方法，从而获得类同的智力支持，获得类同的司法智慧，有助于本案的准确高效处理。

如果这个观察大致是准确的，我想基本就回答了志刚提出的疑问。也就是说，**不管有无制度上的安排与规定，法官自发类案检索的重心，其实还是放在更为一般的法理与逻辑上，而这正是类案之类同、之共通、之互鉴的核心之处**。

相较于单篇文章，北京互联网法院李文超法官的思考则更为全面和深入，集中体现在其专著《法官说：案例检索与类案判决》。据我有限的阅读范围，在案例检索领域，这应该是第一本由法官撰写的专著。不同于在谈到类案检索时，往往会比较大陆法与英美法传统的通常思维，作者以中国人最熟悉、最擅长、最普遍的比类思维为纲，上溯中国传统案例制度，认为我国古代即有先例制度，司法人员有遵循先例的意识，先例实质上是儒家情理判决。

在这个基础上，作者具体分析了当下案例运用的实践、检索技术与方法、类案运用现实问题，以及应然路径和配套机制等诸多内容，并特别指出，类案检索嵌入价值判断的解决路径是在闭合性逻辑原理基础上，通过个案与类案的偏离预警，运用综合价值判断以摆脱法律形式逻辑禁锢，从而实现个案公平正义的过程，从类案到类判的路径在于增强技术司法的耦合度。

读罢此书,倒让我联想到中国现代哲学史上的一段佳话。

当年金岳霖在审读《中国哲学史》后,给冯友兰写了一封信,围绕该书名作出一个语言区分:"中国哲学的史"与"在中国的哲学史"。换言之,如果从西方哲学的视角看,中国有学科意义上的哲学吗?但是,如果更本质地看,中国或许没有西方哲学之学科形式,却并不乏东西哲学共通之哲理。一切哲学之内涵,难道不正是哲理之思索吗?

我们现在的这一套法律体系,不管是公法还是私法,也不管是实体法还是程序法,从学科意义上讲,基本上也都是舶来品,不是从自己的本土生活中自发生长出来的,而是源于异域移植。但这一百多年来,它为什么还是能落地生根、开花结果呢?

我的导师孟勤国教授曾说过一句很有哲理的话,天上只有一个月亮,但各民族都有自己的传说。说白了,构成全部法学与案例的理论基础,人家的叫法是法理与逻辑,而我们的叫法则是情理法,再扩张一点,就是天理国法人情。名称不同,形式各异,但实质同一。用黑格尔的话说,真理是一。

没有这个背后的、真正的"一",任何制度的移植都将徒劳无功。为什么我们在某些领域里,强烈地反对照搬照抄,因为彼此之间没有共同的、共通的"一",作为共存的根基。

8.2 功能与立场

李志刚:

这个问题,其实和第一部分的法理与逻辑密切相关。**案例检**

索的功能,主要是寻找争议法律问题的裁判观点及其论证理由。

从法官的视角看,由于其利益超脱,通常无(利益相关方)预设利益立场,检索的目的是寻找足以支撑当前案件裁判观点的公正裁判文书(规则)。因此,从某种意义上来说,法官检索案例的过程,本质上也是法官倾听既有判决的法官各自陈述其选择裁判观点的过程。

法官可能基于价值判断或者法律解释,在内心已经做出了裁判观点的选择,但这种选择仍然是不确定的。所以,检索的过程也可以看成是其强化自我观点选择的过程。如果反面案例的说理足够严谨严密,法官甚至还可能改变既有立场及观点选择。

对律师而言,基于其立场预设,其案例检索的唯一目的是证成本方观点。因此,其会对检索结果进行筛选和裁剪,提交给法院的,通常是选择性呈现。

所以,即使来源数据库和数据形式完全一致,法官案例检索的结果和律师案例检索的结果实际呈现的立场、观点和理由,也并不会完全一致。换言之,法官的案例检索必须保持自己的主体性和客观性,不能简单基于一方或者双方律师的选择性呈现做裁判。

就路径与结果而言,目前的案例检索实践主要存在以下问题:

第一,数据库不统一。虽然中国裁判文书网是目前使用最多、最广的原始判决来源,但其本身的数据供给并非绝对稳定;威科及北大法宝的案例数据库大多来源于中国裁判文书网,但也并非完全一致。因此,法律人据以检索的数据源并不一致。

第二,检索的方法不一致。关键词检索和引用法条检索仍然是案件检索的主要方法,但对复杂法律问题而言,萃取的关键词及其排列、援引法条的思路不一样,检索的结果也不一样。

第三,对于检索结果的解读、整合不一样。同样一份判决,不同的法律人可能解读出不同的法律逻辑。此种深加工,不仅机器无法给出标准答案,法律人也经常出现分歧。

第四,这些路径与结果的差异,可能会影响基于案例检索结果的对话前见、语境及结果。

朱兰春：

通过梳理最高人民法院历年涉及类案检索的文件,已经有学者注意到,最高人民法院的思路经历了由"理想主义"向"现实主义"的转变。制度构建之初,最高人民法院要求法官对所审理案件均开展类案检索,后来发现根本行不通,才不断限缩检索范围和情形,但由于法官普遍未将这种制度化的检索作为常规举措,类案运用的效用并未充分显现。

据学者调研,司法实务中,在繁重办案量的影响下,一个普遍现象是,法官疲于开庭,助理疲于拟稿,书记员疲于送达,办案团队中各个主体鲜有强烈的动力开展制度化的类案运用,检索要求与法官办案需要的契合度并不高,法官更多地依赖办案经验,而不是信息化的检索技术。

还有一个不容忽视的事实是,就算法官愿意或主动检索类案,但对于案件基本事实相似性的判别、争议焦点、裁判规则的提炼和运用等,也深受法官个人认知因素的影响,不同的法官可能会有不同的理解与解读。经此主观转换过程,在先类案的确定性本身,并不保证在后案中也一定能保持完整、正确的信息输出与传递。

至于黄老师提到的类案比较的效力顺位问题,目前学术界也有不同看法,认为这一做法并不当然具有合理性。比如,西南财经大学法学院刘磊教授就指出:

> 最高人民法院的相关文件对类案检索的判例范围和顺位作出限定,但是这种限定与诉讼实践对类案检索的实际需求存在错位,绝大多数一般性判例被排除在检索范围之外,不足以涵盖对判例智识的广泛借鉴。在实践中,发达地区的判例对其他地区、省会城市的判例对本省内其他城市、专门法院的专业性判例对一般法院,都会有相当程度的启发,这些裁判也应被纳入类案比较范围。就判例顺位而言,最高人民法院、高级法院的判例仍然有一定的不确定性,即使是最高人民法院或高级法院的判例,相互之间也会存在矛盾,并不能简单地因为最高人民法院、高级法院的司法权威,就赋予其所作出的判例以较高权威;典型案例或参考性案例并不应与相应级别案件发布法院的判例为同等顺位,而应当居于更为优先的顺位。[①]

观察类案检索的制度化推行及实践效果,从上往下看,与从下往上看,也会有不一样的认识。

[①] 刘磊:《从审判管理到诉讼博弈:类案运用的视角转换与制度构造》,载《中国法律评论》2022 年第 5 期。

黄文旭：

这个也基本属实，法官开庭最想要查清的就是事实，对法律如何解释与适用可能早已有自己的前见或判断。类案检索要解决的是法律适用统一的问题，而且不是本院法律适用统一，是全国法律适用统一。所以对于法官来说，类案检索也是有价值的。

朱兰春：

我有个同事，此前在基层法院做了三十年的法官，他的看法就比较独特。在他看来，法官的类案思维几乎是内嵌的观点，根本不必要再额外单独要求。基层法院的法官们，在一个庭里待上七八年，甚至十几年、几十年，都是很稀松平常的事。长期办理某类或某几类案件，早就形成类案思维了。由于类案办得多，法官先入为主的可能性很大。他们最害怕的其实是办错案，尤其是事实认定错误。因为在内部规定上，认识法律关系的错误并不是错案，但认定事实的错误就是错案。律师真要帮他正确认定了事实，他反而会从内心敬佩你。而认定事实是没法借鉴、也没有必要去检索类案的。检索再多的类案，也解决不了手中的案件，也代替不了事实认定问题。

李志刚：

真正认真做过案件检索的法律人，通常能够知道为之所付出的时间精力。这里所指的案例检索，不是从网上输入关键词简单搜几个比划一下，而是指在裁判文书网上搜出所有相关裁判文书，并一一甄别其是否属于实质性的类案。这种全面系统的案例检索所花费的时间精力，对于一线办案的法官而言，就有是否值得、是否必要的问题了。

此外,与律师做案例检索有本质不同,一个正常的一线办案法官最多配一两个法官助理,分配给单个案件的办理时间极其有限。而对律师而言,可以团队作战,甚至是多团队作战。理论上讲,用于个案的时间,包括案例检索的时间可以是无限的。

对法官而言,案例检索的最大价值,也仅仅是"看看别人怎么判的",以降低判错案的概率——而严格意义上说,争议法律问题的裁判观点选择,根本就不属于错案。更何况,花费大量时间精力,就算检索出来部分类案,有参考意义、值得比照的不到1/10。因此,类案检索的时间成本、可见收益,对法官而言,是价高质低。

对律师而言,自己撰写的法律说理论证,只是"单方代理意见",不足以影响法官做出决定性选择。但类案检索结果就不一样,不管类案检索判决的理由具体是什么样的,类案裁判结果的正向裁判观点越多,就会对法官施加更多的压力——你不这么判,就是错的!

所以客观来说,案例检索对律师的功用、性价比,要远高于法官。两个职业群体的热心程度、主动运用程度也不一样。但无论如何,背后都有着深刻的实践理性,而非仅仅是文件推动。

8.3　正例与反例

李志刚:

如果说案例检索的目的是获取"正确答案"的话,那么,分歧裁判观点必不可免。对于矛盾的裁判观点,当以谁为"正确"?

一种简单化的处理,是以检索结果中正反案例数量作为依据,类似于"多数决",复杂化的处理,加入审级权重。另一种处理,是不看正反案例的判决书数量孰多,而是"打开来"看正反判决的具体理由阐释,看哪种观点更有说服力。前者回到了为什么"多的就是对的"的逻辑内核,后者则转化为正反两方面裁判理由的甄选。

而后者更深层次的追问则是:必须通过案例检索,才能找到正反两方面理由吗?

可能未必。

既有的案例检索实践表明:搜索 100 份判决所呈现出来的理由列举,不会比搜索 10 份判决呈现出来的理由更多。事实上,不去做案例检索,诉辩双方、合议庭及审委会的分歧和理由,也就是那些。通常不会因为做了案件检索,就多出了若干富有创意的论证理由。既然如此,又何必多此一举,花费大量的时间精力,去检索案例呢?

黄文旭:

寻找论证理由不是类案检索的主要目的,有的话,最多只能算类案检索的额外发现。类案检索的主要目的是法律适用统一。类案检索的逻辑主要不是"多的就是对的",而是"效力位阶高的就是对的",类似于最高人民法院的判决不是因为正确而权威,而是因为权威而正确。

朱兰春:

关于正例与反例,司法实务中,不要说在不同法院之间普遍存在,就算同一法院内部也时有发生。我遇到的极端情况是,同一法院的同一法官,在处理同类案件时,前后的裁判观点都是相反的,简直令人雌雄莫辨。此事还发生在高等级法院,若非亲身经历,实在无法想象。疫情期间,有次听崔建远老师线上讲座,他也说了一个同样的情况,居然也是这家法院,不过是另外一个法官而已。听崔老师这么说过之后,我顿时感到"吾道不孤"。

抛开具体个案不谈,从更抽象的认识论角度看,当双方代理律师都提供不同案例时,用此案例说服彼案例,理论上有无可能?如果理论上没有可能,这与战国时期列子笔下的两小儿辩日,又有何实质区别?

我历来认为,案例本身并不当然重要,真正重要的,是案例背后所承载的内在逻辑、思维方式和价值取向,这才是检验一个案例成色的核心与灵魂。如果双方仍停留在胡塞尔所说的现象域,不肯深入剖析基本法理,只是企图用此案例打倒彼案例,这是方法性的错误。法官所听到的,不过是来自不同方向的噪声而已。苏格拉底说,未经思考的人生不值得一过,套用此语,未经萃炼的案例不值得提交。

8.4 背景与初心

朱兰春:

如果往前回溯十年,看看案例检索是在什么背景下提出的,主要想解决什么问题,我觉得许多东西会看得更清楚,这也算是不忘初心吧。

李志刚：

正如朱律师所言，从上往下看，从下往上看，再从过去看现在，确实可以给我们很多不一样的启发，共同来想一想：初心是什么？怎么做更好？是自发的好，还是强制性更有必要？是各级法院所有法官、律师都检索好？还是部分人检索就好？

黄文旭：

对于这个问题，**我的观点是，类案检索的任务应该交给律师，法官的义务是必须对律师提交的类案在裁判文书中做出回应，无论是否参照，都要说明理由。**

李志刚：

要求法官必须对律师的检索结果做出回应，法律依据是什么？

黄文旭：

没有法律依据，这是理想状态。根据现在的最高人民法院的司法文件，法官必须在裁判文书中对当事方提交的指导性案例做出回应，对于指导性案例以外的类案，法官没有义务在裁判文书中回应。

李志刚：

如果律师找出50个反面案例，法官要对50个案例一一回应，这是个不小的工作量。如果这成为一个规则的话，那律师可以名正言顺地给法官"派活"了。法官需要一一研读这五十个判决，才能一一回应，才能达到理想效果。这些时间精力和工资成本，最终可能也是要纳税人承担的。

黄文旭：

首先，要求法院对当事方提交的类案做出回应，并不会增加工资成本，因为不会因为这个要求给法官加工资。其次，这可以参照判例法国家的做法，据我的有限了解，判例法国家的判决会对当事方提交的判例做出回应，同时当事方一般也只会提交少量对己方有利的类案，不会有50个那么多。当然，在我国会出现什么情况以及应该如何处理，都值得进一步讨论。

李志刚：

判例法国家法官的核心工作就是比照案例，而成文法国家不是。

黄文旭：

在核心工作是比照案例的判例法国家，可能也不存在对比50个不同案例的情况。同时，不管是判例法国家还是成文法国家，都要追求法律适用统一。

朱兰春：

一直以来，有一个司空见惯的现象，很少有法律人关注和研究宏观的司法政策，对大的形势变化缺乏敏感和判断。律师就不用说了，业内没见过几个同行有这方面的自觉意识，基本上都是懵懵懂懂，跟着感觉走。法官其实也漠不关心，只是身处体制内，被动地跟着单位的要求走。所以在我看来，我们的法律人，似乎个个像工蜂，只顾埋头干活，很少抬头看路。

2014年最高人民法院发布"四五"改革纲要时，只是提出要改革和完善指导性案例的筛选、评估和发布机制，健全完善确保人民法院统一适用法律的工作机制,根本没提到类案检索这几个字。2015年最高人民法院出台《关于完善人民法院司法责任制的若干意见》,只是就建立专业法官会议和完善审判委员会运行机制作了具体规定,仍然没有触及类案检索机制。2017年最高人民法院《司法责任制实施意见(试行)》施行,首次要求法官对类案和关联案件进行全面检索,并制作检索报告。同年,中共中央办公厅印发《关于加强法官检察官正规化专业化职业化建设全面落实司法责任制的意见》,要求依托大数据技术,完善智能辅助办案系统的类案推送、结果比对、数据分析等功能,促进法律适用统一。2019年最高人民法院发布"五五"改革纲要,正式提出要完善类案和新类型案件强制检索报告工作机制。一年后,最高人民法院《关于统一法律适用加强类案检索的指导意见(试行)》出台。

单独看这几份文件,根本不知道为什么会相继在2017年和2019年这两个节点提出这个问题。但是,如果再加入一个因素,结合其他方面的信息,我想也许就会看出一点眉目了。当然,这需要平时就有较全面的观察,以及较深入的分析能力。

2014年10月,根据党的十八届四中全会决定,最高人民法院设立巡回法庭,审理跨行政区域重大行政和民商事案件。同年年底,中央全面深化改革领导小组审议通过试点方案,决定在深圳、沈阳设立一巡和二巡。2015年1月,两个巡回法庭正式挂牌成立。2016年年底,其他四个巡回法庭相继设立。也就是说,各巡回法庭设立之初,最高人民法院解决法律分歧的工作机制,只有法官联席会议和本院审委会。2017年开始推行类案检索。2019

年"五五"改革纲要提出完善类案检索机制。类案检索机制与设立巡回法庭,这二者之间有什么关联吗?

不难看出,法官联席会议制度可以解决巡回法庭内部的法律适用分歧,不能解决各巡回法庭之间的法律适用分歧。当出现后者情形时,从以往机制上看,只能上本院审委会。问题是,各巡回法庭之间的法律适用分歧,一定是客观存在的。因为这种分歧原本就存在于最高人民法院的法官群体内部,各巡回法庭的设立,无非是把这种原本集中于本部的意见分歧,分散到了各地而已,而且由于各自的相对独立性,反而还有可能实质性地放大这种分歧,使其从之前的隐性,走向现在的显性。

显然,仅仅靠最高人民法院审判委员会也不可能解决全部问题。而只管各巡回法庭内部的法官联席会议又指望不上,这个时候只能另寻解决机制。由此可见,类案检索机制的提出及其完善,不是偶然的,而是形势发展的必然。

我的这个判断,在2019年年底出版的一本书中得到了部分的间接印证。

2019年出版的《最高人民法院第二巡回法庭法官会议纪要》(第一辑)中,时任审委会专职委员、二巡庭长贺小荣作为此书主编,写了长篇序言,标题为《法律适用分歧的解决方式与制度安排》。在谈到解决法律适用分歧的意义与价值时,贺小荣陈述如下:

> 近年来,随着最高人民法院受理案件数量的快速增长,新类型案件的不断涌现,司法责任制改革不断深化,最高人民法院坚守法律适用标准统一性的挑战与压力

也与日俱增。特别是自 2014 年最高人民法院相继设立六个巡回法庭以来,如何实现"类案同判"已成为法律职业共同体近乎一致的呼吁和期盼。

在此段文字后,还专门加了一个引注,披露 2018 年最高人民法院受理案件 34,794 件。把这几个信息叠加在一起,一个较清晰的轮廓就勾勒出来了。类案同判也好,类案检索也罢,首先要解决的,或者迫切要解决的,是最高审级层次上面临的问题。不解决设立巡回法庭后的法律适用分歧问题,其他的一切都无从谈起。因为问题与矛盾,已经积累到了相当的程度,不容再继续拖延了。事实上,即便在推行类案检索机制几年之后,就在同一个巡回法庭,仍然出现了前一期法官的会议纪要意见,被后一期法官的会议纪要意见否定的情形。如果不了解这个大背景,看不出制度演进背后的脉络,只是抽象地谈法院系统的类案检索机制,难免会有失偏差。

黄文旭:

朱律师能关注到几份司法文件的发展脉络,非常不容易。但事实恐怕遗漏了某些文件,比如,2018 年印发的最高人民法院《关于进一步全面落实司法责任制的实施意见》规定,"各级人民法院应当在完善类案参考、裁判指引等工作机制基础上,建立类案及关联案件强制检索机制,确保类案裁判标准统一、法律适用统一。存在法律适用争议或者'类案不同判'可能的案件,承办法官应当制作关联案件和类案检索报告"。不过,正如朱律师所言,在 2017 年,最高人民法院就提出了类案检索的问题。

巡回法庭的设立,确实一定程度上会放大各巡回法庭之间的裁判分歧,但我认为,类案检索制度的出台和巡回法庭的发展,没有必然关系。类案检索制度的出台,是最高人民法院促进法律适用统一的各种工具箱里比较重要的一个,从提出类案检索的概念到推出类案检索指导意见,是最高人民法院各种制度从提出到完善的一个自然而然的进程。

　　类案检索制度实际上不能解决最高人民法院的裁判分歧问题,恰恰相反,最高人民法院本身的裁判分歧,倒成为类案检索制度推进的障碍,因为地方法院检索类案后发现,最高人民法院本身还存在不同观点的类案,不同观点的类案可能还是同时期的,这就让地方法院的法官很为难,不知道到底该参照哪一个类案。在这一情况下,最高人民法院于2019年发布了《关于建立法律适用分歧解决机制的实施办法》,专门用来解决最高人民法院生效裁判之间的法律适用分歧。法律适用分歧解决机制从理论上来说是很有价值的,和类案检索机制结合起来就能大大促进法律适用统一,但事实上法律适用分歧解决机制基本停留在纸面上。

　　据了解,到现在为止,通过法律适用分歧解决机制解决的案例就没几个,其中原因之一是最高人民法院法官们的抵触,因为同样是最高人民法院的生效裁判,认定其中一个是正确的,就暗含着其他裁判可能就是错误的。为了避免最高人民法院的法官们担心法律适用分歧解决机制启动后,自己的判决会成为错案,《关于建立法律适用分歧解决机制的实施办法》的起草部门还在理解与适用里专门写了一段话:"法律适用分歧解决机制是统一法律适用机制,但不是纠错机制。最高人民法院已经生效的裁判即使与审委会后来就法律适用分歧作出的决定不一致,这些案件也不是错案。因此,当事人不得以审委会讨论决定的法律适用分歧解决结果为依据,就此前已经生效的判决、裁定申请再审。"

朱兰春:

最高人民法院有个法官在其专著中公开表示,希望通过案例研究的方式来统一和规范法律适用是不太现实的。各类案件五花八门、层出不穷,不可能简单、直接套用。当然,他的观点也只是一家之言,但反映出对这个问题的看法,即便在最高人民法院内部,也存有相当的分歧意见。

如果把目光集中于最高审级,类案检索作为统一法律适用的方法,确实是必要的,也是有价值的。因为不管哪个国家的最高人民法院,也不能容忍裁判意见的政出多门,自相矛盾。但如果扩大到整个法院系统,可能就有问题了,两位老师此前也都有所提及,我就不再赘述。

事实上,从最高人民法院规定的四类强制性检索案件来看,相对于各级法院受理案件总量而言,几乎是微不足道的。

我一直有个观点,可能有人不太接受,就是中国没有那么多的重大、疑难、复杂、典型案件。绝大多数案件都是小微、简单、普通案件,这是我国经济社会发展的阶段性所决定的。就算是商事案件,听上去比较唬人的什么金融案件、证券案件、破产案件等,如果仔细研究一下,其复杂、繁难程度,基本上还处于初级阶段,那些所谓的嵌套、劣后、别除、顺位、对赌、衍生交易等看上去似乎令人头大的问题,大多数都是出于利益的人为设计。不客气地讲,都是庸人自扰之,经不起法院的穿透。

中国的法官群体,绝大多数人既没做过生意,也没办过企业,

对谈八 案例检索中的法官思维与律师思维

基本上远离商海,并不真的了解和熟悉商事交易规则,尤其是脱实向虚的各类衍生规则。为什么他们却能在案件中穿透,而且处理得也没啥问题?是这些法官本身就很厉害吗,是他们的能力特别超群吗?是他们对商事活动的领悟,比在商海里游泳的人更深刻吗?绝非如此。说到底,还是作为裁判对象的各类商事活动,本身还处于较低的层次,不管外面裹上几层纱,都依然能较为轻易地作出判断。所以,一直以来,我也有个论断,司法实务中80%的案件,其实是诉讼诚信问题,而不是法律争议问题。绝大多数法官为什么处理得得心应手,这与案件结构及其性质是分不开的。

换句话说,作为顶层设计的高审级法院,确实需要利出一孔,这是它的独特地位、所处理的案件吨位所决定的。但整个法院系统,没有办法用这套机制来衡量。志刚说得对,一来没必要,二来太昂贵。

说到这里,我顺便再讲一个律师界的情况,可以作为案例检索的背景来了解。

志刚之前讲到,律师对案例检索的积极性更高,确实如此。我想补充的是,律师普遍对案例检索的积极性高,是从现在的视角看,以前并非如此。律师界对案例检索的认识和实践,也是一个闻道有先后的过程。

最先意识到案例检索的意义与价值,尤其是对代理最高人民法院案件的意义与价值,是北京的精品律所。在律师界还处于懵懂的时候,人家就抢先一步,将案件检索手段发挥到相当程度,对手显然相形见绌,这种信息资源的不对称,确实影响了最高人民

261

法院众多案件的裁判。因为法官也是刚接触这些东西,既然一方拿出先例,那就是重要参照。后来,随着类案检索意识的普及,检索手段成为每个律所、每个律师的规定动作,情况就复杂起来,因为一方提供的案例不再有独占性、唯一性,对手也能提出数量可观的相反案例,诉讼能力开始走向平衡。可想而知,此时类案对法官的影响度呈直线下降。

这个例子反映的就是律师界的先行者,凭借其领先的类案检索意识,在重大商事案件代理中尝到了甜头,一度叹得法律服务市场的头啖汤。我再举个例子,同样反映出类案检索对律师的代理价值,要远高于对法官的审理价值,这也是对志刚观点的又一印证。2022年度,深圳律协发布十大知识产权典型案例,有位入选案例的律师写了代理后记。在《律师代理疑难复杂专利侵权案件的三重境界——以组件产品外观专利侵权应诉案为例》一文中,该律师披露了代理心路:

第一阶段:看山是山,看水是水。初步预判,根据司法解释规定,被诉侵权设计因缺少其单个构件的外观设计,未落入涉案专利权的保护范围,不构成专利侵权。

第二阶段:看山不是山,看水不是水。类案检索后发现,原告此前已采用上述专利权起诉过案外人并胜诉,该生效判决并将涉案专利认定为套件产品专利。根据司法解释规定,对于成套产品的外观设计专利,被诉侵权设计与其一项外观设计相同或近似的,应认定被诉侵权设计落入专利权的范围。代理人一改之前的信心满满,不得不重新研判。

第三阶段：看山还是山，看水还是水。经过对生效判决的反复研究，代理人锁定了争议焦点，即涉案外观设计属于组件产品专利还是套件产品专利？重点论证涉案专利为组件产品专利，并围绕禁止反悔原则缩限涉案专利保护范围，以阻止涉案专利变更为套件产品而被扩大解释。为此，还提出专利无效宣告之诉，国家知识产权局的审查决定中，将涉案专利进一步认定为组件产品。该观点获得法院认可，将涉案专利更正认定为组件产品，两审均胜诉。

通过这个成功案例，可以鲜明地看出，类案检索对律师代理的重大意义，除了模仿功能之外，还有指示和校正功能，据此制定的代理策略，更有针对性，避免落入前坑。

黄文旭：
这个例子很有价值，告诉我们类案检索除了检索对己方有利的类案之外，还可以通过类案检索调整代理策略，这说明类案检索对律师还有很多价值可以挖掘。

朱兰春：
对比之下，法官对类案检索的积极性根本无法与律师相提并论。甚至在一定程度上，法官对律师提供的类案，还持有矫枉过正的警惕性。因为他心里很清楚，就我国司法实践的多样性而言，这些精心选择的案例，往往是以相反案例的沉没或隐藏为代价的。法官立场的中立性，迫使他不得不把目光投入光鲜案例背后的阴影部分，以获得认知上的平衡。

李志刚：

这句话特别精彩，精要点出了案例检索中法官思维与律师思维的差异。

朱兰春：

极端点说，律师将类案抬得越高，法官的疑虑可能越大，你不主动给他平衡，他只能反其道而求之，抛开现成的类案，去寻找相反的案例。当然，这个工作一般不会有劳法官，对方代理人的积极性同样很高，会端上来一道道截然不同的"菜肴"。

这也就是为什么中国的高端法律服务市场，很难再出现以往那种一枝独秀的盛况。律师诉讼能力的平衡是主观原因，法官认知能力的均衡是客观原因，这两个原因的叠加，决定了特定时期的特殊现象，以后将永远不复存在。

黄文旭：

在律师只提交对己方有利的类案时，法官不见得会去检索相反的案例，因为法官太忙。在多数情况下，对方律师应该会检索相反的类案，如果有的话，但也不见得所有律师都会去检索，正如我之前所说的，有些律师没那么尽责，有些律师检索水平也有限，不一定能检索到相反的案例。

8.5　技术与价值

朱兰春：

司法大数据对于提升律师专业水平，开阔法官思维，建设智慧法院,深化学术研究,当然也很有帮助。但凡事都有利弊,科技尤其如此。对数据技术的运用,在享受其便利性的同时,也要防止走向唯技术主义。

美国学者郭颖颐(D. W. Kwok)曾写过一本著作《中国现代思想中的唯科学主义(1900—1950)》,指出我们这个国度有唯科学主义的思想根源,读来很有启发。

2023 年第 4 期《法学评论》刊发了四川大学法学院院长左卫民教授的一篇论文,题目是《通过技术规训司法:进步与挑战》,特别提到了技术是一把"双刃剑"。一方面,其可以监管司法过程、规制司法裁量以及促进司法透明化;另一方面,通过技术规训司法具有诸多挑战,技术规训的应用也存在风险,包括不当限制司法裁量空间、造成司法异化甚至可能被司法人员规避或利用。未来不仅要适用通过技术规训司法,而且应规避技术规训司法的负面效应,确立技术规训的辅助地位,制定更加细致的技术使用规范,掌控技术研发的主动权。

两位学者对这个问题不同角度的阐述,让我想起著名学者吴思说的一句话,完全可以引介到司法领域:"再厉害的技术算法,也必须符合中国老百姓的实际算法。"

我觉得,这句话完全符合现在大力提倡的司法价值取向,可以说是政治效果、法律效果、社会效果和技术效果的有机统一。

老一辈无产阶级革命家陈云的名言是,不唯上、不唯书、只唯实。我的理解,放在我们这里的"不唯书",不只是不迷信书本,也包括不迷信案例检索。

对于案例检索,可以控制利用,但不能一味重用。不迷信案

例检索，站在本体论、认识论和方法论的高度上，就是自觉拒绝唯科学主义、唯技术主义。

就拿最高人民法院来说，其法官群体居于金字塔尖上，但即便是在推行类案检索机制之后，仍然还有为数不少的冲突案例持续输出，说明在法律意识的规范上，在审判管理的制度上，还有较大的改进空间，这些单靠纯粹的技术手段是堵不住的。

我随便举两个例子。第一个例子是，对于越级向国家部委举报的行为，是否系信访事项？最高人民法院同一个行政庭，先后做出相反认定。（2019）最高法行申 13872 号行政裁定书、（2020）最高法行申 3007 号行政裁定书，均认为系信访行为，但（2020）最高法行再 253 号行政裁定书认为，不应认定为信访事项。第二个例子是，对于裁判理由不服，能否提起上诉，是否具有上诉利益？最高人民法院也作出了相反认定。（2020）最高终 37 号民事裁定书认为，不具有上诉利益，而（2020）最高法民终 934 号民事判决书认为，具有上诉利益。

还有一个事实，司法实务中很少有人注意到，并思考其中的深意：我国不仅是世界上最大的发展中国家，我国的最高人民法院也是世界上规模最大的最高人民法院。公开资料显示，最高人民法院前后遴选两批员额法官，共约 400 人。另据中山大学法学院刘忠教授刊发于 2020 年第 6 期《华东政法大学学报》的《员额制之后：法院人员分类构成评析》一文披露，2017 年 7 月，占最高人民法院全院编制总数的 27.8%，共 367 名员额法官产生。据此推算，最高人民法院的正式政法编制在 1300～1400 人。时过 6 年，这个数字很有可能还在攀升。

> 法官占法院总人数的比重虽然不小,但是业务能力强、直接从事审判工作的法官比重却不大。

这是最高人民法院司改办二级巡视员杨建文在 2015 年撰写的《法院人事管理制度改革的现状与前景》一文中,对我国法官群体的总体评价。时过 8 年,这个状况其实并没有根本性的变化。

类案同判是其极为艰巨的繁重任务。在不能大幅压缩法官数量的前提下,出路似乎只有一条,那就是大幅度的案件下沉。50 亿级别管辖的横空出世,绝不是无缘无故的心血来潮。

虽然我们不能亲临其境,但可能想见,最高人民法院几百个法官,一年要处理几万宗案件,还要求他们做到类案同判,我们是不是有点想多了?这正应了那句话:理想很丰满,现实很骨感。对法官来说,目前的类案检索机制,唯一的硬约束,可能只有对指导性案例的强制参照。实务中已经出现这种情况,因未对律师提供的指导性案例予以回应,而被上级法院撤销原判,发回重审。

但最高人民法院的指导性案例迄今不过才发布 37 批,区区 211 个,其中还有 2 个不再参照,对于法院系统一年审理几千万宗案件(据 2019 年最高人民法院工作报告,2018 年最高人民法院受理案件 34,794 件,地方各级法院受理案件 2800 万件),用杯水车薪都不足以形容,简直可以说是九牛一毛。

通过这个简单的数量比,我同意志刚的分析,包括指导性案例在内的各种类案,固然很有意义,但作用确不宜高估,类案检索对法官审判的辅助作用,还不如对律师代理的参考作用,以及对律师助理的学习作用更大。我甚至认为,最高人民法院极力推动的类案检索机制,律师群体其实才是最大的受益者。2016 年最高人民法院推出了民事诉讼文书样式的法院卷后,又一鼓作气,继续推出民事诉讼文书样式的律师与当事人卷。2021年,律师与当事人卷又出了第二版,足见最高人民法院的良苦用心。虽然据我了解,并没有几个律师会认真研读最高人民法院专门为他们编写的这本业务用书。

据我不完全观察,类案检索机制推行以来,既有的法官群体的思维方式,并未发现有明显变化,基本保持之前的平稳状态。遇到疑难案件,更多的是深入分析案件,就案论案,而不是打开电脑,胡乱搜索。

我举两个例子,都是广东省高院官方微信公号发布的报道。

第一个案件,业主买了新能源汽车,要求在自有车位安装充电桩,物业公司以物业服务合同未约定及存在安全隐患为由拒绝,双方发生纠纷。汕头市龙湖区法院一审判决物业公司协助办理安装手续。一审宣判后,双方均未上诉,物业公司已自觉履行判决确定的协助义务。承办法官的心得是,现有法律法规中,就物业公司是否有义务配合业主安装充电桩并无明文规定,本案根据《民法典》绿色原则的精神,明确了物业公司的义务,既保障了业主的合法权益,又促进了物业公司更新观念,主动作为,同时还彰显了法院积极贯彻绿色发展理念,为强化节能减排提供了司法保障。

我相信,汕头市龙湖区法院审理的这个案件,不是什么绝对新颖的个案,在全国范围内绝非首例。在法无明文规定的情况下,按说最适合上网检索类案处理情况了,看看别人是怎么判的。但法官并没有东张西望,而是立足于案件本身,认真分析,依法裁判,而且胜败皆服,成为典型案例。

第二个案件,人身保险赔偿纠纷案,某员工经单位投保团体意外健康保险,合同载明 40 种约定保障的重大疾病包括主动脉手术,主动脉手术是指治疗主动脉疾病,实际实施了开胸或开腹手术。投保 9 个月后,该员工诊断患有主动夹层 B 型在内的多项疾病,并接受了胸主动脉夹层腔内隔绝术等造影术。后保险公司以非属重大疾病为由拒赔偿,理由是其主动脉手术采取的是微创法而非开胸开腹法,与保险合同约定条款不符。承办法官的心得是,面对几份结论迥异的类案生效文书,摆在面前的是两种不同的裁判思路,一种认为,保险条款已获保监会审批,是金融监管行为专业化的体现,法院不应对保险条款是否合理过多评判,应依合同规定驳回员工诉请;另一种则认为,开胸或开腹仅是治疗方式,涉案条款是保险公司以治疗方式限制疾病属性的格式条款,实质目的是减轻或者免除赔偿责任,应为无效。该法官除求教于专业医生外,还翻阅了实用内科学,从解剖学、病理学、影像学等多个方面了解这类疾病,在比较各种观点,考虑各方利益后,形成如下裁判思路:

> 保险设立的目的是被保险人的生命健康进行保障,无论从治疗角度还是从病人身体状况来看,选择创伤小、死亡率低且愈后效果好的治疗方式,并无不当。如果判决支持了涉案条款,在一定程度上必然会导致某些经济条件一般的患者,为了避免因病致贫,不得不放弃更为科学、安全的治疗方式。这种导向不仅让保险合同应有的转移风险、分摊损失的社会价值丧失,更有可能

将需要社会救助的部分弱势群体置于更危险的境地,这并不符合医学规范与科技进步,也缺乏对生命及个体的尊重与敬畏。

经审委会讨论,上述意见得到一致认可,判决后也获得了保险业的理解和支持。

8.6 理想与共识

朱兰春：

上述人身保险赔偿案判决书的一段话,很能体现承办法官的价值取向:

> 病有所医、和谐诚信均是社会主义核心价值观的内涵和应有之义。一种科学的保险条款制定方式,应该是既不能过分加重保险人的保险责任,产生对保险效率的不当制约,也不能任意缩减被保险人权利,违背保险合同的目的,难以达到保险的合理预期,且应在条款文义上明确无疑并无隐藏晦涩之他义。

尤值注意的是,最高人民法院官方微信公号和《人民法院报》也全文刊发了上述法官手记。文章最后一段,该法官特别谈到遇到疑难案件时,究竟应当从哪里入手,向哪里要答案,观点极具方法论意义,援引如下:

> 法律条文是平面的,却要解决来自社会生活的立体

问题,这就要求法官不仅要尊重规则,更要了解规则作出的基础及其合理性。依法办案,本身就包括追寻条文背后法的本质和内涵。如何才能做出一个更好地体现法治精神,更好地服务社会大局,更好地保护人民利益的更为"恰当"的判决,正是我们裁判者穷其一生的"必修课"。

我认为,这些优秀法官的办案心得,在相当程度上折射出我国法官群体的思维特征。**如果我们不把类案检索仅仅视为一种技术工具,还进一步视为思维工具,那么,把它放到法官群体的整体思维模式中去观照和透视,或许能更好地看清它的前世今生,也更好地确定它在我们心智里的真正定位。**

谈到这里,不妨再介绍一下最高人民法院机关刊刚公布的调查数据,可能更有说服力。

2023 年第 19 期的《人民司法》杂志,刊发了广东高院课题组的调研成果《案件提级管辖标准和程序机制研究》。课题组调研发现,基层法院法官对于"在办案中遇到新类型案件或法律适用疑难问题倾向于选择如何处理"这个问题,选择"自行裁判""提交讨论"的比例占 77.2%,选择向"上级法院请求的"占 18.9%,选择"报请上级法院提级管辖"的仅占 3.9%。

大力推行的类案检索机制,在法官群体的选项中竟然杳无踪迹,我想这是很耐人寻味的。这是不是意味着司法直觉正在向生活回归呢?

我的硕士老师、南京大学翟学伟教授 2023 年第 6 期在《探索与争鸣》杂志上发表论文《日常意义的建构及其变迁》,结尾部分

271

尤为精彩,对于我们讨论的这个专题,具有跨学科的重大启示,现在援引如下:

> 只要人不是物理或化学的简单合成,也不是生物般地活着,或只停留于刺激—反应的模式之中,人之生活都需要意义来建构。可以说,社会实在的建构之意是指,在个体行动与社会存在之间所建立起的意义连接。如果一个社会学家不能够读懂所研究的社会、组织、社区、群体及有关互动与个人的意义与价值所在,那么即使得到再多的数据,做再多的统计分析,也无济于事,因为他不知道意义是如何表现的。

李志刚:

朱律师从时间点分析案例检索制度的形成背景,从技术思维的特点分析数据在司法领域运用的局限,从律师的胜诉经验分享案件检索对律师的功用,从优秀法官的办案心得谈裁判的方法论,为我们理解和思考案例检索制度提供了更为广阔的视野。

从这些观察中,我们可能得出一些初步的结论:

(1) 案例检索对律师研判、论证案件非常有用。

(2) 案件检索在法官群体中,功用有限,甚至不是主要的方法论工具。但对高审级法院的统一裁判而言,非常必要。

(3) 好的裁判,主要还是法理情的综合,符合生活的理性,而此点未必只能从案例检索制度中生成。

黄文旭:

类案检索制度对促进法律适用统一具有重要意义,因为有律师检索类案去推动，其他法院内部的统一法律适用机制由于没有外部推动，作用是非常有限的。

李志刚：

从理想和共识的角度看，似有几个观点值得重申：

（1）案例检索制度生成，源于实践需要。从法官视角看，源于法治统一的需要。从律师视角看，源于说服法官的需要。

（2）案例检索制度的使用，也取决于实践。到底怎么用，什么时候用，谁更愿意用，实际上不是强制规定出来的，而是不同的主体，基于实践理性，自发形成的。

（3）案例检索职业对于不同职业群体，有不同功用。对律师而言，非常有用，也愿意和值得投入大量的时间和精力。对法官而言，不同审级的法官，也有不同的功用。较低审级的法官，比较关注如何避免错案；较高审级的法官，更为关注裁判的统一。

（4）案例检索是实然的载体，不是应然的结论。能否体现既有裁判观点是什么，但不能从根本上决定未来的裁判应当是什么。裁判应当是什么，仍然应当基于法律三段论推理。

（5）分歧观点和单向案例，不会过分干扰法官裁判。相反，法官会自行质疑寻求差异性的平衡，而两造律师的对立，也会自行形成差异性观点的平衡。

（6）案例检索是技术工具，不是判决神器。利用案例检索技术，有辅助功用，但也不能过于夸大。工具为人所用，不能取代裁判中的人的价值考量。

我相信，随着案例检索实践和探索的不断推进，法律人对案例检索制度的认识和运用，也会更加理性和科学。

273

黄文旭：

有一个问题，我还想继续提出来。李老师认为，"裁判应当是什么，仍然应当基于法律三段论推理。"我的问题是，对同一个争议问题，不同的法官用三段论推理是否一定会得出相同的答案？如果可能得出不同的答案，是所有答案都正确，还是只有一个唯一正确的答案？即使有人认为世界是丰富多样的，案件是复杂的，所以不同答案都是正确的，我依然认为唯一正确的答案应该是我们的追求，法律适用统一应该是我们的追求。

公平正义要求平等，如果类案不同判，人民群众就会很明显地感受到不公平。而类案检索有助于实现类案同判，对公平正义的实现有着特殊的价值。

TOPIC IX
对谈九

学术交流中的法官思维与律师思维

李志刚：

法学是兼具理论性和实务性的学科，所以，法学学者有不少兼职律师、仲裁员，法官、律师也有不少写书写文章的。而且，法学界的学术研讨会也比较多，成为法官、律师和学者进行学术交流的一个公共平台。

值得注意的是，身份、经历和思维模式会对法律人的学术交流产生不同影响。本期，我们就此做一次专题的探讨。

9.1 学术写作中的法官思维和律师思维

朱兰春：

对法官和律师来说，写作不是家常便饭，而是谋生饭碗。他们每天不是在写作，就是在去写作的路上。可以说，写作是法律人特有的存在方式。审理报告、裁判文书、代理文件、分析意见，这些司空见惯的法律材料，以前都是法官和律师一笔一画在稿纸上写出来的，现在则是一个字一个字在键盘上敲出来的。

但是,就文章类型而言,这些还只是公文,而不是论文,更谈不上是学术论文。学术论文是比公文更深刻、更规范、更系统的思考与表达,也是最见法律人功底与能力的试金石。因此,研究法官思维和律师思维,不能不涉及他们的学术写作,这才是他们法律思维最浓缩的结晶。

从形式上看,学术作品无非是专业论文或研究专著。自媒体时代,还包括在各种微信公号上发布和推送的法律评论、案例研究等。这些学术作品犹如脑切片,再现了法官与律师思维中最深层的脑回路。比较其异同,探究其特征,预测其进路,摸索其规律,极具现实意义。

无论是学术界还是司法界,以前对这一块的关注与研究极为薄弱,很少有这方面的讨论。我们这一期的话题,也算是填补了一个空白吧。

为了讨论便利,我按这个逻辑顺序推进话题:为什么、写给谁看、发表在哪里、效果如何、思维取向、存在问题。

9.2 为什么写?

朱兰春:

法官和律师,都是极度忙碌的专业人士,他们为什么在繁重的本职工作之外,还抽出大量的时间撰写学术论文,甚至出版研究专著呢?

个中原因,被山东某中院研究室主任一语道破:"办案是立身之本,写作是成名(成才)之路。"这句话虽然是针对法官群体的真情流露,但同样适用于律师群体。换言之,办案只能立足,写作才能远足。逾12万员额法官,逾60万执业律师,要想成为业内的佼佼者,只靠埋头办案,没有拿得出手的学术作品,根本就没有脱颖而出的可能。有位法官曾说过,写作并非易事,不要轻言放弃。"成功的路上并不拥挤,因为,能坚持下来的人并不多。"

据我观察,这些能坚持下来的人,基本上都有几篇像样的学术论文,或一两部重量级的研究专著傍身。正是沉甸甸的学术成果,成为他们与别人拉开实质性距离的利器。

对个人成长有较高期许的法官或律师,无不极端重视笔杆子;而实现了这种较高期许的法官或律师,无一不是笔杆子极其过硬。不管体制内外,到处都可以发现,大笔杆子才是人生赢家,因为赢家往往通吃。所以,"业余时间爬格子,青灯黄卷月下敲",是精英法官、优秀律师不约而同的必然选择。

说得更直白些,对法官来说,学术成果就是晋升的敲门砖,有机会从司法民工提拔到司法工头;对律师来说,学术成果就是名利的代金券,桃李不言,下自成蹊。

自2009年迄今,全国审判业务专家已评选五批共246人。评选标准之一就是具有承办重大疑难复杂案件的能力和水平,法学专业造诣深厚,对审判实务和法学问题有深入研究,有一定数量和质量的调研成果,是全国、本省(自治区、直辖市)审判领域的业务带头人。其中的调研成果,指的就是学术著作。上述全国审判业务专家,均在权威期刊发表过学术论文,或公开出版过研究专著,有的人还著述颇丰,甚至还有教授、博导头衔。这些金字塔尖的专家型、学者型法官,代表了我国法官群体的最高水平。

再看律师界,现在凡是大一点的律所,无不积极出书,有的还成系列地推出,形成有一定规模的法律文库。至于律师个人,人不分老中青,地不论南北中,只要有机会、有条件、有能力,都想办法攒出一本或几本书。

随便到哪个书城,法律书籍专柜摆放的法院、法官、律所、律师出版的各类实务用书,可谓满谷满坑。其丰富之程度,每每让我想起伟大领袖的名诗:"漫江碧透,百舸争流。"真的要感谢这个伟大的时代,正是有这么多的法律精英在力争上游,在成就他们自身的同时,才极大提升了我国法治建设的整体水平。

9.3 法官与律师写作中的共性、差异与趋势

李志刚:

如你所言,法官和律师虽然不以写作为业,但他们却天天写作,写作就是工作。然而,裁判文书和诉讼文书都是职业工作的法定公文,和论文、专著有所不同。前者是本职工作,后者侧重理论提升。法官和律师的思维差异既会体现在写作视角上,也会体现在作品风格呈现上,回归本源,还会落到写作动机上。

所以,从法官、律师的学术写作,确实也是观察法官思维和律师思维的一个很好的视角。从我的个人观察来看,法官写作和律师写作既有共性又有个性。

共性在于:

第一,都体现出超越个案的理论提升。裁判文书和诉讼文书虽然也可以花笔墨"论道",但只能点到为止,文书本身不是论道,

也不应当以论道为目的,仍然是以个案的纠纷解决为目的。而论文和著作不同,其价值就在于超越个案的"论道"。

第二,都体现出一定的理论偏好。法官和律师本身都是实务工作者,严格地说,"伟大的判决""伟大的代理词"才是最重要的作品。但法律文书受制于多种因素,并且以解决实务为目的,即使有法理分析,也不是重点。而论文和论著都有篇幅需要,有"上层次"的需要。更为重要的是,随着法学教育的普及,一大批科班法学硕士、博士进入法官、律师队伍,其有基本的理论研究能力和素质,能够形成具有一定理论价值的学术作品。

第三,论文、论著本身仍然有较强的实务导向,以实务问题的解决为中心。法官的本职工作是审理案件,民商事诉讼律师的本职工作是代理案件。这两种职业的特点,决定了其视角必然带有很强的问题导向,以解释论为重点,而非以立法论为重点;大多以应用法学为重点,而非以法哲学、抽象法律概念建构为重点。

法官写作和律师写作的差异,可能主要在于:

第一,潜在立场的差异。法官写作的视角仍然是居中的,侧重于整体性的社会正义分配;律师写作可能是有立场的。比如,为金融机构提供专业服务的专业律师,可能会有潜在的金融机构视角。以消费者公益诉讼为业务重点的律师,可能更多侧重消费者利益保护。换句话说,虽然是在案外,法官思维和律师思维仍然会在落笔的视角上有差异,有潜在的代入感。

第二,潜在影响的差异。法官论著的潜在读者,包括法官、律师、法务和学者。律师论著的潜在读者,通常只包括律师和法务。这种潜在读者的差异,本身也是论著影响力差异的来源。

虽然在稿纸、刊物、论著、公众号写作面前,法官和律师的地位都是平等的,但读者看待作品的眼光和心态并不一样。通常而言,越是上级法院、职务级别越高的法官,发表的作品越带有潜在的光环,有自带的"权威性"印记,远非律师论著的影响力能比。除了极个别在非常专业的领域内深耕的律师及其作品能引发一定关注之外,绝大多数的律师论著,对于法律人看来,可能"只是那么一说",未必有足够的耐心去详细阅读。反之,审级顶端的高级别法官的文章,则会被业界反复解读,加持其影响力和权威性。

举个例子,有个朋友开了个公众号,流量一直不大,向我取经。我说这好办,你选文章和作者的时候,先挑一下他的工作单位。如果每篇文章标题前面加上"最高法"三个字,流量立即会发生质变。后来这位朋友如法炮制,效果斐然。虽然听上去像个笑话,但也足以说明,论著作者的身份、工作单位,对于论著本身的影响力,重要性是不言而喻的,特别是在法律领域,最高审判机关具有无可替代的权威性和影响力。在法律人心目中,甚至可以用"神圣"来描述。

换句话说,法律实务领域的论文论著,作者是法官还是律师,是哪一级法院的哪一级法官,还是哪一个律所的"大律师"或是"小律师",通常都会对文章的读者数量、关注程度、社会效果产生重要影响。这种影响本身,反过来也形成一种对论著质量的期待,甚至是对论文论著品质本身的一种潜在质量要求。

第三,落笔口气的差异。如你所言,论著虽然不是裁判文书,但论著作者的身份和工作单位也是观察和了解作者思维的一个重要视角。通常而言,法官的思考多是对审判实践的总结,法官论著写作多来源于其承办的案件,故论著观点通常是观察其裁判观点的重要来源。法官在论著中的观点,大多也是以裁判者的确定性落笔。与此不同的是,律师通常难以左右裁判结果。所以,撰写争议文章的裁判观点,律师论著通常不会给出确定结论,而是从既有的裁判结果中,预测可能的裁判结果及其概率。

与此同时,据我观察,法官论著和律师论著可能还有一些新的变化趋势。

第一,受制于案件压力,优秀法官可能用于写作论著的时间在减少;而得益于律师队伍的发展,专业化律师的优秀论著越来越多。以我个人为例,在法院工作期间,早期案件数量并非泰山压顶,办案之余尚有一定的工作时间进行调研、思考和写作。但随着案件压力的持续攀升,结案压力越来越大,能够用于研究提升的时间越来越少,由此感到越来越不自信。因为,你的自信来源于你对法律的精深研究和深刻理解,而不是你所在法院的审级和你的职级。法律专业能力高低,开口三句话,能不能说到点子上,能不能看到要害,你一张口,业内人士便知。如果没有久久为功地持续深耕,不可能保持在民商法专业领域的从容和自信。如果频繁地轮岗,还可能进一步削弱专业性。因为,在一个细分的民商法专业领域,没有五年以上的沉淀,通常很难专精。

与法官不同的是,相对而言,律师有选择案件数量和专业领域的自由。随着律师整体学历水平的提升、专业化分工的发展,部分精英律师长期深耕一个细分领域(如信托、证券、融资租赁等),有能力、有时间、有团队资源,久久为功,可以深耕和占领这一实务领域的法律研究高地,呈现出高质量的论文和研究成果。

当然，因为公众号文章发表的便捷性、图书出版的市场性，并非每一篇律师论文、每一部律师著作，都能成为实务研究的精品。真正能产出高品质论著的律师，在每个细分的专业领域，也就是那几个精英律师，其实也是凤毛麟角。但不得不说，这些作品的学术品质，并不低于法官论著，甚至还要高于法官论著。

第二，对于法官论著与律师论著，也在由仰视、俯视，逐步走向平视。如你所言，法律出版行业的繁荣使得20世纪八九十年代只能读"影印版"史尚宽、郑玉波的时代，一去不复返了。现如今，不仅学者的法学论著琳琅满目，而且法官、律师的论著也汗牛充栋。那么，在民商法领域，有几本法官、律师的论著是有口皆碑的？大浪淘沙，十年、二十年、五十年之后，还有几本是能被人经常提起、反复引用的？在数量大繁荣的背后，质量到底有多高，可能还需要时间的检验。

我们可以发现，即使是最高审判机关的法官撰写的论著，也并非无可挑剔。有的裁判观点和论证过程，也会受到业界同仁的商榷乃至质疑。而律师论著，虽然不具有天然的权威性，但只要其观点足够精深、论证足够严谨，言之在先、言之在理、言之在深、言之在用，也能赢得市场、读者和法官的认可。

换句话说，法律人仰视法官论著、俯视律师论著的习惯性眼光，正越来越多地被专业眼光的理性审视——平视所替代。这是真正的社会进步，是法律人理性精神的体现，也是法律人共同体趋势的体现。

第三，法官和律师的论著风格有趋同的趋势。这里可能有两个背景，一是法官、律师学历层次的提升，使得二者受到的基础性学术训练时间拉长,风格趋近。比如,一个导师带出来的硕士、博士,虽然一个做了法官,一个做了律师,但其学术研究的思路、方向、策略可能是相近的,于是论著的结构和论证也可能有趋同的基础。第二个背景是职业转换产生的思维转型。比如,不少法官转型做律师,其职业身份转换了,但其思考问题的方式往往还有一定的惯性。

这三种趋势呈现一个乐观的结果:虽然在法庭上、案件中,法官居高临下,律师等待判决;但在法庭之外,法官和律师可能以文会友、以书会友,进行越来越多的平等对话。

9.4 写给谁看

朱兰春:

关于法官与律师学术写作的共性、差异与趋势,你的分析非常透彻和全面。此外,还可以从一个角度来观察,他们究竟是写给谁看的?显然,受众的不同预设,决定了写作的方向和内容。

法律人的时间,都像金子一般宝贵,尽管不一定都能转化为金子。就算是为了自我提升,也很少有人为写而写。动笔之初,其实已经有了预设的受众。

如果剔除泛泛的大众读者,法官与律师著作的受众,有很大的不同。法官写作有两种情形,一是完成任务,二是自发创作。前者基本是职务作品,是为了应付单位交办工作。最高人民法院司法解释的理解与适用丛书,就属于这一类,不仅是职务作品,还是集体作品。每人分几条,最后合起来,就是一本厚书,作者冠以院领导或某业务庭，出版后就可以大卖特卖。一些法官辞职后，履历中很重要的一个内容就是曾经参编某某司法解释的理解与适用，或者直接就是某某司法解释的起草人或执笔人，等等。

这类专业书的受众，基本就是律师和法务以及下级法院的法官，可能还有倡导实务研究的极少数学者。其中，律师是最积极的购买者，定价再高也毫不犹豫。记得《九民纪要》发布后，配套的理解与适用尚未上市，各书店即推出预售广告，购者如云，从事民商事业务的律师几乎人手一册。有高校教授曾调侃说，这在一定程度上，也实现了法律群体的收入再分配。因为很显然，下级法院的法官们，是不会自己掏腰包买这么贵的书，单位会列为工作用书自动配发。

这一类的书籍是否完全好用，目前还没有见到公开的抽样调查。但曾看过某法学教授（也是兼职律师）在网上吐槽，称在办理一起商事案件时，拿着司法解释的理解与适用书籍与作为起草人的某法官据理力争，但判决结果和该理解与适用的内容恰恰相反。

另一类是自发创作，虽然主要受众也是律师和法务，但覆盖面显然不如前者，只有特定业务领域的律师或法务，或者对特定案件类型有要求时才会主动关注。这类书籍的特点是，主要是对承办案件的简单总结，或是某类案件的梳理汇总，有的甚至就是自己所办案件的裁判文书合集。虽然在点评和分析案件时，可以有更大的发挥余地，但恰恰因其明确的个人色彩，反而降低了其普适性和说服力。事实上，在此类书籍中，几乎所有作者都有类似声明，仅为个人意见，不代表供职单位观点，云云。

不过，虽然是个人作品，但他们供职单位的光环无疑是绝对的加分项。更何况，能达到公开出版的水平，其中确有作者的真知灼见。此类书籍总体质量较高，是深入研究法官思维的难得素材。

虽然我没有调查过，但个人猜测，此类书籍还有一个重要受众，就是小部分的法官同行，特别是下级法院的少量法官。我就认识某基层法院的一位法官，不仅业务精湛，而且极为勤奋，其晒出的书籍照片中，相当一部分是该领域诸多法官的个人专著，而且均是自费购买，这样的法官真是令人肃然起敬。

律师著作的受众则完全不同。严格地说，律师著作并没有受众，至少没有相对固定的受众。

我这么说，绝不是贬低律所或律师出版物的专业质量。正如你所说，部分精英律师长期深耕一个细分领域，已经占领这一实务领域的法律研究高地，呈现出高质量的论文和研究成果。但是，这并不改变大部分此类书籍的预设目的，即宣传大于、高于内容，市场先于、优于学术。二者兼得当然是最佳组合，但却没有那么便宜的事。正如茨威格所说，所有命运馈赠的礼物，早已在暗中标好了价格。是的，价格才是律所或律师第一位的考量。此类书籍的唯一受众，其实就是市场。学术作品，是升级版的市场读物。

9.5 速朽与不朽

朱兰春：

不过，有必要说明，说法学著述是速朽品，这并非贬义判断，而是指出一个常态化的出版现象。现代民商法学整体上是舶来品,在我国不过才勃兴几十年,不要说律师著作,法官著作乃至学者著作,同样也是速朽品。换言之,不管是应用法学还是理论法学,有太多的紧迫问题要面对,不能不追求好用、管用、学以致用。问题解决了(往往体现为文章发表了、著作出版了),使命也就结束了。司法界就有人公开说,中基层法院不是法学研究会,不是法理研究中心,应当摒弃理论法学思维。因此,"速朽"是这个特定时代里,几乎一切法学研究、法律著作的宿命。

举个例子,著名法学教授尹田先生,在自己的书中曾感叹,发表了一两百篇学术论文,待到要出论文集的时候,竟发现找不出几篇值得重读的东西,更别说重印了。

2021年《马俊驹法学文集》(全六卷)出版,汇集了马老师从教以来发表的几乎所有学术论文,全书2442页,定价近1600元。我收到订书后,立即向诸位同门推荐,大家都觉得书价如此昂贵,所载不过是既往已发表的论文,按说早就与时俱退了,居然还有个人自费购买,而且也并非吃这碗饭的高校教师,连我的导师都有点难以置信,专门让我拍了书籍照片给他,估计是为了向马老师证明,武大学生辈里,确有好学者如斯。

如果仅就论文内容而言,其中的很多建言对策,随着时代的变迁,可能已经斗转星移,物是人非。但我看重的并不是这个,而是马老师独特的学术思维方式,他是怎么思考的,又是如何写作的,这些隐藏在具象内容背后的东西,才是那一代学人值得被反复琢磨和汲取的精华。

所以,"速朽"本身不是问题,能否解决当下问题,以及能否不

对谈九 | 学术交流中的法官思维与律师思维

断总结解决问题的能力,才是更应当重视、更值得关注的东西。

就此而论,不管是法官著述、律师著述,还是学者著述,都有其不容低估的参考价值。虽说是恒河一沙,但中国人最强调的,不也正是聚沙成塔吗?

正是基于这种意识,前段时间,我又订了一套编辑十年之久才成书的《陆学艺全集》(共12卷),定价近3500元。有位硕士同学得知后,惊奇地问,你真的会读吗?因为在很多人看来,这些都是时过境迁的东西,当作礼品送人还可以,谁会真的去读!

李志刚:

法学论著既是有时效性的"急就章",因为只能立足于实时的法律规定,特别对法官和律师的事务性文章而言;法学论著又是发表即存续的永恒性作品,只要发表了,就永远也收不回来了,无论是纸质的,还是电子的。

德国检察官基尔希曼说:"以偶在现象为其研究对象者,自身亦终沦为偶在。立法者修改三个字,所有法学文献将因此变成一堆废纸。"一百多年后,德国学者拉伦茨说:"只要如何公正解决彼此层出不穷的利益冲突之追问不会停止,如何合理建立唇齿相依的生活秩序之追问不会停止,法学就会存在,对于人类即是不可或缺——这不仅是因为它有着实践功用,更在于它表述着人类精神的实质。"

法官和律师的论著,不太可能不朽,但影响深远而非自娱自乐,也不是不可能。美国大法官卡多佐1921年发表的《司法过程的性质》、1924年发表的《法律的生长》、1928年发表的《法律科学的悖论》,历百年而时常被提及和引用。邹碧华法官2010年出

287

了《要件审判九步法》一书,2014年逝世,但要件审判九步法的影响却在持续扩大。仅就实体法实务论著而言,曹士兵法官撰写于《担保法》时代的《中国担保制度与担保方法》,不仅没有因为《物权法》的出台而落伍,而且直到《民法典》时代,仍在被广泛研读引用。

这说明,好的作品是有其生命的。

是"速朽",没有溅起一点水花;还是历久弥新、常读常新？这取决于作品落笔时,作者的功力,对作品的投入,以及作品写作中的责任心。

从另一个方面来说,论著写作的最重要意义,可能在于作者在写作过程中的学习与思考。在这个过程中,可能收获最大的是作者。所以不管最终发表、出版的结果如何,只要这个过程是认真的、负责的、慎重的,最终的成果大部分是有价值的。

我个人有幸参加过几本司法解释理解与适用的撰稿与统稿,感受也比较深刻。写一条司法解释理解与适用的时候,要把这条司法解释可能涉及的理论和实务问题看透、想透,才能说透。而只有看透、想透、说透,呈现出来的文字才能配得上"最高人民法院",因为法官和律师真的是会拿着这些文字去办案的。所以,需要牵头去选择参与写书的撰稿人的时候,也是抱着一种高度的责任感来选择理论与实务兼通、责任感强的靠谱作者参与,以保证书写文本的质量。

事实上,法律界的读者都是明白人。不管什么名头,读者都会从最后呈现的作品中读出作者的专业性、法理功力和责任心,并给出自己的内心评价。

9.6 发表在哪

朱兰春：

美国大法官的经典著作，我们暂且不论，因为不好简单横向对比，但你举的两位中国法官的例子，确实都很典型。曹士兵法官的《中国担保制度与担保方法》，去年已经出到第五版了，而且看样子还可能会出第六版。作为内容相对艰深的法学专著，这样畅销还是相当少见的。邹碧华法官的《要件审判九步法》，更是法律界的现象级事件，其构建的案件审理方法论，可以说影响了整整一代法律人。相较而言，举目四望，这么多年来，律师界产生那么大的行业影响力的书比较少。

这就是看得见的差距，说明同为法律人，同样著书立说，但彼此的含金量、光泽度、覆盖面和生命力，还是有较大差异的。

此外，作品的发表方式，也是观察和比较两大群体著述影响力的重要窗口。虽说现在自媒体泛滥，各类文章满天飞，但显然，正式出版的书籍以及学术刊物上的论文，在大多数法律人眼里，其分量还是完全不一样，尽管其真正的阅读量未必能超过公号文章的流量。

在这方面，律师界显然又处于下风。法院系统有自己的出版社、杂志社和报社，上至最高人民法院，下至各地法院都有自己固定的发表阵地，如最高人民法院下辖的人民法院出版社出版图书，《人民法院报》《人民司法》《法律适用》《中国审判》《人民法院案例选》等刊发法院和法官的文章。仅《人民司法》就分为三个子刊,分别是"应用""案例""天平",按旬出版,每月三本。

律师界则没有这些体系性资源,全国律协主办的《中国律师》并不是学术刊物,只能算是行业宣传刊物,而且在业内也并没什么影响,平时从没见哪个律师翻阅过。律师要发表著述,除了正规出版社和学术刊物外,更多地依赖于各种公号,这倒也非常符合律师身份的民间性和草根性。

日本人将律师称为"在野法曹",这个"野"字用得极为传神,让人不由得联想到"野鸡、野路子、野蛮生长",总之不那么正规,也没那么有保障,虽说可以理解为自力更生、自由自在,但似乎也有点自生自灭的味道。

李志刚：

法院有法治统一的职责,所以有公办的阵地,且金字塔等级带来的权威性和合法性,是单打独斗的律师无法比拟的。但无论对法官还是律师来说,发文章、出专著都不是主业,更多是兴趣、能力提升的需要,所以,二者的差别虽然有,但可能并不是那么绝对。

更为重要的是,以微信公众号为代表的自媒体的产生,打破了这种官方刊物发声方式的垄断性。越来越多的微信公众号虽然不是官办刊物,但可以通过自己的文章质量和品位,提升论著的可见度。

比如,据我所知,有不少于十个律所或者律师的公众号保持了高频的阅读量和转发量。这种阅读量和转发量的来源,不是靠官办或者官方身份的加持,而是论著本身的质量、可读性,或者观点引发的共鸣。这种依靠专业水准、业界转发赢得的"可见度",

更值得尊重。所以,我个人对此保持一种理性的乐观。

有的公众号不区分作者身份是法官还是律师,只坚持论文质量,保持自己的专业品位,也已经形成了自己的品牌。

作为问题的另一面,也有流量网红号,通过贩卖权威性和制作网红标题吸引流量,就此,也并不区分法律人的具体身份。但我想,总体而言,法律人是理性的、专业的,有品位的。

令人尊敬的法律人,通常不会把流量本身作为目的,而是把论著的质量作为自己的羽毛。不会把哗众取宠作为目标,而是把严谨的法律观点和法理论证作为论著传播的基点。

大浪淘沙。随着公众号的普及和增多,这种经过"思想市场"检验的法律专业公众号和论著作者也会逐步过滤出来,成为受人尊敬的法律论著发表平台和法律人。

朱兰春:

是啊,邓小平同志指出,科技是第一生产力。现在看来,互联网就是第一科技,是战斗机里的战斗机。它打破了一切藩篱,提供了无限机遇,把世界硬生生地从依附性的垂直状态,塑造为对等性的扁平状态。从此,世界不仅是平的,还是活的,向一切有准备的头脑开放。作为智商超群的法律人,"在野法曹"反而获得了更大的生机。以食物类比,中国人都知道,野生的,更有营养,也更有价值。据我所知,有不少律师的成果和积累都是首先发表在自媒体上,获得阅读市场的好评后,才被出版社相中,获邀正式出版。

时代确实变了,我命由我不由天,条条道路通罗马。

李志刚:

我甚至有一种预感:伴随着自媒体的兴起和传统纸媒的没

落,订阅高品质法律公众号的法律人会越来越多,订阅纸媒法律、法学刊物的法律人会越来越少,作者不论出身,读者自有公论。

朱兰春:

你的这种预感,在互联网更发达的国家已经是现实了。风靡几个世纪的《大不列颠百科全书》已宣布不再出版纸质书。拥有百年历史的大报大刊也开始走向没落。在技术革命的浪潮冲击下,中国的各类报纸、杂志、电视台等以往时代的宠儿,也开始相继愁嫁。

我自己那套烫金软皮封面的简明大不列颠百科全书,早就送给同事了,当时竟有如释重负感,因为这套庞然大物,实在是太占书房面积了。

略有不同的是,目前中国的某些学术刊物,尤其是法学刊物,因为受益于扭曲的学术考核指标,还处于供不应求的畸形状态,大批吃学术饭的高校老师,面临不发表就出局的压力,眼下还对其趋之若鹜。我国科研论文发表数量世界第一,但并没有显著提升我国的科研实力,事实上,与发达国家的差距还越来越大了。

法律行业的技术性很强,以法律人的专业素养,就算是有一些抢眼球的网红,也不可能长久生存。水至清则无鱼,要相信市场有强大的自净能力,就像相信人体有强大的自愈能力一样。

要有洪钟大吕,高头讲章,也要有百花齐放,百家争鸣,这就是时代的进步。

9.7 精品与噪声

李志刚：

我关注的另外一个问题是，自媒体时代的文章质量，容易被网红动机带偏，如案件分析类的文章。裁判要旨的提炼，是一个专业能力要求很高的技术活。

之前我承办公报案例裁判要旨审查内容工作时，会反复斟酌要件事实的取舍，经我手的，要么一半被否，要么要旨被修改得很多。这么说，不是说我水平多高，而是说公报和裁判要旨在我心目中的地位很崇高，在全国法律人心目中的地位也很神圣，其影响力甚至堪比单个规范的立法。

举个例子：有个差额补足协议案件，因为未经公司决议，被认定为违反《公司法》第16条，所以判决无效。有的公众号直接把文章标题写为"定了！某某法院认定差额补足协议属于无效协议！"专业人士打开判决一看，就知道不是法院认定"差额补足无效"，而是因为"差补协议未经公司决议故无效"。但不专业、非专业的人士以及金融业的不少人士大量转发，而且真的认为某某法院作出权威判决，"差额补足协议一律无效"，因此，所有的差补协议都是无效的。这样的文章、案例分析，实际上是一种貌似专业的"噪声"，应当是法律人尽可能避免的。

朱兰春：

这种情况在所难免。博文市场也是思想市场，既然是市场，就不可能杜绝吆喝叫卖。但不管在哪里，可以一时博眼球，不可能一世博眼球。像这样的自媒体标题，其实很 low，相当于那种"不转不是中国人"，看多几次之后也就打回原形了。

法律人尤其是律师群体，本身也是很庞杂的。但是，能做到坚持阅读、投身写作这个层次的，都还是有基本的辨别力的。

你刚才提到，公报和裁判要旨在心目中的地位很崇高，在全国法律人心目中的地位也很神圣，我不仅完全同意，而且还可以提供实证资料。据我观察，这个普遍认知，在很大程度上左右了相当一批法官的写作方向。

最高人民法院的一位学者型法官到江苏高院讲座时，说过这样一句话："一个法官终其整个职业生涯，能把自己办的案件在《最高人民法院公报》上刊登，可以说是其职业生涯的巅峰。"这句话对整个江苏法官群体的震动非常大，对江苏高院积极遴选公报案例，起到极大的促进作用。

据我对历年公报案例的统计，自 1985 年《最高人民法院公报》出版至今，长三角法院案件入选率高居其他全国各大区法院之首，其中江苏高院选送的公报案例，又居长三角法院之首。江苏法院系统对案例的重视度、影响度、宣传度，是其他地区所不具备的，所以它才有这么多的案例入选，甚至还专门出了一本《江苏省高级人民法院六十年经典案例（1953—2013）》专著，其中汇集了历年来入选的众多公报案例。

据江苏高院 2019 出版的《法官思维的印记》一书介绍，江苏法院推荐报送的案例被最高人民法院指导性案例、公报案例、人民法院案例选、中国审判案例要览等重要案例载体发布的数量位居全国法院前列。在最高人民法院发布的 21 批 112 个指导性案例中,江苏法院被录用 14 个,位居全国前列。

自 2017 年起,苏州中院更是连续七年出版系列专著《裁判的力量》,汇聚该院审理的典型案例,并辅以法官深度点评,已经形成品牌效应,在业界产生很大影响。

每次拿出他们刚出版的新书,兴奋之余也难免遐想,如果各地律协、各家律所,也能够汇编整理、总结提炼本地、本所的年度案件,而且也能形成系列出版物,这该是多么巨大的金矿啊,这难道不正是最好的成才之道、成名之路吗?江苏法院系统的做法和成绩,值得所有法律人深思。

9.8 学术研讨会中的法官思维与律师思维

朱兰春:

学术研讨会,听上去高大上,但法官和律师的感受和表现,差别也很大。

法官们都很忙,每天的本职工作都干过不来,按说是没空开什么学术会议的。再说,依现在的内部管理规定,未经单位批准,也不允许法官以个人身份参加包括学术活动在内的社会活动。所以,法官参加学术研讨会,要么是单位组织,要么是单位批准,不管哪种情况,其实都是在完成单位指派的任务,只不过在发言时,带有一些个人色彩。很多法官开口前,总会像在自己的书里那样,习惯性地表个态,今天的发言只是个人观点,不代表工作单位,云云。

295

李志刚：

受制于工作强度和管理要求,法官参加学术会议的机会确实有限。但通常而言,应邀与会并做专题发言的,在相关领域多术有专攻,分享的也是基于审判工作的实际思考。所以,大部分法官的学术发言还是有相当含金量的。

朱兰春：

的确如此,能在这种学术交流场合,作为嘉宾登台演讲,或者宣读专业论文,无疑都是精英法官。而且据我观察,如果是非法院系统举办的学术会议,主办者还往往将受邀法官的发言列为重头戏,足见法官身份的特殊性。他们也确实能带来不一样的认识和思维,因为相较于律师法务,法官观点当然更权威;相较于专家学者,法官经验显然更丰富。能带来实实在在的干货,这当然是大家最欢迎的。而且法官工作单位的级别越高,对参会者就越有吸引力。如果是最高人民法院的法官,那简直就炙手可热了。以前管理不太严的时候,常见最高人民法院的法官利用周末在各地穿梭,参加名目繁多的讲座、研讨、解读、培训,大家也以能参加这样的交流活动为幸。不过,目前这种情况已完全绝迹。据了解,最高人民法院的法官,现在连省律协都邀请不到,除非省律协中有全国人大代表。同时,也不允许他们去包括中级法院在内的基层法院讲座或培训。至于法官出书,最高人民法院的态度也改为不鼓励、不提倡了,生怕分散精力,影响工作。

法官个体的外部学术交流机会,虽然比以前更少了,但这并不影响法院横向举办学术活动,比如与相关高校、研究单位、仲裁机构、行业协会等,不时举办各类研讨会。经常可以看到某法院与律协、仲裁委进行学术交流的报道，形式包括联合调研、案例研讨、共同培训等。在这种学术场合，由于是研讨性质，发言者相对比较放松，观点时有交锋，语言也很犀利。

不久前，我在线上参加了郑州律协主办的一场研讨会，组织者邀请了李建伟教授主讲公司法专题，参会者除了律师，还包括来自政府法制部门的官员，以及郑州两级法院的民事法官。让我印象深刻的是，李建伟教授在点评最高人民法院关于夫妻分别持股是否构成一人公司的判决时，专门引用了判决中的一句话，即夫妻分别持股构成"利益上的一致性和实质上的单一性"。他说，到底是最高人民法院的法官啊，就冲这句话，就体现了人家的水平。这要是基层法院的法官，一辈子都写不出这么高深的句子，甚至连想都想不出来。其实，他本人对该判决观点是持否定意见的。不过，他的独特表述方式，既揶揄了最高人民法院的法官，也调侃了在场的基层法院法官，同时还活跃了会议气氛，可能也只有在学术研讨场合，才会有这么松弛的表达效果。

除了横向的学术交流以外，在法院系统影响最大的学术活动，莫过于每年一度的全国法院学术研讨会了，迄今已举办了三十五届。2023年4月28日，国家法官学院官网发布了《关于征集全国法院第三十五届学术讨论会论文的通知》。每到此时，各地法院都是领导亲自动员，又是示范又是督促，要求法官们积极撰写高质量的学术论文，力争获奖，为本单位争光。有的法院还将论文获奖与评先评优、晋级升职直接挂钩。每届的部分获奖论文集公开出版后，只要看到，我都会马上订购。以前是单册，后来变成上下册，第三十三届获奖论文集出版时，更是史无前例的上中下三册，全书超过 2200 页。这些论文集内容鲜活丰富，是研究我国法院体系、司法动态和法官思维的绝佳素材。我经常翻阅，犹如与全国各地、各级的精英法官对话，受益真是匪浅。

和法官相比，律师参加各类研讨会没有任何限制。当然，有时也得人家邀请你，但如果不发言，只是去学习，基本上没有障碍。

总的来看，律师的学习劲头比法官要大得多，平时的日常工作就不说了，一到周末或节假日，律师们的朋友圈就会晒出各种会议照片，而且都是主动参会，有时还要打飞的，倒贴差旅费，但从没听说谁是受律所指派来的。

仔细观察，可能就会发现，律师们参加的各类研讨会，具有鲜明的特色，往往更多地集中在执业技能方面。虽说法官和律师都崇尚实务，注重学以致用，但律师明显"学"的成分少，"用"的成分多。这个"用"的成分里，除了指实用技能外，还包括扩大社会交往，获得人脉资源等更现实的考量。

李志刚：

你的观察和分析很细致。是否要参加研讨会、为什么参加研讨会、参加了有什么成果，法官和律师经常有不一样的感受。

从研讨会本身看，"研讨"的言者和听者都很重要，但言者更重要。"法院是法律帝国的首都，法官是法律帝国的王侯。"在法律专业研讨会上，法官，特别是审级高的法院的法官受到重视，有多方面的原因。一是审级高，通常进入的门槛也高；二是审级高，通常对法律问题的观点也更有影响力；三是法官办案数量大，确实积累了丰富的实践经验，而且能够受邀、敢于发言的法官本身

对谈九 | 学术交流中的法官思维与律师思维

也确实是某个法律领域的行家里手。法官发表的观点,即使不一定完全正确,但也是值得关注的一种裁判观点,属于"研讨"的正题。

从研讨的组织者和平台看,公立机构、中立机构、学术机构组织的研讨会更为"学术""公益"。法官参加此类研讨,本身也是法院学术交流、实务与理论学术交流的一个组成部分或者方式。而且正如你所言,这种庭外的研讨,观点可以针锋相对,氛围可以更轻松。

回归本源。研讨会的意义和价值在于什么?主要可能有两个。

一是"研讨"。有观点碰撞才是研讨,否则只能叫培训或者学习。研讨是平等的,公开的。通过公开碰撞,求同存异,增进共识。对于前沿法律问题、分歧法律问题,这种研究和讨论能够"兼听则明",减少"盲点",克服偏见,增进对分歧观点的理解。

二是"会"。会本身不仅指坐到一起,还有聚会、相会的意思。开放和开明的社会中,以"会"会友,是再正常不过的社会交往方式了。所以,这种研讨会也是增进业界能见度、结识业界同仁的正常方式。律师主动参会,在智识上寻求启发,在社交上寻求资源,也完全可以理解。

值得关注的另一个问题,是不同职业群体,在法律专业研讨会上,被分配的发言比例、权重,以及其能给所有与会者带来的知识的增量。比如,在一个信托法的研讨会上,法官、律师、信托公司法务、信托法学者、信托业学者,可能都是不可或缺的。虽然法官在纠纷的最终裁判上有发言权,因为其发言的价值、权重会凸

299

显，但作为一个完整的业态，不同阶段、不同角色、不同职业背景、不同知识构成的与会人员的共同参与，能让我们对一个特定领域的法律问题有更为深刻的认识。

朱兰春：

庭外研讨令法官有意外收获，并直接影响到承办案件，我至少见过两例。其中一例，最高人民法院某法官在仲裁机构的研讨会上说，他承办的案件本来已合议完毕，但其后参加学术会议，受到学者们的启发，让他认识到此前合议意见的不妥之处，经慎重考虑后，最终作了更改。另外一例，苏州某法官在书中说，他承办的案件，直觉应该怎么判，但就是找不到恰切的理由，百思不得其解，后来在参加研讨会时，经他的老师点拨，顿时豁然开朗。

李志刚：

如果仅仅是坐堂问案，缺乏和业界的交流，可能对专业问题的理解是隔膜的，甚至是狭隘的、偏激的。研讨不仅是单向的信息输出，也包括双向的信息输入。多维的输入和输出，有利于避免盲人摸象，或者因为职业特点而可能形成的整体上的盲人摸象，至少有利于减少盲点。

朱兰春：

现实地看，法官群体和律师群体之间的学术交流，实在是太少了，根本谈不上有什么常态化的沟通机制，很难做到你说的双向的信息输入。

李志刚：

因此，我一直有个呼吁，就是能建立一些公开的、正当的平台,让法官和律师在庭外也能就专业问题进行平等的交流。

朱兰春：

你的这个呼吁,让我想到某中院领导在媒体上大声疾呼,应当建立正常的沟通机制,让法官、律师碰撞出和谐的"思维火花",现援引如下：

第一,思想认识要及时转变。要对法官与律师之间的关系有新的定位,要以"我们同为法律人"的法律职业共同体思维,增进两个职业间的相互认同、相互理解、相互支持。

第二,工作机制要更加规范。建立相应的常态化沟通机制,深化交流活动,扭转"隔离墙"的思维,让法官和律师能够互相倾听意见。

第三,要不断加强合作和交流。不断丰富互动形式,扩大交流范围,通过学术研讨、业务培训、实务座谈等,加强沟通与协作,增进了解与互信。

这种声音在法院系统也非个别。云南高院副院长田成有就曾在个人公号上发表《法官与律师共同体宣言》,对在法官与律师之间建立"隔离墙""防火带"提出不同的思考,认为这二者关系处不好、理不顺,是对职业健康发展的共同伤害。我认为的确如此,如果连正常沟通与交往的平台都没有,还谈什么进一步的学术交流、法律研讨呢？

上个月我在贸仲讲座,结束后一位前法官和我探讨这个问题。他建议,仲裁委可以作为法官、仲裁员和律师这三大法律群

301

体开展学术交流的平台。他说,仲裁机构相对中立、超脱,学术氛围浓厚,又与政府、法院、高校和律所都有密切联系,非常适合担当起沟通各方的桥梁作用,这一块的工作大有可为。本来学术研讨就是少部分人的事,可以让这少部分人先交流起来。

他的这个提议,让我顿时眼前一亮,马上就想到钱钟书说的那两句话:"大抵学问是荒江野老屋中二三素心人商量培养之事,朝市之显学必成俗学。"

从本质上说,学术研究极具个人化色彩,更依赖个人的思维创造活动。愿意探讨学问,钟情学术研究,无论在哪个地方、哪个行业,都必然是少数人,这在以应用品格著称的法学实务界,尤其如此。如果能有一个平台,能让这少部分人先聚起来,以学会友,以文交流,如切如磋,如琢如磨,必定是法律界的一股清流,若能精心打理,他日定会光大。这不只是疏比堵好的工具思维,而是立足于互通有无的更高站位。

李志刚:

是的,这可以作为一个努力方向。

朱兰春:

前段时间,和几位资深仲裁员庭后聊天,他们讲的一个观点,引起我的思考。他们说,我国的仲裁机构已经超过 260 家,而且大家地位平等,互不隶属,几乎每一个地级城市,都设立了仲裁委。但从案件受理的绝对量看,其实全国有 50 家也就差不多了。言下之意,大多数的仲裁机构都是吃不饱的。

我突发奇想,大多数看上去吃不饱的仲裁机构,如果能转变观念,在继续办好仲裁案件的同时,侧重将自己打造为沟通法律群体、联结各方优势的机制化平台,那该会有多么不一样的景象,仲裁机构的优越地位一下子就凸显出来了,会有干不完的事,而且只要持续干,迟早会产生"核裂变",将极大影响当地的法治生态、社会生态乃至政治生态。

现在官媒有句话很流行,"坐在办公室都是问题,下到基层都是办法"。所谓大兴调查研究之风,本来就是学术研讨的题中应有之义。打造法律职业共同体,沟通法官思维与律师思维,不能坐而论道,应当开门办学,广开言路,否则一百年也没出路。而在现有条件下,以仲裁机构为依托,让一小部分学有余力的法律人先交流进来,这就像当年让一部分先富起来的政策一样,不失为可取之道。

李志刚:

"文章千古事,得失寸心知。"

实际上,法庭之外,无论是撰文著述,还是开会发言,论者都会慎重以待,付诸心血。

法律是严肃、严谨的学问。无论是法官,还是律师,在庭外就法律问题发声,在他人看来,也都是法律人的专业声音。

相信作为法律职业共同体重要组成部分的法官和律师,都能以自己的职业视角,在法庭之外更广阔的平台上,发出理性、严谨的专业声音,并且形成良性的交互,共同推进法治国的构建。

TOPIC X
对谈十

民商事诉讼中的法律职业共同体构建

李志刚：

法官思维与律师思维的系列对谈，从2023年5月中旬开始，陆续进行了9期。议题从中观的职业思维差异伊始，到微观的裁判文书、庭审发言、论著写作，引发了诸多法律人的关注和讨论，有专题被近20个公众号转载，单篇阅读量从1000到8000。这对于严肃讨论法律问题的文章而言，显属不易。可以说，已经初步实现了我们的初衷：增进理解，促进共识，推进职业共同体的构建。今天是最后一个专题，我们放宽视野，来共同探讨一个更为宏观的话题，从现状与问题、路径与方法、目标与愿景三个层次，谈法律人职业共同体的构建。

10.1 现状与问题

李志刚：

法官和律师是个性非常鲜明的两个职业群体，天天互相打交道，但又有很强的距离感。天天打交道，是因为民商事案件中最核心的庭审,是以法官与律师之间的高强度对话实现的,天天都在发生;距离感,是因为法官和律师之间的亲密无间,也是滋生司法腐败的温床,必然引发当事人及社会公众的合理怀疑。这种普遍的职业距离感,时间长了,容易形成一道职业差异的屏障,可能会形成一种视角和思维交流的阻塞。

与此同时,近十几年来,我们也看到了另外一种打通职业隔阂的方式——法官与律师之间的职业流动。统计显示,2012～2021年,全国政法系统共14.9万名法官和检察官离任,从事律师职业的有7640人,其中,法官占比显著高于检察官。① 离职法官转型做律师,是最好的职业转换体验。

但是,**职业转换本身固然可以在个体经历上实现思维的转换,却未必能形成整体上的思维对话。**在一个静态的时点上,法官与律师的群体对话,仍然是比较稀缺的、贫乏的,甚至是缺失的。

其中,既有法官主动避嫌的因素,也有整体上的信任缺失因素。

就以我们两人之间的这个系列对谈为例,如果我仍为现职法官,除非单位指定公派,否则我是断然不敢和你做这样一个持续、深入的对话的。原因很简单,其他法律人或者社会公众可能会联想:这两人谈得这么多、这么深入,关系肯定不简单,背后或许有利益交换和猫腻。如果你代理了最高人民法院的案件,则不排除有人会有"和他对话的那个法官"也在那的联想。事实是,我们俩

---

① 《陈一新:政法战线刀刃向内的自我革命成效明显》,载中国长安网,www.chinapeace.gov.cn/chinapeace/C100007/2021-08/30/content_12530604.shtml。

谈了这么多,竟然还没碰过面,更别说吃过饭,也没有一分钱的交往。我个人在法院工作期间,对律师也是敬而远之,避免瓜田李下之嫌。概言之,司法廉洁要求限制了法官和律师的交往,并逐步形成了法官和律师之间的隔阂,甚至是不信任。

但从另一个方面来说,民商事诉讼天天进行,法官和律师天天面对面,学的用的都是同样的法,工作都是在办案,庭审天天对话,文书互相援引,如果缺乏沟通、刻意隔阂,可能并不是一个良性的职业生态。

2001年,强世功发出《法律共同体宣言》,让法律人为之一振,充满信心和期待。遗憾的是,20多年过去了,法律共同体并未实现,隔阂不仅没有减轻,甚至可能还加重了,"法律共同体"仍然是法律人的"理想国"。

罗曼·罗兰说:"世界上只有一种真正的英雄主义,那就是在认清生活的真相后,依然热爱生活。"受现实因素的诸多制约,"法律人共同体"的形成仍然有很长的路要走。但我个人坚信,这仍然是一个值得努力的方向。真正需要面对的,是我们能做些什么,才能真正朝着这个方向前进。

朱兰春:

展开这个话题之前,我先介绍一本书,准确地说,是引介这本书腰封上的文字。在我看来,腰封上的这两句话,构成了我们本次对话的宏观背景,给话题的内容和方向带来很多启示,这本书就是费孝通先生的名著《乡土中国》。费老的这本书,不知出了多少个版本,我早已熟读,但天津人民出版社去年推出新版时,腰封上别出心裁的一行字,还是让我怦然心动,沉吟良久,挥之不去:

"2022年的中国,依然是乡土性的。"

短短的两句话,让我又联想到另一位费先生的评论。美国学者费正清在《美国与中国》这本名著中,有这样一段话:

> 在中国奋力谋求新生的长期斗争过程中……到那时为止中国的一些现代事物是相当肤浅的。当时我们美国人接触到的那个现代中国,是轻敷在古老文明表面的一层粉饰。

今天的中国社会,正处在从身份到契约的漫长转型中,既不是之前完全的熟人社会,当然也不是彻底的陌生人社会,各种新旧元素驳杂交织,光怪陆离。用知名学者渠敬东的话说,中国接受现代性的挑战大体不过200年,与西方相比时间很短但内部张力巨大,因此问题庞大又复杂,中国人所体会的现代性更驳杂、更艰难。显然,法律领域也概莫能外。

法治是终极目标,还不全然是现实。不能不承认,我们的社会还盛行攀关系,讲交情。费孝通先生提出的"差序格局"概念,就是对这种社会现象的学术化描述。我们对法律职业共同体的观察与思考,如果脱离开这个宏观的历史与现实背景,很多东西既看不透,也说不清。这个现实的国情以及我们的努力,就是马克思所说的,人们自己创造自己的历史,但是他们并不是随心所欲地创造,历史不在他们自己选定的条件下创造,而是在直接碰到的、既定的、从过去承接下来的条件下创造。

法官与律师之间,为什么会设置各种高压线、隔离墙,也只有透过这个巨大的现实棱镜,才能真正明白制度设计者的良苦用心。走出乡土社会，融入现代文明，成为法治国家，就必须从机制上重塑两大群体的交往形式，从那种旧的交往形式，整体转换为新的交往形式。

律师与法官拉拉扯扯，打成一片，的确是滋生司法腐败的温床。

规范律师与法官的交往活动，坚决杜绝任何形式的不正当交往，一系列禁令就是在这种背景下出台的。回头来看，这一步早晚都要做，而且早就该做，其实已经做得太晚了，是在付出惨痛代价后，不得不走的一步棋。可以想见，在有着几千年传统的熟人社会里，以刚性制度的方式重塑律师与法官的交往方式，无异于乱世用重典，沉疴下猛药。

总的来看，这些年来，就杜绝双方不正当交往关系而言，效果是好的，对于法官群体尤其如此，可以说普遍有了带电的高压线意识。这说明，只要下决心，没有根治不了的陋习。酒驾现象的有效治理，就是另一个很好的例证。

如今哪个律师再敢拍胸脯说，保证能把法官约出来吃饭，恐怕连当事人都会半信半疑了。毕竟形势逼人，谁都不是无知无觉的傻瓜。就拿吃饭这件事来说，近期我至少听到三件事，可以证明世风巨变。

第一件事，是最高人民法院某法官亲口说的。有次他赴宴，落座后才发现有位律师在场，碍于情面，他不便当即走开，但后来还是提前离开包间，到收银台把账单中自己的那一份给单独结了，这才算安心。

第二件事，是一个律师朋友的经历。他与某法官是大学同学,一次同学聚会,该法官特意提前告知,现在规矩很多,他们不便同桌吃饭,故无法参加。

第三件事,是一位律师同行的转述。她正攻读博士学位,有次导师做东,师门聚会,同班某法官同学特别强调,全程不要提及在座者的律师身份,大家只聊学业和友情,其他免谈。

更奇特的是,聚餐结束后,该法官一再坚持买单,还专门打印了发票,足见小心翼翼,全程留痕。

相较于20世纪90年代初,也就是我刚入行的那个时候,司法环境变化之大,真可谓天翻地覆。从法治文明的高度看,法官终于有了点法官的样子了。相应地,律师也终于有了点律师该有的样子。不管从哪个角度说,泾渭分明,就是进步,总好过血肉模糊。现在的普遍情形是,有话到法庭上说,基本取代了有话到酒桌上说。尘埃落定,大家慢慢找到了各自的位置,就像潘光旦先生说的那样,各就各位,安所遂生。这是我对各类隔离墙、高压线制度实施以来的最大肯定。

10.2 路径和方法

李志刚:

就路径和方法而言,存在着堵与疏的两个方面:堵廉政风险,疏正当交往。

在堵的方面,2004年,最高人民法院、司法部发布了《关于规范法官和律师相互关系维护司法公正的若干规定》。2021年,最高人民法院、最高人民检察院、司法部制定发布了《关于建立健全禁止法官、检察官与律师不正当接触交往制度机制的意见》《关于进一步规范法院、检察院离任人员从事律师职业的意见》。这些规定详细设定了法官与律师的"利益隔离墙"。

在疏的方面,《关于建立健全禁止法官、检察官与律师不正当接触交往制度机制的意见》第 12 条提供了两条路径,一是各级人民法院、人民检察院和司法行政机关要建立健全法官、检察官与律师正当沟通交流机制,通过同堂培训、联席会议、学术研讨、交流互访等方式,为法官、检察官和律师搭建公开透明的沟通交流平台,探索建立法官、检察官与律师互评监督机制。二是人员流动机制,完善从律师中选拔法官、检察官制度,推荐优秀律师进入法官、检察官遴选和惩戒委员会,支持律师担任人民法院、人民检察院特邀监督员,共同维护司法廉洁和司法公正。上述制度公布后,确实有个别法院非经常性地组织过与律师的交流沟通机制,但并不普遍,效果也比较有限。而人员流动机制的实施项目也不尽如人意:一方面是很少有供需匹配的律师进入法官队伍,并且持续存留;另一方面是法官进入律师队伍的人数持续攀升。

倒是在学术沙龙的民间交流过程中,法官和律师有短暂的同台沟通,相对平等和超脱。总体而言,公力保障的公开交流途径仍然稀缺;民间学术沙龙的交流相对超脱,形成了有效的对话途径,但平台数量有限。

真正需要的,可能是公开的、持久的、深入的跨职业对话与交流。

个人建议,**既然非官方的交流容易引发不信任和联想,莫若**

就将官方的交流沟通机制常态化。

比如,第一,在制定司法政策、司法解释时,可以通过多种形式听取律师意见。一是定向邀请在特定领域有深度研究的律师参与会议讨论;二是向全国律协书面征求意见,由律协组织召开专题会议研究讨论,提出书面意见;三是在向全社会公开征集意见时,专门将律师群体作为一类意见,进行汇总整理。之前最高人民法院在制定融资租赁司法解释时,除了邀请了合同法领域的法学专家、行业协会专家与会,也特别邀请了深耕融资租赁法律实务的专家型律师与会。与会律师既有法言法语,又深度参与融资租赁交易、合同草拟和诉讼实践,所提意见建议的视角具有不可替代性,对融资租赁司法解释稿的完善和出台起到了重要作用。如果是涉及民事诉讼程序的相关司法解释,涉及律师整体参与民事诉讼的权利维护和实现,专门听取律师或者律协的意见,就更有必要。

第二,可以有意识地搭建法官和律师共同交流的专业平台。比如,具有学术性的官方媒体或者刊物,可以开设特定专栏,同时刊载法官和律师就同一主题的论述文章,形成一种公开的对话。律师协会作为律师职业群体的公益性行业组织,也有搭建法官与律师沟通平台的便利和公信力。我们可以看到,经常有律协的专业委员会组织专门的培训,邀请法官讲课交流。但这种交流活动可能还是侧重单向的信息和观点输入,因为毕竟从整体性上来说,对于争议法律问题,是"法官说了算"。但事实上,术业有专攻的精英律师,也具备平等对话的专业能力。在特定领域,就特定法律问题展开平等的对话和探讨,以增进共识,并非不可能。从各地法学会的人员构成来看,不仅有学者,还同时吸纳了优秀的法官和律师。法学会举办的各种专业研讨,也是一个兼容并包的好平台。

第三,有过双重职业身份的法律人的公开对话。"屁股指挥脑袋"的俗语中,包含着深层的理性和智慧——"在其位谋其政"。真正深入从事过一种职业,和看别人从事某种职业,所获得的感受、体验和视角,可能还是有较大差异的。如果亲身体验过两种不同的职业,可能对二者的思维方式、行为模式,会有更为深刻的体验和理解。当然,二者之间的这种对比,也可以是一种自我对话。如果思考足够深入,差异性对比的感受会更为突出和强烈。

朱兰春:

事情就是这样,往往按下葫芦起了瓢。尽管目前产生的新问题并不少于、也不亚于此前的老问题,但哈耶克说得好,一个富人得势的世界,仍比一个只有得势才能致富的世界要好些。没有十全十美的事,进步永远都是相对的,而只要是进步,其意义就是绝对的。

从社会学的角度看,乡土中国的沉重基座,终于被法律制度的力量所撬动,虽然还弥漫着浓厚的乡土味,但毕竟已经开始走出乡土性了。克服了最初的摩擦力之后,启动了的现代中国,也不再是那个轻敷在古老文明表面的一层粉饰,开始有了属于自己的内在筋骨和外在架构。

其实,马克思早在1850年就预测,也许在不久的将来,会在万里长城这个"最反动、最保守的堡垒的大门"上能够看到这样的字样,"中华共和国自由,平等,博爱"①。从他的预言到现在,仅仅不到二百年,现代文明中的精华——法治文明就成为举国之共识,律师与法官更是从无到有,从混沌到规范,从粉饰到中坚,这就是质的进步。

各种防火墙、高压线制度,本意是杜绝律师与法官的不正当交往,而演变的最终结果,却是两大群体的彻底断交和绝交。法庭之上,鸡鸣之声相闻;法庭之外,老死不相往来。以不交往的决绝方式,堵住不正当交往的缺口,怎么看都有点不合情理。打个不恰当的比喻,物理隔离要是能防止出轨,那这个世界上早就没有婚外情了。

10.3 什么样的共同体

朱兰春:

强世功于本世纪初即发表《法律共同体宣言》,反映了他的学术敏感性,但也像早熟的中国文化一样,又带有相当的理想性。从历史上看,中国社会之秩序,源于实实在在的编户齐民。即便身处资讯发达的信息社会,也无非是编码齐民。技术手段的提高,并不必然导致社会秩序的根本变化。所谓的共同体,从来都是组织体,而不是思想体。即便就职业共同体而言,谁都知道,宇宙的尽头是编制。企图横跨编制内外,将公检法律学这五家捏成一个你中有我、我中有你的法律共同体,在缺乏物质载体的前提

---

① 《马克思恩格斯全集》(第七卷),人民出版社2009年版,第265页。

下，只能是思想体，最常见的就是学术共同体，类似于西方学者所说的"无形学院"。

但恰恰在他们之间，彼此还缺乏认同。

姑且不说公检法三家，律师与法官之间，本来就认同感匮乏，再加上若干根带电的高压线，用膝盖想都知道，要想确保安全，法官最理性地选择，当然是彻底断电，多一事不如少一事，索性不来往，白茫茫大地真干净。

这些年来，两大法律群体之间，无论是业务沟通机制，还是人员流动机制，都很不理想。当然，点缀式的个别做法也不时能看到，但并不具有普遍性，尤其缺乏司法制度层面的保障，法律人的获得感并不多，基本处于断流状态。

你提出的将官方沟通机制常态化，并设计了听取律师意见的三种模式，我完全同意，本来就应该如此。

话又说回来，法律共同体这个说法，如果仅仅限于学术交流，其实很难真正共得起来。拿盖房子做个比喻，不同工种之间，比如，泥瓦工与水电工，也需要彼此交流、相互配合，本质上与学术交流无异。但为什么他们不自称盖房共同体？因为术业有专攻，谁也干不了谁的活，尽管谁也离不了谁。当然，也可以把他们当作学术共同体，但这种称谓没有意义，因为你不可能今天干泥瓦工，明天又去干水电工。

美国的律师、学者、检察官、法官这几种法律职业之间，是完全打通了的，彼此联系非常紧密。美国的法官、检察官通常从律师中选任，具有年资较高、经验丰富、评价优良的特点，充分体现法官、检察官的素质和权威。大学教授同样也能出任法官、检察官,这种整体互动的职业模式有助于塑造统一的法律信仰和法律思维。当然,美国法律职业共同体也有其自身的问题。

我注意到,不久前最高人民法院举办了全国大法官研讨班,强调以审判工作现代化服务保障中国式现代化。张军院长还特别提出,法院在办理具体案件时,在法律框架内,要努力寻求案件处理的最佳方案,使司法裁判"文本法"的适用符合人民群众感受的"内心法"。为此,最高人民法院还制定了新的审判质量管理指标体系,以提升办案质效。

而从"文本法"到"内心法"的转换,是离不开律师群体这个"变压器"的。律师首先要认同法官的"文本法",才有可能、有动力将其转换为"内心法"。而这个认同,显然不能也不应只是个别性的。**如果它要真正发挥作用,就必须在庭审几个小时之外,在严格监督的前提下,允许两大法律群体各种层次、各种形式的交流互鉴。法律共同体是个丰富的生态系统,正式的组织秩序之外,还应当有更多的自组织现象。**一个系统的自组织功能愈强,其保持和产生新功能的能力也就愈强。正如中国经济的活力来自于民营经济,中国法律人的活力也来自于自组织。对于有品位、有追求的法律人来说,兴趣是最好的老师,热爱是生活的解药,是共同的价值观把他们联结在一起。通过这个无形学院,他们从精神交往中所获得的智识愉悦,远远超出圈外人的最大想象。

如果有一天,中国的法官与律师,在共同的法观念之外,还实现了符合司法规律的职业转换,到那时,或许我们才有底气说,法律共同体有体有魂。

10.4　互看与互换

朱兰春：

此外，比交往形式更重要的，是交往内涵。按照德国社会学家滕尼斯的观点，任何共同体不同于社会之处，在于其内部的精神纽带、习俗、情感、意志、信仰、价值观等，将共同体成员紧密联结在一起，是一个真正的、有机的生命体。套用官媒语言，就像石榴籽一样紧紧抱在一起，心往一处想，劲往一处使。

滕尼斯的这个说法，颇有点命运共同体的意思，点出了粘连和支撑共同体的关键因素。他还特别列举了人类历史上普遍存在的三类共同体，即以亲属关系为表征的血缘共同体，以邻里关系为表征的地缘共同体，以及以友谊关系为表征的精神共同体。这个定义和分类，对我们讨论法律共同体的内部结构很有启发。

如前所述，中国语境下的法律共同体，无论是在组织载体上，还是在交往形式上，都是残缺不全的，但这还不是最严重的问题。更大的疑问是：**试图构建的这个法律共同体，其成员内部有无法情感的彼此认同、法价值的彼此分享、法行为的彼此尊重，以及法命运的休戚与共。**

显然，当目光移至此处时，我们的神情和心情都不能不是极为凝重的。我们不得不承认，看似逻辑自洽的法律概念，被现实生活远远甩到了身后。

仅仅是几年前，曾担任法院院长的某学者还在公开场合说，是律师带坏了法官，引发舆论大哗。法律人一向自信，权高位重的法律人更是如此。这种有代表性的认知，可能会因场合原因而有所收敛，但不太可能在短期内有根本性的反转。

有位很有影响的法学教授，看了我们的对话录后很有感触，特地给我留言，说她虽然是兼职律师，但在出席各部门召开的会议时，以律师身份参加还是以教授身份参加，人家的态度差别太大了。作为法学教授参加各种活动就很受欢迎和尊重，而作为律师身份参加活动就截然不同了，所以后来就慢慢退出了律师业务。

还有位曾任职某中级法院的法官告诉我，他辞职时单位领导很不理解，因为他的家庭有自己的家族企业，并不缺钱，为什么放着好好的庭长不当，下海去干律师，律师不就是一心想赚钱的商人吗？

一次闲聊时，听某前法官说，他的辞呈获批后，向分管院领导辞别时，领导语重心长地说，做律师是很辛苦的，你的能力这么强，再熬上几年，部门负责人的位子还不就是你的吗，颇为他的选择感到惋惜。

随手举的这几个例子，虽然并不具有统计学意义上的抽样性，但在相当大的程度上，能反映出体制内的主流态度，尽管不是公开的态度。

我们不妨反躬自问，现实生活中，究竟有多少法官，真的把律师视为法律共同体内部之一员？又有多少律师，真的把法官视为法律共同体内部之一员？或许永远都没有标准答案，但这个问题，真的还需要回答吗？

对照滕尼斯关于共同体的经典定义，法律共同体的构建，可谓"路漫漫其修远矣"。我们的对话本身,也是"吾将上下而求索"的过程。

别的不讲,就拿最基本的司法礼仪来说,可以说在全国范围内,法官对律师的尊重度,要远远低于律师对法官的尊重度。坦率说,这不是态度问题,而是认知问题,本质上是歧视问题,这恰恰是与法律共同体的要求背道而驰的。

约十年前,法官邹碧华在《人民法院报》发表了一篇文章《法官和律师之间的"四个相互"》,提到他访问美国法院时的一个细节,现援引如下:

> 我曾经有一次到美国一家地区法院考察,那边有个法官对中国特别友好。有一天他借了件法袍给我,让我跟着他一起去开庭。那天的开庭很有意思,美国的地区法庭实行独任制,没有合议庭,当时我跟着他一起走了进来,法庭里的人都愣住了。我们在审判席入座后,法官对双方律师说:"今天我邀请我在中国的同行穿着我们的法袍坐在我的边上观察我们的庭审,你们觉得有没有问题?"两个律师毕恭毕敬地对法官说:"没有问题,法官大人。"又很有礼貌地对我说:"欢迎你,中国的法官大人。"
>
> 庭开到一半的时候,双方律师火药味越来越重,说话开始尖刻起来。这个时候,法官招招手,示意两个律师过来。于是,律师走到审判席内,就像我们在影视作品里经常看到的"庭前会晤"一样。我坐在边上,听见法官对律师说:"你们俩注意点形象好不好,别吵得这么

难看。"

庭审结束后，法官对我说："法官在法庭上，是不可以当着当事人的面批评律师的，那样会让他很没面子。实际上我们是一个法律共同体，你应该照顾他职业的这种便利，这是法官给律师的一个基本尊重。"这个细节给我印象特别深刻，促使我提出了"法官尊重律师十条意见"。我认为法官和律师要步向一种相互尊重的阶段，这是良性互动关系的一个起点。

在邹碧华法官看来，**律师对法官的尊重程度，表明一个国家法治的发达程度；而法官对律师的尊重程度，则表明这个社会的公正程度。**

反观当下的司法实务，上至最高人民法院、高级法院，下至基层法院，法官当庭训斥、挖苦、鄙薄律师的现象，如果说几乎每天都在发生，可能过分夸大了，但如果说比比皆是，则完全恰如其分。有的法官甚至在庭审直播时，怒发冲冠，长时间严厉责问一方代理律师，一时被传为网红。还有的法官在庭审直播时，就某个法律问题追问一方代理律师，称任何一个法学院二年级的本科生都应该知道答案，挖苦之意溢于言表，全然不顾当事人就坐在律师边上。

以我自己为例，我在高审级的法院出庭时，就多次被年轻法官毫无必要地训斥过。而且我发现，他们在训斥行业资历、专业水平、案情把握都不亚于自己的律师时，非常率性，张口就来，真是一点心理负担都没有，可见已经是根深蒂固的职业习惯。

我平时比较留意观察各地仲裁机构的动态，也注意到一个现象,最高人民法院某些法官辞职后,旋即受聘于相关仲裁机构。看到这类人事变动信息后,我有时不免联想,他/她们做了仲裁员之后,还会延续以前的强势审理风格吗?我估计恐怕多半是要改弦更张的,不说别的,单单是当庭训斥律师这一条,就可能会立即被投诉,而且大概率会被要求回避。这种事情要是连续发生几起,那解聘也就指日可待了。

为什么仲裁能轻易做到的,法院反而很难做到呢?其中原因,大家都很清楚。源自权力的傲慢冲动,如果没有制度的硬约束,即便是自发的尊重,即便是星星点点,也绝不可能星火燎原。而没有起码的尊重,连夫妻关系都维持不下去,更遑论基于职业分工不同、情感色彩极其淡薄的法律共同体?!

恰如你所说,不亲身体验过律师和法官两种不同的职业,不大可能对二者的思维方式、行为模式,有更为深刻的体验和理解。就此而言,美国的那种法律共同体的形成路径、紧密程度、司法效果,很值得看重中国特色的我们一再深思。

同样在十年前,时任最高人民法院中国应用法学研究所所长的孙佑海先生在《人民法院报》也发表了一篇文章《如何用制度规范法官与律师的关系——美国纽约州的做法和经验》,该文的核心要点是:

> 美国纽约州的做法和经验,其核心就是设计一种制度,使律师和法官之间既互相监督、又互相支持,合理规范二者之间关系。这些制度始终贯穿着民主原则、制约原则、公开透明原则、程序实体相结合的原则。具体做法有三:(1)律师参与法官任职资格的审查;(2)律师参

与法官的惩戒;(3)法院管理律师执业资格的取得和登记。美国纽约州的上述做法,在全美具有代表性。

通过对美国法律共同体的制度设计与功能运行的考察,孙佑海教授还特别强调:

> 我们并未看到美国以法官、律师、检察官、法学教授等身份对法律职业人进行割裂和静止的分类,以及法律人在每一个类别上的线性的职业发展。相反,美国的律师和法官,乃至政府律师、检察官、法学教授等均属于法律人的一部分,工作跨度很大,只是承担的具体职责有所不同。更重要的是,美国鼓励和支持法律人在上述不同职业之间的自由流动,并通过上述的流动,最大化地从以前的职业经验中获益。我们看到的是法律人在不同职业之间互相联通的、多向流动的、网状的法律职业发展路径。

立足于孙佑海教授勾勒出的美国法律共同体,再来反思我们法律共同体的构建,律师与法官之间的相互尊重,只是最起码的下限。作为衬衫的第一粒纽扣,我们还没有系得很端正,一切都要从最基础做起。慢点没关系,但方向要搞对。著名法学家王泽鉴先生尝言,慢慢来,比较快。推动法律共同体在符合司法规律的道路上前进时,这句话同样适用。

李志刚:

就域外经验,包括纽约州的做法而言,我个人并不认为就是一服灵丹妙药。比如,律师参与法官资格审查,律师参与法官惩戒,就能保障法官和律师相互尊重了吗?可能并非如此。举个例子,我们的员额法官选任委员会、法官惩戒委员会,也有律师参加,由此就实现了法官和律师相互尊重了吗?我们也有成千上万的法官、检察官转任律师,也大张旗鼓地从律师中选任法官,共同体就建立起来了吗?并没有。

根本原因是什么?制度移植、有样学样是容易的,制度体系、文化背景、社会观念的影响,是持久而深入的。

法官与律师形成共同体之难,并不在于请几位资深律师参与法官遴选或者法官惩戒,也不在于有没有法官与律师之间的职业转换,而在于法官和律师在整个法律体系中的话语权、社会地位评价以及整体文明程度的提升。

回到仍处"乡土社会"的命题,"法官"仍是"官"。什么是"官"?律师虽是"师",但"师"和"官"能否同日而语?当我们说法官与律师的时候,在汉语世界的底层文化背景中,二者的现实地位、社会公众心目中的地位就已经有了高下之分。我们经常听说"法官下海做律师",有没有听说过"律师下海做法官"?为什么?

法官与律师在等级、地位上的高低差异,于法庭的物理空间上也处处可见。从法庭布局看,审判台是更高的,律师发言在物理空间上必然是仰视的。就连审判长的椅子,都要比两边的审判员的椅子高一头。

进法院吃皇粮,当律师自端饭碗。做法官有人求,做律师可能就要求人,甚至还要看当事人的脸色。在这样的语言、社会、文化背景下,谈法官职业共同体的构建,显然不是学几个域外制度就能实现的。

为什么我们经常听到法官当庭训斥律师、批评律师、打断律师的例子,很少听到律师训斥法官、当庭批评法官、打断法官发言的例子?是律师的水平和修养普遍比法官高吗?显然也不是。"屁股决定脑袋",地位权力、制度安排、利益驱动使然,这和哪一级法院、哪一个法官,无本质的关联。即使是职业转换了,法官做了律师,律师做了法官,就不会出现台上当庭打断、当庭训斥台下的情况了吗?可能也未必。

为什么我们经常听说律师贿赂法官,很少听说或者从来没有听说有法官贿赂律师的呢?是律师天然都比法官清廉吗?也不是。

社会现实是,法官和律师的制度角色、权力安排、社会地位、社会评价,短期内不会改变,即使我们在做一些制度移植和制度优化,因为人性、利益、文化使然。

那我们为什么还要在这里大谈特谈法律职业共同体的构建呢?这可能吗?有意义吗?

可能!有意义!

如果域外有成功实践,如果个别法官、个别法院、个别地区在一定程度上实现了,那么,这个目标就是可欲的;如果这个目标对法治、对文明、对社会的进步是有意义的,那么,为之付出的努力,就是值得的。

我个人一直有一个基本的理念,就是对社会发展保持理性的乐观。在这个理念之下,构建法律职业共同体就有了一种"理想主义"的味道。在清醒地认知当下的现实困境的基础上,我相信:

法律人的总体素质是在不断提升的,因此,官本位的惯性在大方向上会趋弱;社会总体的法治观念是提升的,社会对法律人的尊重会趋高;基于相同的专业知识、专业思维,真理有可能、也应该战胜偏见。

正是因为现在还不是法律共同体,我们才要把法律共同体的构建作为一个话题,并共同寻求实现的方向和路径。

10.5　谁向谁学习?

朱兰春:

你的观点非常犀利,对法律共同体的国别思考,不拘于平面的比较和移植,带有鲜明的穿透思维特质,我也非常认同。其实,日本近代启蒙思想家、教育家福泽谕吉的现代化三段论,与你的这种认知颇为暗合:第一要思想现代化,第二是制度现代化,第三才是物质现代化。在变革秩序上,这三个顺序绝不能颠倒,也不能随意变换。不解放思想,没有人的观念的现代化,就不可能有包括法治文明在内的一切现代化。

除此之外,我还有一点感受,有必要借这个机会谈一下,因为这么多年来,除了邹碧华法官,我还从来没见过其他人尤其是法院人士在公开场合这样说过,那就是法官向律师学习的问题。

律师应当向法官学习,已经是司空见惯乃至深入人心的提法了,律师认为自然而然,法官认为理所当然。但法官也应当向律师学习,则几乎闻所未闻,甚至有点骇人听闻。至少在法院体系内部,邹碧华的观点是空谷足音,后继乏人。

法官也有必要向律师学习吗？如果确有必要，又应当向律师学习什么呢？我们先来看看邹碧华法官怎么说：

> 律师和法官应该相互学习。法官有法官的视角，他对问题的思考更中立；而律师可能有情感因素，有一些维护自己当事人的因素，他也有他独特的视角，这两者之间相互配合是可以带来很多新的东西的。所以我觉得在法庭上双方也要互相学习。我认识的一位国外法官说过，法官在法庭上应该把律师看作老师，因为一个法官不可能在每一类案件中都是专家，而当你遇到一个特殊的案件时，律师就会教给你这个领域的相关知识，所以法官应当把律师视为专家。我觉得这个理念也是非常必要的。

就我自己的体会而言，在中国这种特定的国情下，要成为一个优秀的律师，其难度远远超过一个优秀的法官。一个业内优秀的执业律师，其综合水平绝不亚于最高人民法院的优秀法官。

律师作为商业人士和专业人士的复合体，其面临的挑战、思考的半径、应对的谋划，是社会生活对一个人系统性的摔打与考验。他手无寸铁，无权无势，其能够凭借的，也是唯一能够凭借的，正如朱海就教授在其著述《真正的市场》后记所言，只有真理，也就是法律。他能在人生海海中，殚精竭虑，一路搏杀，突出重围，攀上事业的巅峰，可谓是经过人生最严格的筛选。这样的成功者，远不是温室里的娇艳花朵可比拟的。

此时，再重新掂量一下邹碧华法官的观点，确实惊叹不已，果然是登高者望远,法官也应当向律师学习,律师也值得法官学习,绝非虚言。

如果说美国的法律共同体,从制度到功能距离我们还较为遥远,那么,我国的律师群体与法官群体之间,如能按照邹碧华法官提出的"四个相互"去努力,即相互独立、相互配合、相互尊重、相互学习,则不失为务实之举。果若持之以恒,则法律共同体之构建,及至审判体系和审判能力现代化,乃至中国式现代化,"虽不中,亦不远矣"。

李志刚:

关于法官是否应当向律师学习的问题,我想换一个表述——**"向优秀的法律人学习"。**

如果我们把视野放宽,而不是把两个职业分开做直接对比,我们就会发现:其实,各个行业、各个职业的人群当中,都可以基于专业能力和职业素养分成三六九等。比如,无论是足球还是乒乓球,都有从世界杯的水平到校队的水平。在足球队里,校队的水平和世界杯的水平,肯定是有差异的。但世界杯球队里的一个守门人,和另一个队里面的后卫,一定要比出水平高低,可能有一定困难。

法官和律师也是如此。全国法院的法官肯定不是同一个水平,同一个法院、同一个庭也是如此。全国律师,也是如此。所以,从一个职业群体中挑几个,和另一个群体中挑几个,比水平,可能很难比出一个有意义的结论。分工不同,角色各异,也不代表整体性的能力、素养、水平高低。比如,在不少人看来,法官可能是温室里的娇艳花朵。但如果你真正审过几个牵涉巨大利益的民商事案件,你可能会发现,背后的刀光剑影,极其凶险。你可以不顾人情往来、拒绝利益诱惑,你坚持秉公执法,但你不能保证,能避开败诉当事人对你的诬告陷害。有的是刀砍枪击,有的是人身威胁,有的是跟踪到家,有的是诛心之论,有的是在网上肆意散布谣言、恶意中伤。

仍然在职在岗的一线法官,又有几个没被威胁、诬告、陷害过?更何况,有的过劳死,有的被带走。从事法官职业时间越长,越感到其凶险异常。所以,二十多年前,我看到《人民法院报》有一篇文章称"法官是刀尖上的舞者",印象非常深刻,这句话牢牢地印在了我的脑子里。做了法官之后,体会更是刻骨铭心。刀尖上跳舞,这是什么感受?但凡经历过的,无不感同身受。

由此我也想到,那些出事的法官,可能并不一定都是罪大恶极、良心彻底坏了。这是在刀尖上跳舞,必然面临的风险。利益越大,风险越大。在利益面前动心,就必然付出代价。换了其他人,不排除也会前赴后继。现实中,也有转任法官的律师,在当了法官之后,收受贿赂,又进了监牢。换句话说,悲剧的发生,可能不仅仅是个别人的道德品质问题,而是这个职业背后潜在的甚至是必然的风险。

更为重要的是,亲朋好友打招呼,你可以严词拒绝,秉公执法;金钱利诱,你可以严词拒绝,秉公执法;但在有的败诉当事人看来,你秉公执法的结果,是把他的老婆判没了,把他的几十个亿、几百个亿的资产判没了——他会怎么办?高呼法律万岁,败了也送锦旗吗?不会的。有的败诉当事人,会把账记在法官身上,甚至以命相搏。事实上,当事人对法官的报复性事件,并不是孤例。

二十多年前,肖扬院长主政最高人民法院期间,拍了一部法官题材的电视剧《大法官》,主题曲里引用了《诗经·黍离》里的一句话:"知我者,谓我心忧;不知我者,谓我何求?"当年观剧、听曲的时候,就有一种深层的共鸣和感动。当了若干年法官以后,更是时时想起这句话,感慨万千。

说这些话,并非要为法官职业"卖惨",而是希望有更多的人,**除了能看到法官坐在审判台上,头顶国徽、高高在上之外,还能够看到并理解,法官职业背后有不为人道的艰辛和不为人见的苦楚。战战兢兢,如履薄冰,远离名利场,苦战结案率,是大部分一线法官的工作和生活常态。**

那么,法官要不要向律师学习呢?需要,特别是需要向精研深耕某一个法律领域的专家型律师学习。因为术业有专攻,法官不能挑选案件,所以在专业化分工钻研上,可能会有某个领域内的头部律师,在专业深度上,值得法官学习。但对常规案件而言,大部分法官一年审理上百起、几百起同样案由的案件,有多少律师能理直气壮地给法官提供技高一筹的学习素材呢?可能也不多。当然,这都不重要。

如果说法官里面有新手老手,律师里面有一年级律师和资深律师,那么,在一个同样的法律问题研究上,小白都可以从专家身上学到东西,不管谁是律师、谁是法官——三人行,必有我师。更何况,"闻道有先后,术业有专攻"。

但你强调的,包括邹碧华法官提出的"法官要向律师学习"这个命题本身很重要,因为它有利于克服一种常见的法官职业优越感。特别是,当一个法官自己说要"向律师学习"的时候,体现出一种自信、谦逊,以及对专业与知识的一种敬畏,而不是好为人师,通过贬低、训斥和教导律师,寻找自己的存在感和优越感。

我们花这么多时间和笔墨来"较劲"的目的是什么呢?不是为了比较法官与律师两个职业群体,哪一个更强大、更优越,或者更苦、更惨,而是希望通过多维视角,反复审视并重新审视,这两个职业群体的思维与行动、共性与差异、现状与问题、理想和愿景,让更多的法律人和社会公众看到、理解和思考,在通往法治社会的道路上,这两个职业群体的所思所想,所行所愿。

朱兰春:

你概括得很精准,应当向一切优秀的法律人学习,不管他/她的职业是什么。你曾在法院审判一线工作多年,无论是个人体会,还是业内观察,都更有直观性和说服力,由你来展示和剖析法官群体光环背后的另面人生,是再合适不过的了。

法官群体面临的各种压力之大,确实是圈外人非亲身感受而难以想象的。这还不只是简单的案件量巨大的问题,尽管这本身已经够压力山大了。应该说,这只是我们平时见到的一部分,也可以说是冰山一角而已。更多我们看不到的东西,同样也在困扰着、消耗着甚至损害着他们,有些简直是闻所未闻。走出法院大门,回到自己小区,他们也是普通人,也要过普通人的日子,但各种压力并不因此戛然而止,反而无时无刻地延展、渗透和纠缠,让他们防不胜防,不胜其扰。

举个真实的例子,这是法院系统的同学亲口说的,某中院一位女法官对案件作出判决后,当事人服毒自杀,家属抬着尸体堵住法官家门。她向院方紧急报告后,单位却只是叫她打"110",并没有派人处理,也没有哪个领导出面给她撑腰,仿佛这是她个人的私事。虽然此事后来化解了,但体制内的各种保障不给力,让她十分寒心。私下说,以后干工作要多留个心眼,再不能傻乎乎地冲在前面了。我们的这个对谈,如果传播得足够广,相信该院人士也能看到,但估计也只能黯然。这就是他们日常生活和工作的大环境,对此,他们除了继续承受,还能说什么呢?真是心有千千结,欲辩已无言。

出现这种现象,成因十分复杂,但归根结底,是与经济社会发展和法治文明的阶段性分不开的,社会主义初级阶段不是一个空洞的口号,而是你不得不承认和接受的长期现实。法学界早就研究过,民众普遍存在"信访不信法"倾向,并指出一个长期存在的怪圈:司法公信力越是不足,当事人就越会利用司法以外的手段对司法机关制造压力,迫使其作出有利于自己的裁判结论。而各级党政机关在压力下,也通常会要求对当事人或民意予以积极回应。而一旦做出某种迎合与妥协,又会进一步损害司法公信力,并导致螺旋下降式的恶性循环。**如果将法官群体面临的各种压力,放在这个社会大背景下去观照,虽然未必能完全感同身受,但将心比心,一定会有陈寅恪所说的"同情式理解"。**

至于你说的向一切优秀法律人学习,我还想再谈几句。

虽然我一再提及邹碧华法官的观点,即法官也应当向律师学习,但坦率讲,这也是拉大旗作虎皮。他如果不公开这样说,或者他不是法院系统公认的杰出代表,我是断然不会在公开场合这么说的。一介无名律师,号召法官也要向律师学习,在别人看来,不是吃饱了撑的,就是狂妄无知加幼稚。

在我看来,法官和律师应当相互学习,其实不只是专业上的学习,也不应止于专业上的学习,尽管专业上的学习,是极其重要的学习内容。法律、法学、法辩,背后是大千世界,折射出世态人心,体现了世道变迁,我们每个人都在其中沉浮,每个人都有切身体会,每个人也都在观察着、瞭望着别人,并通过别人的眼睛看自己,同时也在总结别人的经验,汲取别人的教训。跨进门槛不低的法律圈,每个人都是微不足道的,每个人也都是非常宝贵的,法官自有律师所不能达之高处,律师也自有法官所不能及之深处,二者同样都是人生的种种妙处。社会是一本大书,每个人都是一本教科书,不管写得如何,只要认真读,一定有心得。有了这种意识,就算遇到一枚酸柠檬,你也能把它榨成一杯甘甜的柠檬汁。这个意义上的互相学习,是一种冯友兰先生强调的做人境界,想必会比纯粹的专业学习,层次更深入,内容更深刻,感悟更深厚。

当然,就现状而言,我还是要强调,律师应多向法官学习。我国12万入额法官的整体素质,包括法律素养,要远高于65万的律师队伍,这一点是毋庸置疑的。按照司法行政主管部门的规划,到2030年,我国律师队伍将达到100万人。考虑到我国经济社会发展的不平衡、不均衡,其中相当大的比例,将集中于发达地区和城市。届时可以想见,三人行必有吾师,极可能变为"三人行必有律师"。律师素质的相应提升,能否赶得上律师数量的迅速膨胀,这一点已经引起有心人士的担忧。所以,未来相当长一段时间,律师需要向法官学习,作为一个大的趋势,是不会有根本性改变的。对此,北京总所的一位同事(也是前法官、前法院领导)曾发

表精彩高论,读后颇有启迪。对照之下,律师群体与法官群体之间的差距,不只是专业性的,而是系统性的、结构性的。现援引如下:

> 中国最精英的人才首先在体制内!
>
> 第一,思想基础最深厚。自古以来,做官都是国人最大的价值乞求,是所谓"天下己任"的家国情怀与人生豪情最重要的载体,更加之权力本身所"如影随形"般的巨大影响力。
>
> 第二,选拔机制最严格。公职人员队伍的准入、官员的选拔与培养,是所有职业群体中要求最高、程序要求最严格的。得以进入官员序列的成员,往往都是一个社会中"天分""勤奋""缘分"最均衡的群体。
>
> 第三,职场规则最成熟。国家机关运行规则往往是经过多年运行不断调整的产物,是所处历史阶段相对最成熟的待人接物、处断事务的最成熟规则;官员,也往往是最能洞悉人性、把握大局、善于管理、协调与平衡的群体,行为举止及人情世故相对得体。
>
> 第四,职业竞争最残酷。体制内上升资源的稀缺性与激烈竞争性、官员晋升提拔的不确定性,往往使得最危险的敌人就在你身边。在这种情境之下,对官员考验无疑亦是最残酷的,需要具备某种坚定果敢也是完全可以理解的,这在某种意义上也是驾驭人性暗黑的"坚强"。
>
> 第五,职业投入最丰富。合格的官员作为社会公共

事务的管理者,是一个社会最难长成的人力资源。官员的成长需要社会公共事务管理的历练。这种历练,亦即意味着社会成本的投入,需要官员去创新乃至折腾,这些"试错成本"都意味着用社会公共资源为之"买单",这也是一个社会培养合格乃至优秀官员的必要成本。

第六,职业回报最丰厚。平常人在白纸上写文章,官员则可能是在祖国河山上留下痕迹;普通人可建言献策、发表意见,官员则可能现实地改变社会面貌和他人命运。尤其在中国,权力带给人的成就、荣耀与精神满足,是其他任何事项都无法比拟的。同时,中国公职人员的生活状态在全社会无疑也是最为优渥的:无论相对稳定的收入、相对较高的社会地位还是体制内的办事、户口、子女上学、就业等各种福利与优惠。

我们讨论了这么多,总的感受是,这是一个复杂多元的国度。我们今天走向法治,既是各界自觉选择,也是顺应世界潮流。对于法律人的未来,包括法律共同体本身,我和你一样,也是很有信心的,因为理性终将压倒非理性,人终将战胜非人。这样看来,我们的系列话题讨论,主旨其实就是一个:选最好的方向,做时间的朋友。

10.6 结　　语

李志刚:

从 2023 年 5 月 12 日我们共同策划这个系列对谈,到今天,两

个多月过去了。10个专题的系列对谈,愈20万字,让我们对法官和律师这两个群体,都有了一个新的认识。在对谈基本告一段落之时,我提议,我们分别对法官职业群体和律师职业群体说一句话,以表达我们这个系列对谈的初衷和期待,并作为这个系列对谈的句号。

朱兰春：

法律人的奋斗目标是,21世纪的中国,不再是乡土性的。

李志刚：

脚踏实地,仰望星空,共同构建法律人的理想国!